새로운 성 경

한국어로 내려온
New Bible

제124권

8부 | 총10부

하얀마음

하나님 말씀 중에서

1. 사랑의 하나님

▪ 세상을 창조하신 하나님은 모두를 사랑하신다. 인간만 특별히 더 사랑하지 않고, 우주 만물을 다 똑같이 사랑하신다. 그러니 하나님이 창조하신 천지 만물과 화친하고, 미물까지도 소중히 대하라.

▪ 하나님은 특정 종파나 민족만을 더 사랑하지 않으신다. 자기 자신만 구원받겠다는 욕심을 버리고, 자기 종파만 구원받는다는 편협한 교리에서 벗어나야 한다. 종파를 초월해서, 모두를 사랑하라.

▪ 원수까지 사랑하라 했으니, 이 세상에 사랑하지 못할 자가 누가 있겠는가? 종파가 다르다고 해서 부모 형제와 원수처럼 지내는 자는 인간의 근본을 모르는 자다. 가장 가까운 가족부터 사랑할 때 남도 진심으로 사랑할 수 있다.

▪ 한 사람을 원수같이 생각하던 마음에서 사랑하는 마음으로 돌리면, 자기 자신의 마음이 가장 기쁘고 행복하다. 하나님께서는 인간의 마음속에 무거움이 없이 기쁘고 행복한 삶을 살기를 바라신다.

▪ 이웃을 "내 몸처럼" 사랑하라 했으니, 마지막 한 장 남은 천국의 티켓도 이웃에게 양보하라. 자기 중심적인 신앙에서 벗어나서 남을 위해 살아야 한다.

▪ 독초도, 약초도, 이단도 사탄도 천사도 다 필요하기에 존재한다. 독초일지라도 극소량을 사용해서 생명을 살릴 수 있고, 약초라 하더라도 남용하면 생명을 잃을 수 있다.

▪ 세상 모든 것을 명약으로 활용하는 것은 인간의 지혜에 달렸다. 어떤 것이든 어떤 사람이든 적재적소에 꼭 필요한 명약으로 승화시키라.

▪ 사탄도 이단도 천사도 모두 하나님의 주관하에 존재한다. 진정한 하나님의 백성은 사탄과 마귀까지도 감화시켜서 천사로 거듭나게 한다.

2. 기도

- 하나님은 인간의 생각까지 모두를 다 알고 계신다. 우리의 소원도 이미 알고 계시기에, 소원의 기도를 할 필요가 없다. 우리가 받을 자격이 되면 내려 주신다.

- 죄를 짓고 아무리 회개를 해도 용서받지 못한다. 도둑질한 자는 용서해 달라고 기도하고, 도둑맞은 자는 도둑을 잡게 해 달라고 기도하면, 공의의 하나님은 누구의 편에 서시겠는가?

- 자기가 잘못한 것은 그 사람에게 직접 갚고 용서를 구하라. 그가 용서하면 하나님도 용서하신다. 땅에서 매면 하늘에서도 매이고, 땅에서 풀리면 하늘에서도 풀리는 이치다.

- "회당에서 기도하지 말고 골방에서 기도하라" 했다. 눈에 보이는 골방이 아니라, 골방과 같이 고요한 마음이다. 잡념을 버리고 하나님을 향해 마음을 집중하며, 사랑하고 용서하는 아름다운 생각만 나오도록 하라.

- "두드리면 열릴 것이다." 하는 것은 육의 소원을 위해 두드리라는 것이 아니라, 진리의 깨달음을 얻기 위해 두드리라는 것이다.

- 기도하는 방법: 생활 속에서 수시로 기도하는 삶을 살아야 한다.

- "저의 죄를 용서하여 주옵소서." 하는 회개의 기도를 하라.
- 범사에 "하나님! 감사합니다." 하라. 현재 가진 것에 감사하며, 과욕하지 말라. 자기 노력 이상의 것을 더 갖고자 기도하는 것은 도둑놈심보다. 공의의 하나님은 각자 노력한 만큼 주신다.
- "하나님 뜻대로 살아가겠나이다." 하며 마음의 각오를 다지라.

- 기도는 하나님의 말씀을 받아서 "행하는 것"이다. 하나님이 계심을 굳건히 믿고, 하늘을 향하여 한 점 부끄럼 없이 사는 삶 자체가 가장 위대한 기도이며, 삶이 곧 예배다.

3. 지도자

- 똑같이 사랑한다는 말을 해도, 순수하게 하는 말은 천사의 말이지만, 사기 쳐서 재산을 가로채려고 하는 말은 사탄의 말이다.

- 종교 지도자가 아무리 훌륭한 설교를 해도, 신도의 재물을 거둬서 더 큰 교회를 짓고 자기의 부귀영화를 바라며 설교하면 사탄의 가르침이 된다.

- "저희 교회는 만원사례요, 믿음은 다 같으니 이웃의 개척 교회에 가서 예배를 드리시오." 하며, 이웃 교회의 부흥을 먼저 생각하여 제 신도를 보내는 종교 지도자가 있다면 그를 따르라. 그가 하나님의 사랑을 실천하는 자다.

- "부자가 천국에 들어가는 것은 낙타가 바늘구멍을 통과하는 것보다 더 힘들다" 하였거늘, 지금의 교회에서는 부자가 되기만을 기도하고 소원하니, 이는 곧 천국을 포기하고 지옥 행 열차의 티켓을 사는 것과 같다.

- 예수는 빈손이었다. 종교 지도자가 예수보다 더 호화롭고 편안하게 살아간다면 잘못된 것이다. 부귀영화와 명예를 바라는 자는 절대로 갈 수 없는 좁고 협착한 길이 종교 지도자의 길이다.

- 종교 지도자는 유리로 비춰 봐 한 점의 부끄러움이 없이 살아야 한다. 의식주도 직접 일해서 해결하고, 예수의 가르침과 행함을 그대로 따라야 한다.

- 종말은 없다. 지금의 잘못 가는 종교 집단에게만 종말이 있다. 보이지 않는 하나님은 보이는 육의 종말은 관여하지 않으신다. 환경 파괴로 인간이 스스로 멸망을 자초하는 것이다. 종파끼리 싸우기 전에, 무너진 인성을 바로잡고 지구의 몸살을 해결하는 데 뜻을 모으는 게 급선무다.

4. 성전이란

- 이 세상 자체가 하나님께서 만드신 성전이다. 자연보다 더 아름다운 성전이 있는가? 보이는 건물이 성전이 아니라, 성스러운 마음가짐이 성전이다.

- 반석 위에 교회를 지으라 했다. 지상의 단단한 돌은 인간이 쪼갤 수 있으나, 마음속의 굳은 결의는 세상 무엇으로도 쪼갤 수 없다. 바르고 굳건한 믿음으로 성경의 가르침을 실천하는 것이 마음의 반석 위에 교회를 짓는 것이다.

- 손으로 지은 건물의 교회에 모여서 복음을 전하는 것이 아니라, 교회를 개인과 가정에 심어 주어야 한다. 무너지고 부서지는 건물을 짓지 말고, 마음속에 영원히 불변하는 참진리의 교회를 지으라.

5. 십계명

- 십계명은 인간이 죽어서 반드시 통과해야만 하는 열 개의 관문이다.

- 부모를 공경하지 아니한 자는 "네 부모를 공경하라." 하는 제5계명의 관문이 열리지 않으니 구원받을 수 없다.
- 살인, 간음, 거짓, 우상 등의 나머지 계명도 마찬가지다.

- 십계명은 하나님의 친필이다. 모기소리만 한 하나님의 음성이라도 들어 보겠다고 여기저기 찾아 헤매지 말고, 십계명부터 암송하고 지키라.

- 십계명은 영혼을 구원하는 양식이며, 십계명을 지키는 것이 구원을 받는 길이다. 인간이기에 지키고자 노력하고 또 노력한다면 지킬 수 있다.

- 십계명을 지키고 천사처럼 아름답게 살아가는 그 마음 하나면 세상에 이루어지지 않는 것이 없다.

6. 보물

- 하나님은 재물이 아니라 우리의 마음을 받으신다. 사랑을 실천하며 천사처럼 변하는 마음이 하나님께 바치는 보물이다.

- 보이지 않는 하나님께 재물을 바치려 하지 말고, 너희를 길러 준 부모에게 용돈 드리고, 찾아뵙고, 효성을 나하라. 그것이 하나님께 효도하는 것이다.

- 하늘에는 선과 악의 창고가 있다. 자기 창고에 선이 많으면 천국으로 구원을 받고, 악이 많으면 심판받아 지옥으로 간다. 그것이 바로 "선한 일을 행한 자는 생명의 부활로, 악한 일을 행한 자는 심판의 부활로" 나오는 것이다.

- "선악과를 따먹지 말라"는 것은 양심을 지키라는 것이다. 선과 악을 구분할 수 있는 양심을 최초에 인간에게 주셨다. 선한 열매는 취하고, 악한 열매는 버리며, 양심에 비추어 부끄럼 없는 삶을 살아가라.

- 가장 작은 거짓말을 하지 않고, 가장 작은 죄를 짓지 않으며, 가장 작은 선행을 하고, 가장 작은 악행을 멀리하는 것이 율법의 일점 일획도 빠뜨리지 말고 다 지키는 삶을 사는 것이다.

7. 우상

- 박물관에 있는 불상은 하나의 예술품이다. 그 조각품에 대고 제 소원을 빌 때 우상숭배가 된다. 십자가라 하여도 그 앞에서 소원을 빈다면 우상숭배하는 것이며, 하나님께 소원을 빈다면 하나님을 우상으로 전락시키는 것이다.

- 지금 기복신앙에 젖어 있는 모든 사람이 우상 앞에 절을 하고 있다. 조각품을 우상이라며 파괴하지 말고, 네 마음속에 있는 욕심의 우상을 무너뜨리라.

- 생수를 약초가 먹으면 약을 만들고 독사가 먹으면 독을 만든다. 같은 성경을 봐도 선한 지도자는 신도를 천사로 만드는 데 활용한다. 그러나 욕심이 가득한 지도자는 재물을 거두어들여 제가 부귀영화를 누리는 데 악용한다. 그가 바로 성경을 우상숭배의 도구로 전락시키는 거짓 선지자다.

- 성경을 한 획도 빼거나 더하지 말라는 것은, 그 가르침을 빠트리지 말고 온전히 지키라는 것이다. 성경 속에서 자기에게 유리한 구절만 보는 것은, 자기에게 불리한 구절들을 빼 버리는 것이다. 믿음이 제일이요, 행함은 구원과는 관계없다는 것은 자신에게 유리한 쪽으로 성경을 악용하는 것이다.

- 진정한 종교 지도자는 종파에 관계없이 어떤 종파든 어떤 책이든 접하고 보고 깨우쳐 견문을 넓히도록 인도한다. 참진리를 모르고 자신이 없는 자가 남을 이단이라며 배척하고, 신도들의 눈과 귀를 가린다.

8. 예수

- 예수의 재림은 없다. 예수가 다시 온다 해도, 과연 누가 그를 예수라고 믿겠는가? 예수와 같은 삶의 행함이 곧 예수의 재림이다. 각자 모두가 "재림 예수"가 되는, 차원 높은 믿음으로 가야 한다.

- 예수는 "주여 주여 하지 말고, 아버지의 뜻대로 행하라"고 했다. 예수가 전한 하나님의 뜻이 곧 "길이요, 진리요, 생명"이며, 그 가르침이 예수의 보혈처럼 소중한 것이다. 예수를 믿는 것은, 예수의 가르침을 믿고 따르는 것이다.

- 예수는 낮은 자로서 만백성을 섬기고자 했다. 만나는 모든 사람을 다 하나님이라 생각하라. 돈을 벌수록 겸손하고, 높은 지위를 얻을수록 낮아지라.

▪ 예수는 종파를 만들지 않았다. 인간이 만든 종교와 인간의 교리를 따르지 말고, 예수를 통해 전한 하나님의 참진리를 연구하고 따르라.

▪ 예수가 2천 년 전에 만백성을 위해 죽었으니, 지금 이 땅에는 예수의 가르침대로 사는 천사만 존재해야 한다. 예수가 죽어 가면서 바란 것은 만백성이 천사가 되어 예수의 자리를 채워 주는 것이지, 지금과 같이 재물을 바치면서 중언부언 제 소원만을 비는 백성들을 바란 것이 아니다.

9. 구원

▪ 천사가 사는 천국에는 천사만 갈 수 있으니, 천사 같은 마음을 길러야 한다.

- "천국 열쇠를 네게 주리니 땅에서 무엇이든지 매면 하늘에서도 매일 것이라" 했다. 땅에서 천사같이 사는 자가 하늘에서도 천사가 되어 천국에 들어간다. 모든 사람에게 천사같다는 말을 듣는 삶을 살아야 한다.

▪ 천사의 곱고 아름다운 마음은 부모를 공경하고 어른을 어른으로 대접하는 데에서 출발한다. 효도하는 자는 형제와 화목하게 지내기에 가정이 화목해지고, 이웃과 화목해지고, 국가가 화목해지고, 온 인류가 화목해진다.

- 그러므로 지상의 아름다운 소왕국은 가정에서부터 이루어야 한다.

▪ 선택된 14만 명만 구원받는 것이 아니라, 천사처럼 변하고자 하는 14만 명을 기초로 온 인류가 천사처럼 거듭나는 영적인 개혁이 시작되는 것이다.

▪ 천 년에 걸쳐서 하늘에서 이루어진 것같이 이 세상을 낙원으로 만들어, 만백성이 지상의 천국에서 살다가 죽어서 그대로 하늘의 천국으로 들어가는, 영원한 지상 낙원을 건설하는 것이 하나님의 계획이다.

- **이것이 구약과 신약에 이어 "새로운 성경"으로 역사하시는 하나님의 창조의 완성이다.**

▪ 지금의 믿음으로 구원받을 수 있다면 그 길을 가라. 그러나 자신이 없다면 하나님께서 직접 내리신 160권의 "새로운 성경"을 읽고 구원의 길을 보라!

하나님 머리말씀

이 새로운 성경을 읽는 너희 모두는
이 율법에 따라 행하면 영원히 구원받을 것이니라.

너희 인간이 수년, 수십 년, 평생
성서를 공부하고 기도하는 것은
하늘나라 나의 곁으로 오고 싶은 소망일진대,

몇천 년 전의 너희 인성과 생각이
지금의 너희와는 판이하게 다르니,

꺾여 가고 병들어 가는 너희를 고칠 수 있는 길은,
오늘 내가 선지자에게 내리는 새로운 성경과 같이
너희가 변화되는 것뿐이니라.

나의 예수가 태어난 것처럼
내가 아들 선지자를 선택하여
나의 새로운 성경을 온 세계에 전하고자 하니,

묵은 것은 버리고 새로운 것은 취하여,
너희 모두는
'여호와 하나님! 저의 죄를 용서하여 주옵소서.'
하는 기도문으로 기도하고, 죄를 뉘우치라.

이 새로운 성경은
수천 년간 내려온 성서를 요약한 것이니,
너희는 이 책을 정독하여 쉽게 깨달음을 얻고,
이대로 실천하여 하늘에 오르라.

대역자 머리말

■ 하나님의 율법을 지키는 선지자로 선택을 받도다.

저는 남들처럼 그저 열심히 살아온 평범한 사람이었습니다. 그러나 50대 중반에 사업에 실패하여 많은 부채에 시달렸으며, 건강도 악화되어 눈이 잘 안 보이고, 걷기도 어렵고, 두통이 심해서 잠을 이룰 수 없는 고통의 나날을 보냈습니다. 그때 제가 선택할 수 있는 것은 육의 삶을 끝내는 길뿐이었습니다.

죽기 직전에 그동안에 죄를 지은 이들에게 용서를 빌고 인생을 끝내기로 작정하였습니다. 어려서부터 지은 죄를 빌고 빌다 보니 끝이 없었고, 죽음으로도 그 많은 죄를 용서받을 길이 없다는 생각에 하염없이 눈물이 흘렀습니다. 그 순간 '재래식 화장실의 구더기는 죄를 짓지 않는데, 나는 인간으로서 구더기만도 못한 삶을 살았구나.' 하는 생각이 들면서 괴로움에 몸부림칠 때, 갑자기 하나님의 음성이 들렸습니다.

"나는 여호와 하나님이니라. 너는 십계명을 암송하고 내가 내려 주는 메시지를 받아 책으로 만들어 만백성을 구하라." 하시며, 제 눈을 손으로 문지르게 하시고, 아픈 머리와 다리를 손으로 두드리게 하셨습니다. 그러고 나니 눈도 잘 보이고 걸을 수 있었으며 머리의 통증도 말끔히 낫게 되었습니다. 그때부터 십계명을 암송하고 나면 들려주시는 말씀을 기록하였고, 1999년 8월부터 2004년 7월까지 권당 288쪽, 총 160권을 받아서 "새로운 성경"이라는 책으로 펴내게 되었습니다.

그러한 저에게 죽기보다도 힘든 길이 시작되었습니다. 모든 교인들이 저에게 사탄이요, 이단이요, 악마요, 마지막 시대에 온 거짓 선지자라 하면서 공격하였고, 저를 짐승을 보듯이 대하는가 하면, 편협한 종교 지도자들의 선동으로 신도들이 이 책을 직접 읽어 보고 평가할 기회마저 막아 버렸습니다. 그래서 하나님의 말씀을 세상에 내는 데 많은 어려움을 겪으며, 피를 토하는 심정으로 책을 전하고 있습니다.

그러나 아무리 인간의 힘으로 막으려 해도, 하나님의 뜻이 세상에 전해지는 위대한 역사는 계속될 것입니다. 책으로 전해지는 "하나님의 말씀"은 세상 끝날까지 항상 우리와 함께하실 것입니다. 사람은 죽어도, 책에 기록된 말씀은 영원히 남으니까요.

■ 따뜻한 실천

하나님께서는 어려운 사람들에게 삶의 터전을 마련해 주고, 미래를 열어 주는 것을 기뻐하십니다. 어려운 이웃이 스스로 자립할 수 있도록 이끌어 주는 것이 진정으로 이웃을 돕는 것이라고 말씀하셨습니다. 그래서 일자리가 없는 제자들에게 작은 사업장을 만들어 주는 "달란트 사업"을 하고 있습니다. 식당, 반찬 가게 등을 차려 주고, 기존의 어려운 사업장이 자립할 수 있도록 돕고 있습니다(커피숍, 미용실, 의상실 등).

하나님께서는 교회에 나와서 모든 시간과 재물을 쏟기를 원하지 않으시고, 그 시간과 재물을 교육에 투자하여 스스로 미래를 열어 가기를 원하십니다. 그래서 제때 공부하지 못한 제자들에게 학업을 이어 가도록 하였습니다. 중화요리 주방장을 하며 초등학교 검정고시부터 공부하여 2012년에 방통대를 졸업한 36세 남성, 만학도들의 2년제 중학교에 입학해서 2007년에 명지대학을 졸업한 38세 여성, 중학교 검정고시를 시작으로 숭의여자대학을 졸업한 47세 여성 등이 있습니다. 그밖에도 많은 제자들에게 나이를 초월하여 배우고 깨우쳐서 사회 속의 당당한 일원이 되도록 인도하고 있습니다.

학자금 대출로 힘겨워하는 젊은이들을 위해 "따뜻한 바람 장학회"를 발족하여(2016년 12월) 대출받은 학자금 전액을 매월 갚아 주고 있습니다. 또한, 다문화 가정을 위해 "다문화 가족 랜드"를 조성하여, 각종 시설을 무료로 활용하도록 하고 있습니다.

이러한 따뜻한 실천이 아직은 미약합니다. 그러나 책의 수입이 늘고, 저와 뜻을 같이하는 분들이 늘어나면 계속 확대할 것입니다. 지도자로서 신도의 재물을 헌금으로 거둬들여 착복하는 것이 아니라, 하나님께서 기뻐하시는 일에 사용하도록 중매 역할만 하며 살아가고자 합니다. 이런 제가 과연 사탄이고 이단인가요? 하나님께서 기뻐하시는 일이라면, 저에게 사탄이라 하든 거짓 선지자라 하든 굽히지 않고 실천해 나갈 것입니다.

끝으로, 일상의 삶 속에서 "지금 내가 하는 행동이 과연 하나님께서 기뻐하실까, 슬퍼하실까?" 생각하고, 매사에 하나님께서 기뻐하시는 길을 택하기 바랍니다. 교회에 모여서 집단적으로 예배 드리는 것이 아니라, 개인이나 가정 단위로 새로운 성경을 읽어 스스로 깨우치고 그대로 행하면 충분합니다. 그것이 마음속에 성전을 짓고, 신령과 진정으로 예배 드리는 길입니다. 그러면 천국의 문에 들어서게 됩니다.

2017. 2. 1.

하나님 말씀 대역자 김용철

차 례

십 계 명

이 책은 십계명을 암송하고 나면 내려 주시는 "하나님의 음성"을 듣고 그대로 받아쓴 기록입니다. 하나님께서 십계명을 모세에게 내려 주셨지만, 그것은 만백성에게 내려 주신 것입니다. 마찬가지로 이 책의 모든 말씀도 저에게 내려 주셨지만, 만백성 각자에게 들려주시는 말씀입니다. 여러분도 이 책을 접할 때마다 십계명을 암송하고 나서 정독해 주시기 바랍니다.

제일은, 너는 나 외에는 다른 신들을 네게 있게 말지니라.

제이는, 너를 위하여 새긴 우상을 만들지 말고, 또 위로 하늘에 있는 것이나, 아래로 땅에 있는 것이나, 땅 아래 물 속에 있는 것의 아무 형상이든지 만들지 말며, 그것들에게 절하지 말며, 그것들을 섬기지 말라.

제삼은, 너는 너의 하나님 여호와의 이름을 망령되이 일컫지 말라.

제사는, 안식일을 기억하여 거룩히 지키라.

제오는, 네 부모를 공경하라.

제육은, 살인하지 말지니라.

제칠은, 간음하지 말지니라.

제팔은, 도적질하지 말지니라.

제구는, 네 이웃에 대하여 거짓 증거하지 말지니라.

제십은, 네 이웃의 집을 탐내지 말지니라.

나 여호와가 존재함을 믿는 그 자체가 구원의 길에 들어서는 기본이요, 근본이며, 나의 새로운 성경을 가슴에 안고 정독하는 자, 반석 위에 서서 하늘에 오르는 찬란한 빛을 보게 되는 영광을 얻게 됨이니라. 진정 나를 따르고 믿는 자는 감히 사탄이나 마귀도 근접하지 못하느니라.

〈하나님 말씀〉

2004년 1월

9,171 번째 하나님 말씀

2004년 1월 14일 08시 18분

1 사랑하는 나의 아들아!
2 "네, 아버님! 말씀하옵소서."
3 지도자라는 것은 무엇이더냐?
4 종교 지도자요, 만백성을 구하는 지도
자는 인간 세상에 사는 가르침이 아니
요, 영원히 사는 나의 나라의 거듭나
는 역사를 이루고 못 이룸이니, 그 얼
마나 중하고 귀한 자리더냐?
5 그러나 지금의 종교 집단이요, 지도자
그들이 가는 것은 무엇이며 가르치는
것은 무엇이더냐?
6 저희들이 인간 세상에 살면서 정도를
벗어나도록 하는 것을 가르치는 것이
지금의 가르침이라면 너희들은 과연
이를 믿고 따르겠느냐?
7 내가 믿음의 길을 가는 자, 어떠한 형
국으로써 가며 저만 구원받으면 된다
하는 것까지 기록하여 전했음이니,
8 그들이 바로 정도의 길을 벗어나는 것
을 가르치며, 그리 가도록 가르치는
것이 인간 세상에서 사람을 가르치는
오늘의 종교 집단이요, 지도자 그들의
형태이며 추한 모습임을 알라.
9 그러면서 그들은 하늘을 향하여 나 여
호와에게는 어떠한 행위를 하느냐?
10 하늘의 뜻을 거역하며 나를 능멸하도
록 가르치는 것이 지금의 종교 집단이
요, 지도자들이요, 그리고 구원받은
백성이라 말하는 그들의 오늘의 작태
임을 너희들은 알겠느냐?
11 지도자란 입만 열면 거짓이요, 모두가
진리가 아니요, 비진리로써 가르치며,
나의 피조물 만백성의 마음을 현혹하
며 황폐하게 하는 것이 그들이니라.
12 단상에 서서 가르치는 것은 계산된 것
이요, 거짓된 것만 가르치고 있음이
니, 나의 사랑하는 피조물 만백성에게
독극물을 부어 넣어 주는 그와 같은
가르침이라 내가 말하였음이니라.
13 그러면서 저희들은 나의 피조물 만백
성을 어찌 보느냐?
14 그저 사람을 긁어모으기만 하면 저희
들이 모든 나의 백성을 재물로 계산하
며 금화와 은화로써 계산하는 그와 같
은 것 외에는 그들이 하는 것이 없으
며 역사하는 것이 없다면 과연 너희들
은 믿겠느냐?
15 저희들이 더 아름다운 성전이요, 더
위대한 궁궐이요, 더 높고자 하는 그
와 같은 욕심을 버리지 못하는 이상,
그들은 벗어나지 못하며 나의 참진리
를 지키고 살아갈 수 없는 자들이니라.
16 그러니 물질의 욕심이요, 명예의 욕심
을 버리지 못한 것이 종교 지도자요,
그들은 입만 열면 거짓이요, 만백성에
게 피해요, 만백성의 생명을 자르는
그와 같은 행위를 하고 있다는 것을
너희들은 알아야 될 것이니라.
17 살인 무기로써 살인자로서 지금 종교
집단이요, 지도자 너희들이 얼마나 사
악한 자인가?

18 한 사람의 생명을 끊는 것도 지상에서
그 대가를 받으며, 하늘에 와 내가 내
린 생명을 끊은 그걸 용서받지 못하거
늘, 나의 피조물 만백성을 얼마나 살
인하고 있는지 그들에게 경각심을 줘
야 할 것이며, 경종을 울려 주지 아니
하면 그들이 거듭나지 못함이니라.
19 그들이 거듭나고 거듭나지 못하는 것
은 나 여호와가 관여하고 싶지 아니하
니라, 사랑하는 나의 아들딸들아!
20 순박하고 가련한 나의 백성이 그들이
쏘는 독화살에 죽어 감이니, 그 많은
백성들이 죽어 가는 것이 너무나 가슴
이 아파 내가 너희들을 선택하여 그들
을 구원하고자 하는 것이 나의 뜻임을
알라.
21 이제 그들에게 명하라.
22 너희들이 인간 세상에서 정도요, 아름
다움을 가지고 살아야 하는 것을, 정
도를 벗어나는 것을 가르치며 하늘을
향하여 교만하고 오만한 것, 내 뜻을
거역하며 너희들이 작은 신의 행세를
하고자 하는 그 모든 행동을 중단하라
그리 전하라.
23 그리하지 아니하였을 때 너희들이 많
은 사람을 죽임이니, 그 많은 사람을
살인하고 과연 어떠한 대가를 치를 것
인가를 그들에게 깨우쳐 주지 아니하
면 아니 될 것이니라.

9,172 번째 하나님 말씀

2004년 1월 14일 08시 23분

1 사랑하는 나의 아들아!
2 "네, 아버님! 말씀하옵소서."
3 나 여호와의 본체가 사랑이며, 모든
종교 집단이요, 지도자는 몸으로 사랑
을 실천하며 행하는 아름다운 모습으
로 만백성의 거울이 되는 그와 같은
삶을 살았다면,
4 이 지상 낙원의 아름다움을 너희들이
알 것이며, 이 위대함을 알 것이며, 나
여호와가 만든 자연의 오묘함과 위대
함을 너희들이 알게 될 것이니라.
5 하얀 눈이 덮인 세상에 산맥이 흐르며
산 형태를 보며 나무 한 그루가 서 있
는 그 모습을 보라.
6 그것이 얼마나 아름다운 그림이며 얼
마나 정교하며 얼마나 감탄사를 연발
할 수 있는 것인가?
7 그와 같은 그림을 인간이 그릴 수 있
으며 너희들이 그와 같은 것을 만들어
낼 수 있단 말이더냐?
8 산줄기 하나하나, 흐르는 물줄기 하나
하나, 그 아름다운 모습이요, 나무 한
그루가 제자리에 서 있어 아름다운 자
태를 보이는 그 모두를 너희들이 과연
어찌 역사할 수 있으며, 감히 그려 낼
수 있다 생각하느냐?
9 그 하나하나의 위대함을 모르고 사는
것이 오늘의 나의 백성 너희들이니라.
10 오늘의 종교 지도자들이 사랑을 모르
며 베풀지 못하며 모범적으로 만백성
의 본보기로 살지 못하기 때문이니라.
11 나의 이름을 파는 자, 내 아들 예수의
이름을 파는 자, 그리고 나의 십계명
을 저버리는 자, 그와 같은 종교 집단
이요, 지도자들이요, 그들이 어떠한
짓을 하느냐?
12 가장 작은 것부터 큰 것에 이르기까지

저희들이 거둬들이고 챙기며 제 앞에
쌓아 놓는 것에 혈안이 되어 있으며,
그걸 가리지 아니하고 그저 제 앞에
쌓아 놓는 것에 제정신이 아니며 제
분수를 모르며,
13 작은 것을 어찌하여 가지고 있는 것인
지 모르며 어렵고 힘든 백성이 가장
작은 것을 가지고 있는 그것까지도 탈
취하며 큰 것은 더 말할 것도 없으니,
14 작은 것 큰 것을 가리지 않고 탈취하
니, 그저 썩은 것을 먹는 사막의 하이
에나와 같은 것이 오늘의 종교 집단이
요, 지도자의 추한 모습임을 내가 여
기에 경고하여 전함이니,
15 이를 읽고도 너희 자신을 돌아보지 못
한다면 어떠한 결과가 올 것인가를 알
라.
16 모든 종교 집단이요, 그 속에서 지금
광분하는 신도들이 항상 너희들을 따
라가며 맹종 맹신할 줄 알고 있느냐?
17 지금 80퍼센트가 넘게 모두 다 돌아
서고자 하며, 그들이 불안을 느끼며
공포를 느끼는 이와 같은 세상이니,
너희들은 얼마나 무서운 심판을 받는
지를 알아야 될 것이니라.
18 그러니 작은 것부터 큰 것까지 거둬들
이고 제 앞에 쌓아 놓는 데 정신없는
불쌍한 지도자, 너희들은 바로 서라.
19 내가 나의 법전을 통하여 너희들을 위
해 전함이니, 이를 듣고 너희 자신이
회개하지 못하며 반성하지 못하며 나
의 아들의 가슴에 화살을 쏘려 하며
나의 법전을 찢어 버리라 하며,
20 그를 따르는 제자를 사탄이요, 이단이
라 말하는 그 죄를 너희들은 감당하지
못할 것이니 그리 알라.
21 탐욕이 끝이 없으며 더 큰 교회를 짓
고자 더 화려한 것을 짓고자 하는 그
와 같은 마음을 버리지 못하는 한 너
희들은 나의 피조물 만백성에게 재물
을 긁어 내고 착취하는 생각을 버리지
못하고 중단하지 못한다 내가 그리 말
하였음이니라.
22 그러니 너희들은 종교 지도자가 아니
라 하였음이니라.
23 그러니 더 큰 것을 짓기 위해 더 큰 것
을 역사하기 위하여 지도자가 입만 열
면 거짓말을 하게 되어 있으며, 거짓
말로써 재물과 재산을 거둬들이면서
말로써 너희들은 무어라 하느냐?
24 구원이요, 평강이요, 너희 가정에 평
강이요, 너희 자신의 평강이요 하며
구원과 평강만 부르짖는 것이 너희들
이 아니더냐?
25 나는 너희들에게 묻노라.
26 너희들이 구원의 길이요, 평강이요,
영원한 축복이 있다 그리 말하나,
27 그리 말하는 너희들의 그 말에 따라서
움직이는 나의 피조물 만백성의 고통
이 얼마나 크며 얼마나 가슴이 저리고
어려운 길을 가느냐?
28 너희들이 평강이요, 구원이라는 말을
내세워 우리 부자의 이름을 팔아, 십
계명대로 지키고 살 수 없는 것이 인
간이라 그리 현혹하며 오늘을 살아가
는 지도자요, 집단,
29 너희들을 내가 결코 용서치 아니할 것
이며 절대 용서하지 아니할 것이니 그
리 전하라.

9,173 번째 하나님 말씀

2004년 1월 14일 08시 28분

1 사랑하는 나의 아들아!
2 "네, 아버님! 말씀하옵소서."
3 유하고 부드러우며 사랑만 말해도 다
못 하는 종교 집단이요, 지도자요, 너
희들이 몸소 행하고 실천하며 그리 가
르쳐도 나의 피조물 만백성 배우는 자
는 바로 설까 말까 하거늘,
4 오늘의 모든 종교 집단 지도자들이 하
고 있는 것이 무엇이라 내가 너에게
말하였느냐?
5 "네, 아버님! 아버님께서 말씀하셨사
옵나이다.
6 사랑을 베풀고 실천해야 할 모든 종
교 집단 지도자들이 가르치며 깨우치
는 것은 악을 가르치며,
7 저희들이 부흥이요, 모든 성서의 말씀
을 전하는 그와 같은 것은 바로 독극
물을 부어 사랑하는 피조물 만백성 형
제들을 죽이는 그와 같은 것이 그 사
악한 자들이 오늘 하고 있는 것이라
그리 말씀하셨사옵나이다."
8 그러니라, 사랑하는 나의 아들아!
9 그와 같은 백성을 어찌 구하며 그들을
어찌 인도해야 되겠느냐?
10 너희들은 알아야 될 것이니라.
11 선함이요, 사랑을 행하고 살아도 너희
들이 나에게 올 수 있을까 말까 하는
것이며,
12 너희들이 아무리 아름답게 살아도 선
함보다는 사악한 죄지음이 많으며, 구
원을 받는 무게보다는 구원을 받지 못
하는 무게가 더 무거운 것이 나의 사
랑하는 백성 너희들이거늘,
13 그들을 악하게 가르치며 악한 것을 행
하도록 가르쳐도 죄가 되지 아니한다
고 가르치는 자가 있다면 그를 배우고
가르치는 백성이 과연 구원을 받을 수
있다 말하느냐?
14 지금 너를 따르는 제자들이요, 나의
법전을 읽고 깨우친 백성 너희들도 스
스로 변하지 못하는 것을 가슴 아파하
며 고통스러워하거늘,
15 나의 법전에 바로 살라, 바로 가라, 그
와 같이 가르치는 것을 들으며 마음을
졸이며, 자기 자신이 변하지 못하는
것을 고통스러운 마음을 가지고 가는
그들도 수없이 죄를 지으며 수없이 실
수를 하며 돌이켜서 후회하는 그와 같
은 삶을 살거늘,
16 그 가르치는 것이 악한 것을 가르치며
황폐하고 메마르게 가르치며 사랑의
씨앗까지도 심지 못하게 가르치니, 거
기에서 배우고 따르는 백성이 과연 어
찌 변하겠느냐?
17 너희들은 흙탕물을 계속 부어 넣으면
서 그 물이 정화되기를 바라느냐?
18 흙탕물 속에 맑고 고운 물을 붓고 부
어도 그 물의 양에 따라서 정화되기가
힘들며 바로 이루기가 어렵고 힘든 것
이거늘,
19 내가 너를 따르는 제자들이요, 나의
법전을 읽고 깨우친 만백성 너희들에
게 계속 생수를 부어 넣고 부어 넣는
다 해도,
20 너희들이 지금까지 살아온 그 속에 흙
탕물을 가슴에 안고 있음이니, 네 가
슴에 있는 그 흙탕물을 정화하기가 이

렇게 힘들고 어려운 것이거늘,
21 악을 부어 넣으며 악만 가르치는 그와
같은 것을 배우는 백성들이 과연 어찌
변한다 생각하겠느냐?
22 진리를 부어 넣는다면서 비진리를 계
속 부어 넣음이니,
23 참진리요, 나 여호와의 뜻을 무섭게
듣고 깨우쳐도 너희들이 이루지 못하
는 것을, 거기에 계속 비진리만 부어
넣는 것이 오늘의 종교 집단이요,
24 또 광신도들이 그것을 받으면서 영광
의 기름 부음 받았으며 구원을 받았다
말함이니, 이를 바로잡지 아니하면 아
니 되는 것을 너희들은 알고 있음이니
라.
25 그러니 지금 종교 집단이요, 지도자
그들이 가는 길이요, 수천 년 동안 행
하고 역사한 것이 악을 가르치며 독극
물을 붓는 그와 같은 행위만 하기에,
너희들을 통하여 그 모두를 막으려 하
며 그를 다스리려 함이니,
26 너희들은 나의 뜻에 따라 모두를 다
바쳐 역사하여 거듭나는 생명의 영광
을 너희 스스로 얻도록 그리하라, 사
랑하는 나의 아들딸들아!

9,174 번째 하나님 말씀

2004년 1월 14일 20시 48분

1 사랑하는 나의 아들아!
2 "네, 아버님! 말씀하옵소서."
3 내가 내리는 성령을 받아 법전이라 하
여 책으로 만들어 만백성을 구하고자
내가 내리는 그 성령을 받음이니,
4 너는 나로부터 성령을 받기 전에 십계
명을 암송하지 않고 받은 적이 한 번
도 없느니라.
5 이는 곧 무엇이더냐?
6 내가 친필로 써 내린 것이며 내 뜻이
기에, 내가 너에게 기도할 때마다 먼
저 십계명을 암송하고 나의 성령을 받
아 기록하라 그리하였음이니라.
7 네가 지금 120여 권의 법전을 써 가면
서 마지막 160권을 쓸 때까지 너는 단
한 번이라도 십계명을 암송하지 아니
하고 나의 성령을 받아 기록할 나의
아들이 아니라는 것을 알고 있음이니
라.
8 그러나 이와 같이 귀하고 소중한 나의
십계명이 지금 뿌리가 없어졌으며 그
몸통이 없어졌으며, 가지와 이파리만
무성한 이와 같은 형국으로 만들었음
이니라.
9 나의 아들 예수가 세상에 나가 만백성
에게 사랑이 무엇인가 깨우쳐 전하며,
너희들이 이 세상에 내가 내려 준 모
두를 취하고 다스려 살다 천사와 같은
마음으로 나에게 오르라 하여 너희들
의 그 마음을 다스리고자 나의 아들
예수를 세상에 내려보내며,
10 그가 죽음의 길을 면하고자 눈물로써
수십 번 기도했으나 나 여호와가 들어
주지 아니한 그 결과가 무엇이더냐?
11 바로 십계명을 지키고 행하도록 하기
위해서였음이니라.
12 그 십계명이 2천 년이라는 세월이 흐
르면서 뿌리가 다 썩어 없어졌으며,
그 몸통이 없어졌으며, 지금 이파리와
가지만 무성함이니, 그것이 자연에서
순수하게 맺어진 가지와 뿌리라 생각

하느냐?
13 내 십계명의 뿌리가 썩었으며 몸통이
썩은 것에 인간 너희들이 만든 조화를
꽂아 놓고 그것이 바로 하늘에 오르는
길이요, 내 뜻이라 그리하고 있음이니,
14 거기에 물줄기가 흐르더냐, 그리고 향
기가 있더냐, 사랑하는 나의 아들아!
15 오늘 이와 같은 형국이 되어 있음을
너희들은 알아야 될 것이며,
16 이와 같은 형국을 바라보는 나 여호와
의 아픈 마음을 너의 제자들이라도 알
아야 될 것이라 그리 전하라.
17 지금의 수천 년 동안 흘러오는 믿음은
또한 어떠하던가?
18 그 믿음 자체가 뿌리가 없으며 몸통이
없으며, 그저 썩은 가지에서 이파리만
너희들이 만들어 놓은 조화로써 무성
히 퍼져 있는 이와 같은 형국으로 나
의 피조물 만백성을 다스리고 이끌어
간다 그리 말하느니라.
19 그러니 지금 나의 아들을 따르는 제자
들이요, 나의 법전을 읽고 깨우쳐 한
두 명씩 모이는 사랑하는 나의 백성들
이,
20 정녕 한 그루의 아름다운 나무요, 생
명이 있는 나무를 가지고 이것이 진정
한 나무요, 이것이 커서 아름다운 꽃
이 피니, 그 아름다운 꽃이 피었을 때
향기를 맡는 자만 하늘나라에 오를 수
있는 것이요, 그 향기를 따라 하늘에
오른다 하나,
21 그들은 그 나무가 언제 커서 언제 꽃
이 필 것인가 하여 그를 믿지 아니함
이니라.
22 천년만년 아무리 물을 주고 길러도 크
지 아니하는 조화로 만든 나무에서만
꽃이 필 것이라 하여 그리 모여들며,
거기에서 너희들이 나를 찾고 울부짖
는 그와 같은 형국으로 되어 있음이니,
23 너희들이 작은 나무 하나를 가지고 꽃
을 피우기 위하여 물을 주고 그들로부
터 보호하기 위하여 너희들이 가는 그
길이 얼마나 어렵고 힘든 길이더냐?
24 그러니 나의 아들을 따르는 제자들이
요, 나의 법전을 읽고 깨우친 만백성
너희들은 그 나무를 길러 꽃을 피우는
역사를 이루어야 될 것이니,
25 그 나무를 분지르며 짓밟으려는 자들
에게서 보호하며 잘 성장하도록 가꾸
고 다스리는 것이 오늘의 가야 할 길
이니, 얼마나 힘들고 어려운 길이겠느
냐?
26 그와 같이 어렵고 힘든 길이라 하여
좌절하지 말며 포기하지 말라, 사랑하
는 나의 아들딸들아!
27 죽은 나무요, 생명이 없는 나무는 천
년만년이 가도 그 형태 그대로 있으
며, 하늘에 오르는 향기로 길을 인도
할 수 없으나,
28 너희들이 가지고 있는 작은 그 나무는
세월만 지나면 성장하여 스스로 꽃을
피울 때가 있을 것이니 그리 알라.
29 내가 너희들에게 무어라 말하였느냐?
30 조급히 다스리지 말며, 너희들의 취약
점이요, 악습을 잘 알고 있으며, 누구
보다도 네가 잘못 가는 걸 잘 알고 있
음이니,
31 스스로 하나하나 버리고 지우는 그와
같은 삶을 살다 보면 너희들이 언젠가
는 나의 뜻에 따라 지도자의 자리를

지키며, 세월이 지난 다음에 지도자가
된다 내가 그리 말하지 아니하였더냐?
32 너희들이 지금 나의 아들을 통하여 내
리는 강론을 듣고 나의 법전을 읽고
깨우쳐, 세월이 흐르면 지도자로서 나
에게 올 수 있다 내가 했듯이,
33 너희들이 지금 가지고 있는 작고 미약
한 나무는 세월이 지나는 동안 너희들
이 잘 보호하고 관리한다면 반드시 성
장하여 꽃을 피울 것이니,
34 그 어렵고 힘든 고통에 주저하지 말며
원망하지 말며 등 돌려 떠나지 말라.
35 너희들이 한 번 등 돌리고 떠나면 두
번 다시 올 수 없으며 두 번 다시 기회
가 없음이니, 이는 곧 너희들이 거듭
나는 소중함을 잃는 어리석음이라는
것을 알라.
36 나의 법전에 너희들이 잘못되라는 것
이 있으며 너희들을 욕되게 하며 사악
한 욕심을 가지고 살라 하는 대목이
있으면 나의 법전을 놓고 가도 말하지
아니할 것이니,
37 너희들 스스로 판단하고 깨우쳐 그 작
은 나무를 키우는 데 온갖 정성을 다
할 것이며,
38 힘이 들고 어렵다 하여 포기하지 말
라, 사랑하는 나의 아들딸들아!

9,175 번째 하나님 말씀

2004년 1월 15일 07시 25분

1 사랑하는 나의 아들아!
2 "네, 아버님! 말씀하옵소서."
3 너희들이 어떠한 일에 심취되어 정신
을 집중하여 그 길을 갈 때, 스스로 독
서를 함에 있어서 그 독서에 빠졌을
때, 과연 옆에서 누가 뭐라 한들 그것
을 아느냐?
4 너희들은 알지 못하고 오로지 거기에
만 집중하는 그와 같은 예를 볼 수 있
으며, 그와 같이 될 수 있는 것이 사랑
하는 나의 아들딸 너희들이니라.
5 그와 같이 책을 읽으며 한 가지에 집
중했을 때, 어떠한 주변의 변화도 모
르는 것이 너희들이니,
6 그러니 정신을 집중하고 한 길에 모두
를 몰두하는 것이 얼마나 대단한 능력
을 가진 것인 줄 알겠느냐?
7 그것이 내가 만들어 세상에 내보낸 너
희들의 생각이요, 삶의 방향이니라.
8 나의 법전을 읽고 나의 뜻이라 하여
접한 너희들이 과연 그와 같은 마음으
로써 오늘의 믿음의 길을 가고 있느냐?
9 너희들이 나의 법전을 읽고 정독하며,
나의 믿음의 그 길을 가며, 그리고 나
의 아들을 통하여 내리는 강론을 들으
며,
10 거기에서 모든 것을 정신을 잃고 보듯
이, 그리고 정신을 잃고 가듯이, 그와
같이 집중하는 마음으로 너희들이 과
연 나의 법전을 믿고 따르는가?
11 이제 너를 따르는 제자들과 나의 법전
을 읽고 깨우친 만백성 너희들은 알아
야 될 것이니라.
12 너희들이 정신을 팔며 모두 넋을 잃고
있을 때, 너희들이 주변의 모든 것을
잊어버리고 있듯이, 듣지도 못하며 보
지도 못하며 그와 같이 생각에 몰두하
듯이,
13 그보다 열배 백배 더 나의 법전에 집

중해야 되며, 법전을 그리 생각해야
되는 것이 너희들이니라.
14 너희들이 거듭나는 삶이요, 바르게 사
는 삶의 방향을 모르고, 어떤 것이 하
늘에 오르는 길이요, 나에게 오르는
길인지를 모르는 너희들에게 그를 깨
우쳐 주며 인도하는 나의 법전을 접하
는 너희들이 과연 어떠한 마음으로 그
를 보느냐?
15 너희들이 나의 법전을 믿고 나의 법전
을 볼 때 정신을 잃고 볼 정도로 집중
한다면, 너희들은 나의 법전 외에는
아무것도 보이는 것이 없음이니라.
16 그러니 그러한 자는 나의 아들이 그
대로 행한다 행하지 아니한다 시시비
비를 할 것도 없으며, 너희들이 그를
탓할 필요도 없는 것이니라.
17 너희들은 종교 집단의 지도자를 탓하
지 말며 흠이 있어도 말하지 말라 하
는 그와 같은 뜻이 무엇인 줄 알겠느
냐?
18 바로 참진리의 길을 가는 자는 오로
지 그 진리의 길을 가며,
19 그 진리에 빠져 다른 것을 보지 못하
며 듣지 못하는 그와 같은 정성스러운
마음으로 가라는 것이지,
20 너희들이 잘못되는 것을 탓하지 말며
욕하지 말라, 그리 가르치고 그리 역
사하라는 의미가 아님을 알라.
21 너희들이 나의 아들이 가는 길을 보
고 시시비비하며 그를 가지고 말할 수
있는 것,
22 그것이 바로 너희들이 나의 법전이요,
내가 내리는 성령에 모두를 바치고 있
지 아니함이며, 진리를 따라가는 데
모든 정성을 다하지 아니하고 있기에,
23 너희 형제들이요, 네 주변이요, 또한
나의 아들이요, 그리고 나의 성전이
요, 세상의 돌아가는 것을 보고 시시
비비를 할 수 있는 그와 같은 마음이
있음이니, 그것은 무엇이더냐?
24 너희들이 나의 법전을 접하는 것이
영광이요, 그보다 더 소중한 것이 없
으며, 거듭나는 은혜를 받고 있거늘,
25 그것에 대해 집중하지 못하며 감사함
을 모르고 있는 것이라 함을 내가 알
려 주고자 함이니라.
26 그러니 나의 법전을 접한 선택된 나의
아들을 따르는 제자들이요, 나의 법전
을 읽은 백성 너희들은 나의 법전의
감사함을 알며 이 소중함을 안다면,
27 너희들이 작고 큰 그와 같은 세상사
에 시시비비를 할 수가 있겠느냐?
28 그러니 그것이 너희들이 욕심을 버리
지 못하였으며 인간의 마음을 버리지
못하였음이니, 그와 같은 마음을 서서
히 다스려 가도록 그리 전하라.
29 오로지 나의 법전이요, 나의 성령이
귀하고 소중한 것을 안다면,
30 너희들이 넋을 잃고 정신을 잃고 바라
보고 듣는 사람처럼, 아무것도 보지
못하며 듣지 못하는 그와 같은 경지에
오르듯이,
31 너희들이 나의 법전에 그와 같이 빠져
있으며 그와 같이 흡수하는 마음으로
써 공부하고 깨우쳐 가는 데만 최선을
다하라 그리 전하라.
32 너희들의 주변 형제요, 같이 공부하는
형제들이요, 그리고 나의 아들이 가는
길에 역사하는 것을 너희들이 정녕 시

시비비하고 탓할 시간이 없음이니,
33 바로 너희들이 나의 법전에 열과 정성
을 다하지 못하며 인간의 고리요, 인
간의 생각을 놓지 못하기에 너희들이
시시비비하며 남들과 언성을 높이며
남을 탓하고 남의 잘잘못을 시시비비
하는 그와 같은 삶을 사는 것이니라.
34 너희들은 나의 법전이요, 나의 성경에
기록되어 있는, 이 새로운 성경에 기
록되어 있는 그 모두를 지키고 살아가
기도 어려우며 그를 따르기도 어렵거
늘,
35 너희들이 여기에 감사함을 알며 은혜
를 알며 두려움을 알고 무서움을 안다
면, 오로지 나의 법전에 기록된 것을
깨우쳐 따라가며 그대로 행하고 살아
가는 삶에 모두를 다 바치며,
36 좌우의 어떠한 것도, 지나가는 개미의
모습도, 흔들리는 나뭇가지의 이파리
도 볼 수 없는, 그와 같이 마음의 여유
가 없는 자세로써 나의 법전을 접하며
나의 새로운 성경을 공부해야 하는 것
이 너희들이니,
37 이와 같은 마음으로 깨우치고 이와 같
은 마음으로 가라 전하라, 사랑하는
나의 아들아!

9,176 번째 하나님 말씀

2004년 1월 15일 07시 33분

1 사랑하는 나의 아들아!
2 "네, 아버님! 말씀하옵소서."
3 네가 너의 제자들에게 그리 말하였느
니라.
4 보내 준 이요, 너희들의 생명을 내려
준 나 여호와의 마음을 알라, 부모의
마음을 이해하는 것이 너희들이 나 여
호와의 마음을 이해하는 것이며 내 마
음을 알 수 있는 것이니, 그와 같은 삶
을 살라 그리 말하였느니라.
5 과연 너는 어떠한 마음에서 그와 같은
생각을 하며 그와 같은 깨달음을 얻어
너의 제자들에게 그리 가르치느냐?
6 "네, 아버님! 그렇사옵나이다.
7 이 세상에 아버님께서 생명을 저에게
주셨으니, 그 생명을 주심에 감사드리
며,
8 그리고 저에게 생명을 주셨을 때 아버
님의 그 마음이 어떠하셨는가를 생각
하며, 그러니 그 은혜요, 자애로움을
알게 되고 있사옵나이다.
9 또한 제 주변에 저와 인간관계를 맺는
형제를 주시는 것, 그 또한 어떠한 마
음으로써 아버님께서 저희들에게 주
셨는가,
10 저희 형제들을 보고 만날 수 있는 것
이 얼마나 큰 은혜요, 영광이요, 기쁨
인가 그와 같은 것을 생각할 때,
11 아버님의 마음을 알아야 될 것 같으
며, 아버님 마음을 들여다보는 것만이
감사할 수 있는 길이라 생각되었사옵
나이다.
12 지금 저를 따르는 제자들을 보내 주셨
으며, 법전을 만들고 같이 노력하는
그 제자들을 만날 수 있는 것, 그들과
같이 살아갈 수 있는 것, 그들과 웃고
슬픔을 같이할 수 있는 것이 얼마나
기쁘고 영광인 것인가를 이제야 깨달
았사오며,
13 그 모두는 아버님께서 주신 영광의 은

혜라는 것을 생각하니, 아버님께서 어
떠한 마음으로써 그와 같은 것을 주셨
으며, 저희를 만날 수 있도록 했으며,
같이 살아갈 수 있도록 해 주는가, 그
모습을 보는 아버님의 마음은 과연
어떠하실 것인가,
14 아버님께서 생명을 주셔서 이 세상을
살게 하였으니, 제가 죄를 짓고 악한
짓을 하며 추한 짓을 하는 것이 과연
보내 주신 아버님께 기쁨을 드리는
것인가 슬픔을 드리는 것인가, 이와
같은 생각을 하게 되었사옵나이다.
15 그리하여 악하고 추한 짓을 하지 아니
하고 아름답고 선한 삶을 사는 것, 고
개를 들어 하늘을 보며 하늘에 부끄럼
이 없는 삶을 사는 것이 아버님의 바
라시는 마음이라 그리 생각하며, 마음
이 저려 옴을 느꼈사옵나이다.
16 저의 제자들을 다스림에 있어서 진실
로 가르치며 진실로 다스리며, 거짓된
행위를 하지 아니해야 하거늘,
17 거짓된 짓을 하며 잘못 가르치며 그
제자들을 이용하며 제자들을 능멸하
며 그리고 제자들을 제 소유물처럼 이
용하는 것, 그리고 그들에게 거짓말하
는 것, 그들에게 사기하는 것,
18 이와 같은 것이 아버님께서 보내 주신
마음일 것인가를 생각해 볼 때 정녕
그것은 아니라 생각되옵나이다.
19 제자들을 진심으로 가르쳐 주며, 참진
리의 길을 인도하며, 저 스스로 뼈를
깎는 고통의 길을 가며 그들에게 모
범을 보이며,
20 그들이 저를 볼 때 기쁨을 얻을 수 있
도록 제가 바로 서는 것, 그것이 아버
님의 마음이 아닌가 그리 생각되옵나
이다.
21 모두를 아버님의 은혜요, 아버님의 마
음에 견주어 생각하니, 세상사 못 지
킬 것이 없으며, 십계명을 지킬 수 없
다 말하는 것이 얼마나 어리석고 불쌍
한 것이며 오만인가를 깨달았사옵나
이다.
22 추울 때 입을 수 있는 옷이요, 더울 때
입을 수 있는 옷을 내려 주시는 것, 제
가 수시로 먹는 음식이요, 먹고 즐기
는 그 모두를 아버님께서 내려 주시니,
23 아버님께서 내려 주신 좋은 음식을
먹으면서 욕된 짓을 하며 사악한 말을
하며,
24 약한 자를 핍박하며 서로 형제 간에
멱살잡이하며 싸움을 하며, 메어치고
들치는 그와 같은 짓을 하라고 아버
님께서 저희들에게 좋은 음식을 내려
주시고 힘을 비축하도록 해 주신 것이
아니라 생각되옵나이다.
25 아름답게 쓰며 좋은 곳에 쓰며 사랑하
는 마음으로 쓰도록 주셨다 생각되오
며,
26 주신 옷을 입고 사악한 짓이요, 못된
짓을 하는 것이 아니라, 주신 옷을 입
고 감사한 마음으로 살며 아름답게 살
며,
27 춥고 배고픈 자에게 나누어 주며 입혀
주는 그와 같은 아름다운 마음으로 살
라고 아버님께서 내려 주신 것이 아
닌가 그리 생각되오며,
28 그와 같은 뜻의 마음을 알고 깨달았기
에, 제가 그 제자들에게 감히 그리 말
씀을 드렸사옵나이다.

29 네 부모에 대한 마음을 알라, 그리고
네 부모의 마음을 알며 거기서 조금
더 나아갔을 때, 진정 창조주 아버님
의 마음을 아는 그와 같은 마음으로
살아가라.
30 그리하면 그것이 모두에 감사하며 범
사에 감사하며, 저희들이 잘못된 길
을 갈 수 없다는 것을 깨달았사옵나이
다.
31 아버님께서 내려 주시는 것이요, 생명
을 주신 것이요, 형제를 주신 것이요,
자식을 주신 것이요, 또한 아내를 주
신 것이요, 남편을 주신 것이요, 친구
를 주신 것이요, 이웃을 주신 것이요,
제자를 주신 것이요, 법전을 세상에
내려보내 그 영광을 주심이요, 법전을
만들 수 있는 재물을 주심이요,
32 그 모두를 다 악한 곳, 나쁜 곳에 쓰라
고 주신 것이 아버님의 마음은 결코
아니라 생각되옵나이다.
33 그 모두는 아름답고 한 점의 부끄럼이
없고 소중한 곳에 쓰라 하여 아버님
이 주셨으니,
34 아버님의 그 마음을 하나 안다면 모
든 악하고 추하고 더러운 짓을 할 수
없으며,
35 십계명보다 소중한 것이 없다 하시오
니, 십계명을 지킬 수 없다 말할 수 없
으며, 율법을 지킬 수 없다 말할 수 없
으며,
36 아버님께서 마지막 만백성을 구하기
위해 내리시는 이 성경을 지킬 수 없
다 말할 수 없으며, 이를 못 지킬 수
없는 것이며,
37 저희들이 남들이 볼 때 천사와 같은
삶을 살아갈 수 있는 것이며,
38 아버님의 마음을 들여다보며 아버님
의 마음을 알며 아버님께서 역사하신
심정을 알려고 노력할 때, 저희들은
악한 길을 갈 수 없으며,
39 오로지 선하고 아름다운 길을 가며,
감사하며 그 감사함에 보답할 수 있는
길이 무엇인가 깨닫는 것을 느꼈사옵
나이다."
40 사랑하는 나의 아들아!
41 "네, 아버님! 말씀하옵소서."
42 그것 하나를 깨달으면 이 세상이 지상
의 낙원인 것을, 어찌하여 수천 년 동
안 그 많은 나의 백성이 그를 깨닫지
못하였는가?
43 그러나 또한 그것을 깨달은 자, 그를
알았다 해도 그들은 어렵고 힘든 길을
행하지 아니하고 실천하지 아니하고
갔음이니라.
44 다만 그와 같은 것을 깨달은 것이 소
중한 것이 아니요, 그를 깨달을 때 바
로 실천하고 행하는 네가 소중한 것이
며,
45 또한 그를 따라 행하고자 하며 살아가
는 너의 제자들이 소중하고 귀한 나의
아들딸이니,
46 너희들이 부귀영화요, 권력이요, 힘이
없으면 어떠하며 있으면 또한 무엇하
겠느냐?
47 다 부서지고 날아가고 잊어버리고 깨
지고, 또한 놓아야 되는 것을,
48 그리하여 내가 너희들을 선택한 뜻이
여기에 있으며, 너희들과 더불어 역사
하고자 하는 나 여호와의 뜻이 여기
있음이니, 그리 전하라.

49 내 마음을 알 수 있도록 노력하라.
50 그리하여 내 마음을 알면 천하를 다
얻을 것이요, 천하를 얻게 되면 세상
을 다 보게 되는 것이 아니더냐?
51 모두가 너희들 손에 있으며, 네 가슴
에 있으며, 네 마음에 있으니, 다 봄이
니,
52 그것이 나를 볼 수 있으며 거기에 내
뜻을 너희들에게 전하여 줄 수 있는
것이니라.
53 천하를 다스리고 알 수 있는 나의 백
성들에게 나의 성령을 주어 만백성을
구하고자 하는 것이니라.
54 제 욕심이요, 저만 위하여 살아가는
그들에게 내가 부어 줌이 아님을 알
라, 사랑하는 나의 아들아!

9,177 번째 하나님 말씀

2004년 1월 15일 07시 38분

1 사랑하는 나의 아들아!
2 "네, 아버님! 말씀하옵소서."
3 너희들이 즐겨 쓰며 그리 좋아하는
'범사에 감사하라.' 그 말을 하지 말라
내가 하지 아니하였더냐?
4 내가 무엇 때문에 그리하지 말라 하였
는지 너는 알겠느냐?
5 "네, 아버님!
6 오늘의 주어진 환경이요, 생활에 만족
하며 그 기쁨을 모르는 자는 범사에
감사하지 말라 하셨으며,
7 또한 아버님께서 범사에 감사하다는
저희들의 그 말을 듣지 아니하며 듣기
싫어한다 하셨음이니,
8 그는 곧 말로써는 범사에 감사한다 하
나, 그 감사하는 의미에 대한 보답이
요, 그와 같은 행위를 하지 못하고 살
아가기에,
9 말로써는 범사에 감사한다면서 아버
님의 뜻을 따르지 아니하며, 아버님께
서 역사하시는 기본의 참진리의 어렵
고 힘든 그 길을 가지 아니하고 범사
에 감사한다는 것은 아무런 의미가 없
으며,
10 그건 거짓된 짓이요, 사기를 치는 자
보다도 더 사악한 자라 그리 느껴지옵
나이다.
11 그와 같이 분개하시기에, 아버님께서
범사에 감사하다는 말을 하지 말라
그리 말씀하시는 줄 알고 있사옵나이
다.
12 범사에 감사하는 마음을 갖게 된다면
우선 아버님의 마음을 알아야 될 것이
며, 아버님의 뜻을 따라야 될 것이며,
13 아버님께서 역사해 주신 의미가 무엇
인가 깨달아 거기에 버금가는 행동이
요, 거기에 맞는 삶을 사는 것이 범사
에 감사하는 것이지,
14 말로는 범사에 감사한다 하나, 아버
님의 뜻에 따르는 어렵고 힘든 길은
팽개치면서 그저 말로써만 '주여, 주
여!' 하고 아버님을 찾으며, '감사합니
다, 감사합니다.' 부른다는 것은,
15 그것은 천날 만날 불러도 아무런 가치
가 없는 것이니,
16 다만 범사에 감사한다면, 아버님의 뜻
이 무엇이며 아버님이 내리신 계명이
무엇이며, 아버님이 역사하시는 것이
무엇인가 그 마음을 알아서,
17 그 마음에 따라 삶을 살며 그 마음에

기쁨을 드릴 수 있는 그와 같은 변화
되는 삶이, 그것이 범사에 감사하는
기본의 틀이니,
18 범사에 감사하는 기본이요, 근본의 틀
도 모르면서 말로써만 범사에 감사한
다는 그와 같은 것이 얼마나 욕된 것
인가를 이제 깨달았사오며,
19 그리하여 아버님께서 그와 같은 말을
하지 말라 하심을 알고 있사옵나이
다."
20 사랑하는 나의 아들아!
21 "네, 아버님! 말씀하옵소서."
22 네 부모가 옳은 길로 가라 하나, 저는
반대 길로 가면서 저희가 낳아 준 은
혜에 감사하며 길러 준 은혜에 감사한
다면 그것이 무엇이더냐?
23 길러 주고 다스린 부모는 옳은 길로
가라 가르침이니라, 그리고 너희들이
학업에 열중하며 세상사의 배움에 열
중하며 가르침에 귀 기울여 너희들이
삶의 기초를 다져 옳고 바른 사람으로
살라 그리 가르치니,
24 그러나 그를 듣지 아니하며 너희가 말
하는 짐승만도 못한 짓을 하면서, 낳
아 준 것을 감사하고 길러 준 것을 감
사하며 매사에 감사하다 한다면, 그
부모는 무어라 생각하겠느냐?
25 그 자식을 세상에 낳은 것을 남부끄럽
게 생각하며, 그와 같은 자식을 둔 것
을 이웃 사람에게 부끄러워하며, 그와
같은 자식을 둔 것을 통곡하지 아니하
겠느냐?
26 그와 같은 형국으로써 가는 자식이 효
자요, 효성스러운 아들딸들이더냐?
27 그러니 그와 같은 행위를 하지 말라
함이니라.
28 너희가 지금 나에게 범사에 감사한다
면서 내 뜻을 거역하며, 내가 지키라
는 계명은 지킬 수 없다 생각하며,
29 내가 내려 준 베푸는 사랑의 아름다운
나의 마음은 알려 하지 아니하며, 내
뜻을 알려 하지 아니하며,
30 내 뜻을 거역하며, 사탄의 후예가 되
고 자식이 되어 가면서 나에게 범사에
감사하며 하나님께 감사한다 함이니,
31 내가 너희들이 지옥으로 가는 것을 감
사하도록 인사를 받고자 하는 나 여호
와며, 사탄의 자식이요, 마귀의 자식
으로 전락하는 그것을 감사하다고 인
사하는 너희들에게 그 감사의 인사를
받을 수 있겠느냐?
32 그러니 범사에 감사하는 뜻을 그와 같
이 함부로 하지 말라 전하라, 사랑하
는 나의 아들아!

9,178 번째 하나님 말씀

2004년 1월 15일 07시 51분

1 사랑하는 나의 아들아!
2 "네, 아버님! 말씀하옵소서."
3 수천 년 동안 나의 백성을 인도한다는
대제사장이요, 선지자요, 깨달았다는
자, 그리고 지금의 목자라는 자들이
가고 있는 삶이 어떠한 줄 알겠느냐?
4 너희들은 알아야 될 것이니라.
5 너희들은 모두 겉으로는 천사와 같은
행동을 하며 천사와 같은 삶을 살아가
는 것처럼 하나, 너희들의 그 속을 들
여다보는 나 여호와가 보는 너희들은
어떠한 줄 알겠느냐?

6 더러운 것이 그득히 차 있는 것이 너희들의 자세이니라.

7 그러니 그렇게 더러운 것으로 그득히 차 있는 너희 자신을 먼저 다스리고 깨우쳐 만백성을 지도하는 그와 같은 자로 거듭나라 함이 여기 있음이니라.

8 그리하여 내가 나의 아들을 통하여 나의 법전을 세상에 내려보냄이니라.

9 이제 나의 법전을 읽고 깨우쳐 가는 백성이요, 나의 아들을 따르는 백성 너희들은 알라.

10 너희들은 모두 다 겉으로는 천사처럼 그리고 의인처럼 행동하나, 속에는 더러운 것이 그득히 차 있는 것이 오늘의 종교 집단이요, 지도자이니,

11 그들과 같은 마음의 자세로 너희들이 간다면 나의 법전이 세상에 나오는 의의가 없으며 그는 역사할 수 없다는 것을 너희들은 알아야 될 것이니라.

12 더욱이 너희들은 나를 볼 수 없다 함을 알라.

13 너희들은 결코 나를 볼 수 없느니라.

14 그러니 그러한 너희 자신을 먼저 다스리지 아니하면 나를 볼 수 없으며 나에게 올 수 없으며 나의 가르침을 들을 수 없는 것이 너희들이라 함을 알아야 될 것이니라.

15 그러니 나의 법전의 내용들이 무엇이더냐?

16 바로 그와 같은 자를 바로 다스리며 그와 같은 마음을 깨우치라 하여 내가 내려보내는 것이 나의 법전이며 그 내용이 거기 있음을 너희들은 알아야 될 것이니라.

17 이제 나의 아들을 따르는 제자 너희들에게 나 여호와가 간곡히 눈물로써 하소연을 함이니라.

18 너희들이 살아가는 모습이 겉으로 행동하는 것은 아름답고 깨끗하며 그리고 남들이 봐서 하나의 흠집이 없는 것 같은 형태로 살아가나,

19 속의 마음은 불법을 자행하며 남을 그저 시기하고 무너트리는 그와 같은 마음으로 그득히 차 있다면, 결코 너희들은 나에게 올 수 없으며 나를 볼 수 없는 백성이니,

20 지금까지 모든 종교 집단이요, 믿음이요, 구원을 받았다 울부짖는 백성 그들이 바로 그와 같은 마음을 버리지 못하고 있으며 그를 다스리지 못하고 있음이니라.

21 나는 그들을 사랑함이니라.

22 그들이 길을 모르며 방법을 모르며, 잘못 인도하고 잘못 가르치는 자의 말에 현혹되어 지금 방황하고 있음이니라.

23 그리하여 그들이 번뇌와 고통 속에 있는 것이 80퍼센트가 넘는다 하지 아니하였더냐?

24 그러니 그들을 구원해야 되는 것이 너희들임을 알라.

25 그들은 정녕 나와 관계없는 길을 가니, 그들이 죽어 왔을 때 '나는 너를 모른다.' 말할 때 그들이 얼마나 참담하며 얼마나 고통스럽고 당황하겠느냐?

26 저희들은 나름대로 평생을 아름답고 착하게 살며 나 여호와의 뜻에 의해 살아온 삶이라 그리하나,

27 죽을 때까지 사는 그 모든 삶이 나를

기만하고 나를 속인 것이며 내 뜻이
아니라 할 때, 돌이킬 수도 없으며 돌
아갈 수도 없으며 다시 살 수 있는 기
회도 없을 때, 그들이 얼마나 황당하
겠느냐?
28 황당해하는 불쌍한 그 백성을 구하라.
29 지옥문에 매달려 들어가지 아니하려
울고불고하는 그들을 너희들이 구원
하도록 그리하라.
30 그것이 너희들이 해야 할 길임을 절대
잊지 말라, 사랑하는 나의 아들딸들아!
31 그러니 겉과 속이 다른 모습으로 처신
하며 살아가는 그와 같은 사람이 되지
말라.
32 너희들이 한 발짝 뗄 때마다, 한 번 생
각할 때마다 겉과 속이 다른 생각을
하며 겉과 속이 다른 마음을 가지고
행동한다면, 나 여호와가 그 모두를
보고 있으며 그 모두를 다 듣고 있다
는 것을 알라.
33 이제 나의 아들도 그와 같은 허물을
벗기 위하여 그가 피나는 노력을 하고
있으며 그리 가고 있음이니, 너희들
또한 그리 따라가고 그리 가야 하는
것이 당연히 가야 할 길이라는 것을
잊지 말라.
34 나의 아들이 말하지 아니하였더냐?
35 '나도 이제 행했으니, 당신들도 그리
행하고, 제자 여러분도 그리 행하시
오.' 그리 말할 수 있듯이,
36 너희들도 그와 같은 행동으로써 모두
다스리고 모범을 보이는 그와 같은 삶
을 살라.
37 그 기본이 무엇인 줄 알겠느냐?
38 이중인격자요, 두마음을 가진 자여서
는 아니 되느니라.
39 그러니 너희들이 겉으로 아름다운 모
습이요, 겉으로 인자한 모습이요, 겉
으로 부드러운 모습이라면 너희들의
마음속도 또한 부드럽게 그리 가야 됨
이니라.
40 나의 아들과 너희들이 다른 것이 무엇
이더냐?
41 너희들은 화를 내면서도 속으로는 웃
는 자가 있는가 하면, 웃으면서도 속
으로 부글부글 끓는 화를 참지 못하는
자가 있느니라.
42 그러나 나의 아들은 그것이 아니니라.
43 화가 났을 때 화를 내는 것이요, 그가
자애로울 때는 자애롭게 이야기하니,
그는 속과 겉이 다르지 아니하며 그대
로 행하고 전하는 것이니, 그를 보고
너희들이 모르면 아니 됨이니라.
44 그것이 너희들과 그의 차이이니라.
45 너희들은 겉으로는 화를 내며 겉으로
는 양보하며 겉으로는 싫은 체하면서
뒤에서는 즐거워하며 이익을 계산하
는 그와 같은 것이 인간 세상의 삶이
니라.
46 나의 아들은 그렇지 아니함이니라.
47 그러나 겉으로 싫으면 싫은 것이요,
좋으면 좋은 것이라 그는 그 자세를
분명히 함이니, 너희들이 그를 보고
오해하며 그를 보고 평가하지 말라.
48 이것이 너희들이 그를 모르는 것이며
깨달음이 부족한 한계이니라.
49 이제 나의 아들을 따르는 제자 너희들
도 나의 아들의 마음과 같이 그리 살
아가야 됨을 절대 잊지 말라.
50 두마음을 갖지 말며 겉과 속이 다른

모습으로 살아가지 말라.
51 그리하지 아니하면 너희들은 결코 깨
달음을 얻을 수 없으며, 비울 수 없으
며, 전진할 수 없으며, 나로부터 성령
을 부여받지 못함이니라.
52 나의 아들은 그러하기에 내가 성령을
부여해 주며 내가 그를 인도하여 그에
게 내가 모두를 내림이니,
53 그와 같은 길을 가지 아니하면 아니
됨을 내가 나의 법전에 기록하니,
54 이는 나의 아들만 격찬하며 나의 아들
만 위대하다 하며 나의 아들만 너희들
에게 자랑하고자 하는 것이 아니며,
그를 높이고자 하는 것이 아니요, 그
가 무엇인가 더 위대하다는 것을 보이
고자 함이 아니니라.
55 다만 그의 마음이 그러하니 그를 따르
는 제자들이 그를 모르는 것이 안타까
워 내가 너희들에게 가르쳐 주며, 너
희들도 그와 같은 마음으로 살라는 것
이 나 여호와가 전하는 뜻이니 그리
알라.
56 내가 너희들을 더 사랑함이니 그리 전
하라.

9,179 번째 하나님 말씀

2004년 1월 15일 07시 59분

1 사랑하는 나의 아들아!
2 "네, 아버님! 말씀하옵소서."
3 지금의 나의 피조물 만백성이요, 지도
자들이 가는 길이 무엇이더냐?
4 그들이 참진리의 길을 가며 바른길을
간다면 나의 법전이 내려올 필요가 없
으며 나의 아들을 통하여 이와 같은
역사를 할 필요가 없지 않더냐?
5 지금의 너희들의 믿음이 참진리의 길
을 버려두고 비진리를 따라가면서도
그것이 두렵고 무서운 것을 모르며 가
는 백성이니, 그들은 결국 무엇이더냐?
6 저 자신을 다 무너트리고 저 자신을
멸망의 길로 인도하는 것이 아니더냐?
7 그러니 나의 사랑하는 아들딸들을 그
대로 볼 수 없어 그들을 구하고자 하
는 것이 나 여호와의 뜻임을 알라.
8 사랑하는 나의 아들아, 내가 하늘에서
내려다보는 그와 같은 백성들이요, 구
원의 길이요, 나에게 오르고자 울고불
고 광란의 짓을 하는 백성, 선택된 백
성이라 말하는 그들의 삶이 무엇이더
냐?
9 그들은 오늘의 믿음이요, 그 신앙이
저희 자신의 육의 삶을 위해 지금 가
고 있음이니라.
10 그러니 너희들이 어떠한 삶을 살아야
되느냐?
11 영적인 나의 성령을 키우는 삶을 살아
야 되며 그를 위해서 너희들이 살아야
되는 것이거늘,
12 나 여호와의 양을 육성하며 나의 양을
기르는 것이 아니라 너희들이 먹고살
기 위한 그 양을 기름이니, 그것이 잘
못되었다 함이니라, 사랑하는 나의 아
들아!
13 너희들이 똑같은 양을 기른다 해도,
나 여호와의 양을 기르느냐, 육의 세
상에서 너희들이 먹고살기 위해 양을
기르느냐 하는 것, 이것이 얼마나 큰
차이가 있는지 알아야 될 것이니라.
14 너희들이 세상에 살아가는 것도 육을

위한 삶을 살아가며 그것만을 위한 믿
음으로 가는 것이 너희들이니라.
15 너희들은 나 여호와에 대한 신앙이요,
나 여호와에 대한 믿음으로 가지 못함
이니,
16 내가 너희들을 깨우쳐 주기 위하여
전함이니, 너희들은 나 여호와의 양을
육성하는 목동으로서 목자로서 성장
해야 되는 것이거늘,
17 어찌하여 너희들이 육의 세상에서 먹
고살고 취하고 가꾸고 즐길 수 있는
양을 위하여 모두를 다 바치는 그와
같은 목자요, 지도자요, 목동으로서
지금 가고 있느냐?
18 이것을 바라보는 나 여호와의 가슴이
아픔이니라.
19 너희들이 잘못 가는 것이야 내가 탓하
지 아니하거늘, 너희들이 잘못 가르치
는 것을 듣고 그 백성마저 멸망의 길
을 감이니, 그게 아니 되기에 내 가슴
이 아프다 함이니라.
20 이제 사랑하는 나의 아들을 통하여 내
가 나의 법전에 기록하여 너희들에게
전하는 그 뜻을 알겠느냐?
21 육의 삶을 위하여 사는 삶을 이제는
중단하고, 나 여호와의 뜻에 의하여
살아가는 백성으로서 거듭나라 하는
것이 나 여호와의 뜻임을 알라.
22 몇천 년 동안 흘러오는 지금의 모든
종교 집단이요, 그 많은 세월 속에서
지도자라 말하는 자, 제사장이라 말하
는 자, 선지자라 말하는 자,
23 그 모두가 나 여호와의 뜻에 의하여
나의 피조물 만백성을 가르치고 다스
린 것이 아니라 함을 너희들은 알라.
24 그러니 너희 자신을 위한 믿음이요,
신앙의 길을 지금까지 달려왔음이니
라.
25 그러니 너희들이 감히 구원이요, 나에
게 오르고자 하며 무엇을 달라, 이루
어 달라 울고불고한 것이 무엇이더냐?
26 다 너희 자신을 위해서 그리하지 아니
하였더냐?
27 그러니 지금 나의 아들이 그 제자요,
모든 백성이요, 그 법전을 읽는 자들
에게 무어라 가르치느냐?
28 너희들이 하늘에 오르는 마지막 표가
하나 있을 때 그를 양보하라 함이니라.
29 그것이 나의 양을 기르는 자요, 나의
양을 기르는 나의 아들임을 알라.
30 하늘에 오르는 표가 나에게 한 장밖에
없을 때, 오르고자 하는 자는 만 명이
니, 그 만 명 중에서 내가 누구를 준단
말이더냐?
31 그러나 지금 나의 아들이 가르치며 그
제자들이 배우는 것이 무엇이더냐?
32 만 명 중에 9,999명의 나의 아들이요,
그 제자들은 모두 양보하며, 편안하게
내가 한 장을 아무에게나 줄 수 있도
록 너희들이 고개 숙여 그를 거절함이
니, 그것이 바로 무엇이더냐?
33 나 여호와의 양을 기르는 목자라는 것
을 너희들은 어찌 모르느냐?
34 그리하여 그들은 하늘에 오르는 길이
요, 구원의 길을 위하여 저 자신을 구
원하겠다며 구원해 달라는 기도를 하
지 아니함이니,
35 그것이 바로 나의 양이요, 하늘의 양
을 기르는 나의 사랑하는 아들딸들이
아니더냐?

36 무엇을 이루게 해 달라며 너희들의 소원을 비는 것은 무엇이더냐?

37 너희들 자신의 양을 기르는 자들이라 함이니, 그것이 나의 아들을 따르는 제자들과 너희들의 다른 점이니,

38 그리하여 지금의 모든 종교 집단이요, 믿음의 길을 가는 자는 저 자신의 양을 기르는 자들이요,

39 나의 아들을 따르는 백성은 하늘의 양을 기름이니, 내가 취할 수 있고 내가 다스릴 수 있도록 나를 위하여 그 양을 기르는 것, 이것이 차이임이니라.

40 이와 같이 내가 상세히 예를 들어 너희들에게 기록하여 전하거늘, 지금도 깨우치지 못하며 바른길을 가지 못한다면 너희들을 과연 어찌하겠느냐?

41 사랑하는 나의 아들을 통하여 내가 이와 같이 역사함은 너희들을 사랑하기 때문이니라.

42 이제 나의 아들을 따르는 제자 너희들은 알라.

43 너희들이 나의 아들을 만나며 나의 법전을 읽으며, 나의 법전을 접하여 읽고 깨우치는 순간에 바로 하늘의 나의 양을 기르는 목자요, 목동으로서 너희들이 다시 남이니,

44 그것이 바로 너희들이 양보하는 마음을 심어 줌이니 그리 알라.

45 나 여호와의 뜻을 위한 믿음의 길을 가고 있는 것이 아니라, 너희들을 위한 그와 같은 길을 가기에,

46 나의 법전을 세상에 내려보내 너희들의 믿음이요, 신앙을 나의 양을 기르는 그와 같은 목동이요, 목자로서 거듭나게 하고자 하여 이 어렵고 힘든 그 역사의 길을 감을 알라.

47 그러니 나의 아들을 따르는 너희들이 삶을 어찌 살아야 되는지 알겠느냐, 또한 너를 따르는 제자들이 얼마나 축복된 백성인 줄 알겠느냐?

48 너희들은 무엇이 하늘에 오르는 길이며 어떠한 삶을 사는 것이 나의 뜻인지 아는 자들이 아니더냐?

49 지금 나의 법전을 접하고 나의 아들의 강론을 들으며 나의 아들과 더불어 너희들이 살 수 있고 갈 수 있는 것이 무엇이더냐?

50 하늘의 나 여호와의 양을 육성하며 기르는 목자로서 안내자로서 나의 아들이 너희들을 가르치고 역사하거늘,

51 과연 너희들이 하늘의 양을 기르는 자로서 변한 것이 무엇이더냐?

52 지상에서 너희 자신이 먹고사는 양을 기르기에 급급한 너희들에게 나 여호와의 양을 기르도록 가르쳐 준 나의 아들이요, 그 법전이 얼마나 소중하고 귀한 것인지 어찌 모르느냐?

53 너희들은 나와 더불어 하는 일을 하고 있으며 나에게 오는 길을 하고 있기 때문에 너희들은 축복받은 백성이니, 나의 법전을 읽고 만백성을 구원하라 하는 것이 나 여호와의 뜻이거늘,

54 내가 너희들에게 무리한 것이며 내가 해서는 안 되는 욕심을 부리더냐?

55 이와 같은 의미를 너의 제자들에게 깨우쳐야 될 것이니, 그리 알도록 전하라.

9,180 번째 하나님 말씀

2004년 1월 15일 08시 25분

1 사랑하는 나의 아들아!
2 "네, 아버님! 말씀하옵소서."
3 나를 부르고 나를 찾으며 나의 아들
예수를 구세주라며 울고불고하는 그
와 같은 백성들이 과연 나의 백성이
요, 나의 뜻으로써 살아간단 말이더냐?
4 그들은 나 여호와를 경배하며 나를 위
해 사는 것처럼 저희들이 말하나, 그
들의 행함이요, 믿음이요, 신앙이라는
것은 나를 등지고 가는 그와 같은 믿
음의 길을 가는 자니, 그들은 사탄을
위하고 사탄을 찾으며 사탄을 위해 살
아가는 그와 같은 믿음으로써 전락하
였고 타락되었다면 너희들은 믿겠느
냐?
5 너희들은 절대 믿지 아니할 것이니라.
6 이와 같이 너희들이 잘못된 것을 지적
하며 깨우쳐 바로 전하고자 하는 나의
법전이 세상에 내려감이니,
7 그러니 이를 보고 너희들이 사탄이요,
이단이라 말하고도 남음이 있을 것이
니라.
8 나의 아들 예수가 너희들에게 너희들
이 지키는 안식일은 하나님이요, 보내
신 이의 안식일이 아니니, 나도 그 시
간에 일을 하며 나의 아버지도 그 시
간에 일을 하고 계시다 그리 가르침이
니,
9 하늘의 뜻을 모르며 나를 모르며 나를
알지 못하는 자들이 나의 아들 예수를
그와 같이 비참하게 죽음의 길로 몰았
던 것처럼,
10 지금 내가 나의 아들을 통하여 전하는
것은 내 뜻이지, 내 아들이 임의로 말
하는 것이 아니니라.
11 수천 년 동안 나를 찾으며 경배하는
광신도요, 광분하는 자, 그와 같은 신
앙이요, 믿음이 나를 위한 것이 아니
요, 나에게 오르고자 하는 것이 아니
며,
12 사탄을 위한 믿음이요, 사탄을 찾으며
사탄을 돕기 위해 살아가는 믿음이라
할 때,
13 너희들은 이를 전하는 자, 이와 같이
기록하는 자는 마귀요, 사탄이라 하여
나의 아들 예수보다 더 비참히 거두려
할 것이니라.
14 그러나 이것 또한 나의 아들의 뜻대로
임하는 것이 아니요, 나 여호와의 뜻
이요, 내 명에 의해서 하는 것이니라.
15 나의 아들 예수가 너희들의 안식일에
'내 아버지가 일을 하니, 나도 일한다.'
한 것은, 나의 아들 예수는 내 뜻이요,
내가 역사하는 것을 알기 때문에 그리
말했으니, 그를 거부하여 너희들이 죽
였듯이,
16 지금의 나의 법전이요, 나의 아들을
모두 쓸어 죽이고자 하는 것이 너희들
이니,
17 2천 년 전에 밟았던 그 전철을 지금
또 밟으며 그와 같은 행위를 하고자
하는 것이 너희들임을 알아야 될 것이
니라.
18 그러니 내가 나의 아들을 통하여 내리
는 새로운 성경이요, 나의 법전을 너
희들이 깊이 깨우쳐 음미하여 너희 스
스로 길을 찾는 자는 구원을 받을 것

임을 알라.
19 너희들은 어찌하여 성령이요, 나의 뜻
으로써 충만된 아름답고 유하고 부드
러운 그와 같은 삶을 살려 하지 아니
하며, 죄로써 가득찬 너희들의 마음이
요, 죄에 의한 삶을 사는 길을 마다하
지 아니하고 달려가고 있단 말이더냐?
20 너희들은 지금 들어야 될 것이니라.
21 너희들이 가고 있는 그 믿음이요, 지
도자의 가르침이 잘못되었음이니라.
22 지도자가 참진리를 모르고 비진리를
가르치기 때문에 거기서 배우고 깨우
치는 너희들 또한 바로 설 수 없으며
구원을 받을 수 없다는 것을 내가 법
전에 기록하여 전함이니, 이는 증거함
이니라.
23 그러니 내가 나의 법전에 기록한 내용
을 너희들이 정독하고, 오늘에 가르치
는 종교 집단이요, 지도자 너희들이
울고불고 광란의 짓을 하는 그와 같은
길이 정녕 옳은가를 단 한 번쯤은 생
각할 필요성이 있는 것이니라.
24 내가 그들에게 전하느니라.
25 너희들이 나의 법전을 하루요, 열흘을
읽는다 해서 사탄이 되고 마귀가 되는
것이 아니니라.
26 이 세상의 모두는 다 너희들에게 필요
하기 때문에 존재한다는 것을 너희들
은 알지 않느냐?
27 모든 독극물도 너희들에게 필요한 것
이 이 세상에 살아가는 이치이거늘,
28 어찌하여 너희들은 나의 법전을 읽어
보지 아니하며, 몇 시간도 투자하지
아니하고 이를 매도하여 광명의 빛을
보지 못하는 어리석은 삶을 산단 말이
더냐?
29 이것이 바로 모든 종교 집단이요, 지
도자 그들이니라.
30 진정한 종교 지도자요, 저희들이 나의
뜻에 의해 살아가는 목자라면 어떠한
것도 두려워함이 없을 것이니,
31 신도라는 백성이 이와 같이 하늘에 오
르는 길이요, '하나님! 말씀하옵소서.'
라는 책이 있으니 이게 어떠한 것이냐
물을 때,
32 '한번 읽어 봐서 좋은 것은 배우고 나
쁜 것은 버리시오. 정독해 보시오, 그
리고 깨달음을 얻으시오.' 하며,
33 제가 정녕 나의 목자요, 나의 명을 받
아 나의 뜻에 의해 이루는 지도자라면
그리 말할 것이니라.
34 그러니 저 자신이 믿지 못하며 저 자
신이 불안하며 제가 반석 위에 집을
짓지 못하며 모래 위에 집을 지음이니,
35 파도가 밀려오며 바람이 불면 넘어지
는 것이 무섭고 두려워 그 바람과 파
도를 사전에 차단하고 막으려 하는 것
이 그들이기 때문에, 읽어 보지도 못
하게 하며 듣지도 못하게 하고 있음이
니라.
36 이것이 얼마나 무서운 차이가 있느냐?
37 나의 아들은 무어라 말하느냐?
38 그 제자가 법당이요, 성당이요, 교회
라는 곳을 간다 해도, 그는 가지 말라
하지 아니함이니라.
39 그리고 그들이 무엇을 읽든 무엇을 접
하든 누구의 강론을 듣든 하지 말라
하지 아니함이니라.
40 참진리는 하나요, 나의 아들을 통하여
모두가 역사하는 것을 그는 알고 있고

그는 당당히 갈 길을 알기 때문에,
41 너희들이 무슨 일을 하든 간에 말리지
아니하며, 너희들의 개인적인 사생활
을 침해하지 아니하며, 살아가는 모습
을 막지 아니하니, 그것이 너희들과의
차이점이니라.
42 이것은 너희들이 말로써 듣고 표현할
때는 간단한 것이며 글로써 기록되어
읽어 넘어갈 때 아무것도 아니나,
43 이게 실질적으로 이루어지는 현실을
볼 때, 이는 하늘과 땅의 차이요, 구원
을 받고 못 받는 그 길이 거기에 걸려
있는 위대하고 소중한 뜻이라는 걸 너
희들은 알아야 될 것이니라.
44 당당한 모습으로써 모두를 열어 놓고
모두를 개방하며, 이것도 받아들이고
저것도 받아들이며 깨우쳐 가라 하는
것이 나의 아들이니,
45 결국 그들이 가다가 깨우쳐 다시 돌아
오며 진리의 길을 찾아올 것이라는
것을 알기 때문에, 그는 모두를 개방
함이니라.
46 그러나 너희들은 진리가 아니요, 잘못
가는 것이요, 모래 위에 집을 짓는 자
들이기에 불안하고 공포에 떨기 때문
에, 다른 것은 보지도 못하게 하며 듣
지도 못하게 하며 대화하지도 못하게
하며,
47 오로지 제가 하는 강론이요, 제가 하
는 설교만 목숨을 바쳐 듣도록, 그리
고 대가를 치르도록 가르치는 것이니,
얼마나 어리석고 불쌍한 속에서 너희
들이 허덕이는가?
48 암흑의 세상에서 너희들만 지금 허덕
이고 있는 자들이요, 광명의 빛을 보
지 못하는 자들이니,
49 눈이 있어도 보지 못하며 귀가 있어도
듣지 못하는 어리석은 백성으로 너희
들이 지금 타락되어 가고 있음을 알라
전하라.

9,181 번째 하나님 말씀

2004년 1월 15일 08시 32분

1 사랑하는 나의 아들아!
2 "네, 아버님! 말씀하옵소서."
3 세상에 믿음의 길을 가며 사랑을 베풀
며 살아가는 종교 집단이요, 지도자
요, 그들이 무어라 말하느냐?
4 "네, 아버님! 그들은 똑같은 대답을
하고 있사옵나이다.
5 저희 법전을 접하며 아버님의 성령인
하늘에 오르는 길을 접한 자, 그리고
저희들이 만들어 전하는 어떠한 것을
접했을 때, 그들은 저에게 이와 같은
것을 묻고 있사옵나이다.
6 당신은 성경 공부를 얼마나 했으며 교
회를 얼마나 다녔으며 교회 생활을 얼
마나 했으며 교회의 직함은 무엇이냐,
먼저 그것을 물어보고 있사옵나이다.
7 그리하여 제가 성경 공부를 한 사실
이 없으며 교회를 다닌 적이 없다고
하면, 그들은 그를 가지고 이방인이
요, 사탄이라 그리 말하옵나이다.
8 그러니 그들은 똑같은 그와 같은 대답
으로써 높고 낮은 자 할 것 없이 그리
말하니, 그를 보며 듣는 제 가슴이 너
무나 아프고 저려 옴을 느끼고 있사옵
나이다."
9 사랑하는 나의 아들아, 모두가 잘못되

었음이니, 그 모두가 다 잘못 이루어
진 결과임을 너는 알고 있지 않으냐?
10 "네, 알고 있사옵나이다.
11 그들의 굳어진 마음이요, 단단히 결속
된 것을 녹이고 다스려 유하고 부드러
운 세상을 볼 수 있도록 하고자 하는
것이 아버님의 뜻이 아니옵나이까?
12 그리하여 아버님께서 성서에 이미 기
록하여 전한 그 내용들을 그들은 어찌
하여 그대로 보지 아니하고 그대로
깨우치지 아니하며 저희들의 생각대
로만 가는 것인지 그를 이해할 수 없
으며,
13 성서의 뜻을 알지 못하는 자들이 지
도자라 하여 설교하는 그 자체를 저는
이해하지 못하며, 그를 생각하기만 하
면 답답하고 답답하옵나이다."
14 사랑하는 나의 아들아, 너희는 나의
아들이 성경 공부를 하지 아니하고 교
회를 가 본 일이 없다 하여 이방인이
요, 사탄이라 그와 같이 말하는 것, 그
와 같은 말에 현혹되지 말라 그리 전
하라.
15 나 여호와는 너희들에게 이미 깨우쳐
전했느니라.
16 나를 믿으며 나의 아들 예수를 부르며
사는 백성이 나를 욕되게 하며 나를
능멸하는 백성으로 변화되는 그와 같
은 시대가 올 것이며,
17 그와 같은 세상이 거쳐야 되는 과정이
라는 것을 내가 일찍이 너희들에게 깨
우쳐 전했음을 알라.
18 사랑하는 나의 아들아, 내가 성서에
기록하여 전한 대목을 너에게 깨우쳐
줌이니, 이를 너의 제자들에게 전하도
록 하라.
19 나 여호와는 너희가 말하는 이방인으
로 하여금 너희들을 다스리고 깨우치
는 시대가 올 것이라는 걸 미리 기록
하여 전했음을 알라.
20 그때가 되어 너희들이 부끄러움을 당
할 것이며,
21 너희가 얼마나 어리석은가를 깨달아
믿음의 길을 가는 백성이요, 지도자들
이 바로 나의 법전을 보고 깨우쳐 돌
아서는 그와 같은 삶을 살면 구원을
받을 것이요,
22 그렇지 못한 백성 너희들은 절대 구원
받을 수 없으며, 나 여호와는 너희들
을 모른다 그리 말할 것이라는 것을
기록하여 전했음을 너희들은 알아야
될 것이니라.
23 내가 일찍이 나를 믿고 경배하며 따르
는 자들, 그리고 성경 공부를 하지 아
니하며 교회를 가지 아니하였다 하여
이방인이요, 사탄이라 말하는 백성들,
24 그러니 가 보지 아니하며 성서를 읽지
아니한, 너희들이 말하는 이방인이라
는 나의 백성을 선택하여 너희들을 다
스리고 깨우치는 그와 같은 시대가 올
것이니,
25 그때 가서 너희들이 부끄럽고 창피하
여 당황하는 몰골을 볼 수 없다 내가
그리 말하였음이니라.
26 그러니 너희들이 부끄럽고 당황하는
그 속에서 너희들이 가던 형태의 그
모두를 지키고 그대로 가고자 하는 자
는 구원받을 수 없을 것이며,
27 너희들의 부끄러움이요, 부족함이요,
잘못된 것을 털고 일어나 나의 법전을

정독하여 깨우치는 길을 가는 자는 구
원을 받을 것이며, 너희들이 나에게
왔을 때 내가 너희들을 안다 하여 반
길 것이나,
28 너희들이 그와 같이 부끄럽고 당황하
며 창피하고 용서받을 수 없는 죄를
지은 것을 알면서도 그를 사수하고 지
키고자 가는 자는 내가 너희들을 절대
모른다고 하는 무서운 답이 기다리고
있음을 알라 그리 전하라.

9,182 번째 하나님 말씀

2004년 1월 15일 08시 44분

1 사랑하는 나의 아들아!
2 "네, 아버님! 말씀하옵소서."
3 많은 목자들이요, 나 여호와의 뜻에
의해 살아간다는 지도자라는 그 백성
들이 내가 전하는 나의 성령이요, 내
뜻인 참진리를 따르고 지키는 것이 아
니라,
4 그를 유린하며 사랑의 싹을 잘라 버리
는 그와 같은 형국으로만 지금까지 살
아온 것이 그들이 온 길이라면 믿겠느
냐?
5 그러니 그들은 사랑으로써 온 세상을
다스리는 것이 아니요, 황폐한 세상을
만드는 데만 그들이 모두 몰두하였음
을 알아야 될 것이니라.
6 이제는 그 모두를 나의 나라로 만들고
자 하는 것이며, 내가 원상태로 돌려
놓고자 하는 것이며, 하늘에서 이루어
진 것같이 지상에서 그 낙원을 똑같이
이루고자 하는 것이 나 여호와의 뜻임
이니라.
7 그러니 그를 위하여 내가 나의 법전이
요, 새로운 성경을 세상에 내려보냄이
니라.
8 새로운 성경으로써 나의 뜻을 전하고
역사하지 아니하면 그는 바로잡을 수
없으며 이루어질 수 없기 때문이니,
9 여기서 나의 새로운 법전이요, 새로운
성경이 내려가나, 이를 기록하여 책으
로 만들어 전하지 아니한다면 또한 무
엇하겠느냐?
10 그리하여 이를 만드는 너희들이 선택
된 백성이요, 나에게 소중한 백성이라
는 것을 알아야 될 것이니라.
11 너희들이 존재하며 내 뜻에 따라 역사
하는 너희들이 있기에 나 여호와의 기
쁨이 이루 말할 수 없음이니라.
12 나의 뜻대로 살고자 노력하는 너희들
이 있기에 나 여호와의 진노함을 누르
며 나 자신이 견디고 있음을 알아야
될 것이니라.
13 나 여호와는 너희들이 오늘에 하고 있
는 형태요, 살아가는 모습을 보면서
그 모두를 재앙으로 다스리고자 하며
모두의 손을 놓고자 하는 것이 나의
마음이니라.
14 정녕 너희들을 더 이상 볼 수 없을 만
큼 얼마나 사악해지고 타락했는지 알
겠느냐?
15 그러나 내가 너희들을 사랑하기에 다
시 한 번 단 한 번의 기회를 주고자 하
는 것이 나 여호와의 뜻이니라.
16 그리하여 심판의 시대를 열어, 내가
나의 법전으로써 책으로 기록하여 누
구나 읽고 깨우쳐 하늘에 오르는 길을
올 수 있도록, 구원을 받게 하고자 내

가 역사함이니라.
17 그러니 이 지상에 아름다운 낙원을 이
루고자 하는 것, 이것이 나 여호와의
뜻이니라.
18 그러니 나의 아름다운 낙원을 지금 지
옥이요, 모든 동식물이 존재할 수 있
는 그 옥토를 황무지로 만들어 놓은
것이 너희들이요, 마음까지도 황무지
로 만들어 놓은 것이 너희들이며, 황
폐하게 만들어 놓은 것이 너희들이니
라.
19 그리하여 내가 너희들을 단죄하고 다
스리고자 역사하는 것이며,
20 그와 같이 이 지상의 낙원을 황폐하게
만들며, 지상의 낙원을 지옥으로 만들
며, 나의 사랑하는 백성들, 구원을 받
고자 달려오는 그들을 지옥의 길로 인
도하는 자,
21 그들을 내가 이제는 다스리며, 내가
그들을 용서하지 아니하며, 그리하여
그들의 뿌리를 뽑아 유황불에 태워 버
려 지상의 낙원을 이루고자 하는 것이
요, 그리고 다시 시작하고자 하는 것
이 나 여호와의 뜻임을 너희들이 알아
야 될 것이니라.

9,183 번째 하나님 말씀

2004년 1월 15일 08시 51분

1 사랑하는 나의 아들아!
2 "네, 아버님! 말씀하옵소서."
3 지금의 종교 집단이요, 지도자 그들이
나의 사랑하는 백성들에게 인간의 삶
을 어찌 가르쳤는가?
4 나의 피조물 만백성을 참진리를 깨우
쳐 천사와 같은 자로 인도하여 하늘에
오르는 길을 가도록 인도한 것이 아니
라,
5 오로지 인간의 욕심과 인간의 욕망이
요, 그리고 거짓말하는 것, 거짓된 행
동을 하는 것을 가르치는 데 모두를
다 바쳐 왔으며 그리 이끌어 왔다면
과연 믿겠느냐?
6 그것이 지금까지 온 너희들의 믿음이
요, 신앙생활이라 내가 나의 법전에
기록하여 전함이니,
7 너희들이 그와 같은 오늘의 삶이 아니
거든 아니라 나에게 와 말하라.
8 하늘에서 내려다보는 나 여호와는 너
희들이 그보다도 더 흉악스러운 것으
로써 모두 행하고 역사한 자들이니,
그를 일일이 기록하여 전하는 것 자체
도 내가 삼감을 너희들은 알아야 될
것이니라.
9 너희들이 얼마나 사악한 자들인가는
너희 스스로 알고 있기 때문이니라.
10 우리 부자의 이름을 팔아 나의 백성을
인도한다며 거짓된 말로써 너희들이
진리라 하여 가르치는 것이 비진리요,
11 너희들은 참진리는 등 뒤에 감춰 놓은
다음에 비진리를 가지고 육의 삶의 욕
망을 채우기 위하여 모두를 가르치고
설교하고 강론하는 것이 너희들임을
알고 있을 것이니라.
12 스스로 잘못되었으며 지금 거짓된 행
위를 하고 있으며, 너희들이 육의 욕
망을 채우기 위하여 역사하고 있다는
것을 스스로 잘 알고 있을 것이니, 내
가 무엇을 말한들 그를 받아들이고 깨
우치겠는가?

13 다만 그와 같은 삶에서 용기 있게 버
리고 변화되지 못하는 자는 오늘의 육
의 욕망을 채우기 위하여 나의 피조물
만백성을 우롱하며 그들로부터 거둬
들인 역사의 대가를 치른다는 것을 알
아야 될 것이며, 그 고통은 너희들이
상상할 수 없음을 알아야 될 것이니라.
14 너희들이 나의 백성을 나에게 인도하
고 구원의 길로 보낸다 하면서 거짓된
말로 지금까지 역사한 대가는 너희들
이 상상할 수 없는 고통을 영원히 죽
지 않는 세상에서 치러야 된다는 것을
알라.
15 그러니 그들의 가르침과 인도를 받은
백성이 어찌하여 구원을 받겠는가?
16 그들이 멸망당하는 것은 당연한 이치
이며 그들이 지옥 불로 가는 것은 당
연한 것이니라.
17 그러니 여기서 나 여호와도 이해하지
못하며, 나도 너희들을 아무리 용서하
고 이해하려 해도 내 자신의 마음을
다스릴 수 없을 만큼 이해하지 못하는
것이 너희들이니라.
18 그와 같은 자들을 환영하며 그와 같은
자에게 열광하며 그와 같은 자를 너희
들이 맹종 맹신하는 것, 그리고 자신
을 지옥으로 이끌어 가는 그와 같은
자들을 나 여호와를 대하는 것보다도
더 경배하는 마음으로써 더 존경하는
마음으로써 따르고 있는 광신도들, 광
분하는 자들, 맹종하는 자들,
19 너희들을 보면서 기이한 세상이 온다
고 내가 예언은 하였지만, 너희들이
이와 같이 기이한 행동으로써 광분하
는 모습을 누구도 가르칠 수가 없으며
누구도 돌려놓을 수 없으며 누구도 다
스릴 수도 없다는 것을 내가 나의 법
전에 기록하여 전함이니라.
20 그러니 그와 같이 광분하는 백성, 저
희들을 지옥의 길로 인도하는 자들을
환영하며 박수하며 '옳소, 맞습니다.'
너희들이 눈물로써 그저 광란의 짓을
하며 그를 받들고 추앙하는 모습이야
말로 얼마나 어리석은 백성이요, 추한
모습인가?
21 그는 나 여호와를 경배하는 것보다도
더 강한 마음으로 그와 같은 지도자를
따르며 그를 경배하고 감이니,
22 그와 같은 자들은 육의 세상에서 모두
다 환각 상태요, 착각 속에서 살아가
는 자들이니, 가르칠 수 없으며 다스
릴 수 없음이니라.
23 그리하여 오로지 서서히 물이 위에서
낮은 곳으로 흐르듯이 나의 법전을 한
권 두 권 세상에 전하면서 그것으로써
너희들을 다스리고자 함이니 그리 알
라.

9,184 번째 하나님 말씀

2004년 1월 15일 08시 54분

1 사랑하는 나의 아들아!
2 이제 너를 따르는 제자들이요, 나의
법전을 읽고 깨우친 만백성 너희들은
모든 육의 세상의 재물이요, 부귀영화
를 나를 믿고 나의 법전을 읽고 깨우
치며 나의 아들을 따름으로써 얻을 것
이며 역사할 것이라는 생각을 버려야
됨을 그리 전하라.
3 너희가 거듭나며 새로 태어나는 길을

알며 그리고 그와 같은 길이 무엇인가
알려 주었으며, 너희들이 나 여호와의
뜻이 무엇인가 하여 반석 위에 서서
하늘에 오르는 찬란한 빛을 따라올 수
있도록 그와 같이 깨달음을 준 것으로
써 모든 은혜를 받은 것이라 그리 생
각해야 됨을 알라.
4 나 여호와가 선택된 너희들에게 무엇
을 더 주며 너희가 무엇을 더 얻으려
하는 것을 절대 생각하지 말라.
5 나 여호와가 반석 위에 서서 하늘에
오르는 그 빛을 볼 수 있도록 깨우쳐
주어, 너희들이 깨달음을 얻으며 참진
리를 접한 것, 그것은 너희들의 소중
한 목숨보다도 더 귀한 것이며 무엇과
도 바꿀 수 없는 것이거늘,
6 어찌하여 그 길을 오는 나의 백성들이
나로부터 더 무엇을 얻고자 역사하고
자 하는가?
7 그와 같은 생각을 버려야 될 것이니
그리 알라.
8 너희들은 나 여호와와 더불어 지금 참
진리요, 하늘에 오르는 그 길을 오는
삶을 살아가고 있지 않으냐?
9 그보다 더 큰 영광이 없음을 알라.
10 그러니 너희들이 육의 세상에서 영원
히 존재하지 못하는 것, 부서지고 파
괴되고 무너지며 또 너희들에게서 떠
나야 하며 버려야 하며 잃어야 하는
부귀와 영화, 그와 같은 것을 나에게
달라 기도하고 바라는 마음을 버리라.
11 그 모두를 바라는 마음을 버리지 아니
하면 아니 됨을 너희들은 알아야 될
것이니라.
12 그러니 이제 내가 나의 아들을 통하여
너희들에게 기록하여 너희들이 거듭
나는 역사의 길이요, 반석 위에 서서
하늘에 오르는 길이요, 참진리를 깨우
쳐 주었음이니, 너희들은 더 이상 나
에게 무엇을 바라지 말라 그리 전하라.
13 또한 내가 절대 주지 아니하며, 너희
들이 울고불고 기도하고 소원한다 해
서 주는 것이 없음을 알라 그리 말하
라.
14 다만 너희들이 마음을 비우고 그 욕심
이라는 마음을 뿌리째 뽑아 그를 유
황불에 던져 태우는 것만이 너희들이
가야 할 길이며 역사할 길이라는 것을
그리 전하라.
15 아무리 너희들이 어떠한 길을 역사했
다 해도, 나로부터 받은 그 은혜는 끝
이 없음이니 너희들은 그 은혜를 갚을
길이 없음이니,
16 더욱이 여기서 부서지고 잃고 떠나야
되며 깨지고 파괴되는 부귀와 영화,
언젠가는 놓고 가야 하는 그것을 위하
여 무엇을 달라 소원하고 기도하는 어
리석은 삶을 살지 말라 그리하라.
17 다만 너희들이 마음을 비우며 천사와
같은 삶을 살아가는 그 길을 위해 용
기를 달라 하여 나에게 기도하는 것은
너희들에게 영광이요, 축복이요, 미래
의 삶을 준비하는 길이라는 것을 전하
라.

9,185 번째 하나님 말씀

2004년 1월 15일 08시 57분

1 사랑하는 나의 아들아!
2 **"네, 아버님! 말씀하옵소서."**

3 너희들이 양손에 들고 있는 보이는 떡
을 위하여 그 모두를 위해 살아가며
그를 얻고자 너희들이 모두를 바치고
살아가는 그와 같은 삶을 이제는 벗어
나야 됨을 알라 그리 전하라.
4 너희들은 두 손에 들고 있는 보이는
떡을 위하여 살아가는 어리석은 삶을
살지 말며, 너희들 손에 아무것도 남
지 않는 그 삶을 살라.
5 너희들이 손을 쥐었다 펴 보니 거기에
남는 것이 없으며 보이는 것이 없듯이,
6 너희들의 양손의 그 모습이 그와 같은
모습으로 보여야 되는 것이 너희들이
갈 길이요, 사는 길이라는 것을 너의
제자들에게 전하여 주라.
7 그리고 너의 제자들에게 들으라 전하
라.
8 너의 제자들은 살아가면서 누구를 용
서하지 못하며, 어떠한 사람을 사랑하
지 못하며, 적대시하는 마음을 풀지
못하는 그와 같은 마음이요,
9 또한 재물이 오고 가며 명예를 지키기
위하여 송사하고자 하는 그와 같은 마
음, 그 모두를 다 버리라 그리 전하라.
10 과연 그와 같은 마음을 지우지 못하고
버리지 못한다면, 너희들은 나로부터
받은 은혜요, 나 여호와가 존재함을
믿지 않는 자들이니라.
11 내가 너의 제자들을 사랑하기에 전하
느니라.
12 너희들이 송사하고자 하는 마음, 사랑
할 수 없는 마음, 용서할 수 없는 마
음, 누군가를 가슴에 안을 수 없고 그
와 같이 행할 수 없거든,
13 너희들이 나로부터 받은 은혜요, 나로
부터 받은 영광이 그것보다 더 소중하
고 더 크고 위대하거든, 너희들은 그
와 같은 행위를 하라 전하라.
14 그러나 나로부터 생명을 받았으며 구
원의 길을 볼 수 있으며 거듭나는 영
광을 얻고 가는 그와 같은 백성 너희
들이 어떠한 것이 더 소중하고 큰 것
인가 생각하여,
15 그보다 더 소중하고 귀한 것이 못 되
거든 모두를 용서하고 품에 안고 사랑
하며, 송사하는 그와 같은 어리석은
행위를 하지 말라 그리 전하라.

9,186 번째 하나님 말씀

2004년 1월 16일 07시 34분

1 사랑하는 나의 아들아!
2 "네, 아버님! 말씀하옵소서."
3 나의 피조물 만백성 너희들이 이 세상
을 살아가면서 죽음의 그 순간에 '나
는 정녕 아름답게 살았으며, 나는 정
말 후회 없는 삶을 살았다.' 말할 수
있는 사람이 있는가?
4 인간은 그와 같은 사람이 없음을 너희
들은 알아야 될 것이니라.
5 그러니 너희들이 육의 세상에 살면서
정녕 만족하며 행복을 느끼고 사는 사
람이 없다는 말이니라.
6 '내가 왜 이렇게 살까, 내가 왜 세상에
태어나서 이와 같이 어리석은 삶을 살
았으며, 남들보다 더 보람 있는 삶이
요, 더 아름다운 삶을 살지 못했는가?'
너희들은 후회하게 됨이니, 그 마음은
결국 무엇이더냐?
7 허무함을 느끼는 것이 인간의 삶이니

라.
8 그러니 결국 너희들은 허무 속에서 살
다가 그저 그대로 가는 것으로써 그를
만족할 수 있는 자, 그를 만족하다 생
각하는 사람이 없음이니라.
9 그러나 나의 아들을 따르는 제자요,
내가 선택한 너희들이야말로 얼마나
행복하고 아름다운 삶인 줄 알겠느냐?
10 이 세상에 피조물 나의 만백성이 가장
허무함을 모르며 공허함을 모르는 것
은 바로 나를 진심으로 보고 나의 참
진리를 듣고 깨우치는 것이니,
11 너희들이 살아가면서 인간의 도리가
무엇인가 깨닫고, 그리고 남들이 벗을
수 없는 허물을 하나하나 벗고 살아가
는 삶, 그것만이 허무함이 없으며 공
허함이 없으며 후회함이 없는 삶이라
는 것을 너희들은 알아야 될 것이니라.
12 나의 백성 너희들은 누구도 그 길을
가지 아니하고는 이룰 수 없음이니라.
13 그것이 너희들이 나에게 와야 할 일이
며 역사할 뜻이며 인간 최대의 목표이
기 때문이니라.
14 너희들은 오로지 그를 위하여 존재하
며 그를 위해 사는 것이거늘, 그 길을
가지 아니하고 그 길을 역사하지 아니
하는 자, 아무리 충족한다 해도 그가
만족할 수 없느니라.
15 배고픈 자가 음식을 몸속에 넣지 아니
하면 배가 부를 수 없는 것처럼, 아무
리 상상하고 생각하며 다른 짓을 해도
너희들은 배가 부를 수 없음이니라.
16 배가 부른 것은 무엇이더냐, 음식을
먹음이니라.
17 갈증이 나는 자에게 가장 소중한 것이
요, 만족을 느낄 수 있는 것이 무엇인
줄 알겠느냐, 물이니라.
18 너희들이 며칠씩 잠을 자지 못한 사람
이 가장 원하고 소원하는 것이 무엇이
더냐, 그는 잠을 자는 것뿐이니라.
19 세상 모두를 잊어버리고 푹 잠을 자고
났을 때 그의 기분이요, 마음의 상쾌
함은 이루 말할 수 없지 않으냐?
20 그러니 인간 너희들이 결국 나에게 오
르는 길은 참진리의 길을 오는 것, 이
것이 너희들이 가장 갈구하는 목표니
라.
21 너희들이 며칠씩 물을 먹지 못한 자,
며칠씩 굶은 자, 그와 같은 자의 소원
이 무어냐 할 때 음식과 물이라고 말
하지 않겠느냐?
22 그보다 더 갈구하고 소중하며 지금 그
길을 위해서 가고 몸부림치는 것을 너
희들은 모르나 너희 영혼들은 그러하
니라.
23 그러니 바로 그것이 너희들이 만족하
지 아니하며, 그를 채우지 아니하였을
때 허무한 마음을 지울 수 없는 것이
니라.
24 이제 나의 아들을 따르는 제자들이요,
나의 법전을 읽고 깨우친 만백성 너희
들은 참진리요, 하늘에 오르는 인간
최대의 목표인 그 길을 가고 있음이니,
25 너희들처럼 인간의 충족된 마음이요,
허무함을 느끼지 않는 백성은 없음이
니, 바로 너희들이 얼마나 은혜를 받
으며 나로부터 상을 받았는가?
26 그와 같은 것을 너희들은 생각하고 갈
때가 되었음을 알라.
27 이 세상의 모든 백성을 구하는 것은

나의 법전이 세상에 내려가는 것이요,
그 법전을 만들어 전하는 너희들이 없
이는 아무것도 이루어질 수 없는 것이
니,
28 그리하여 내가 너희들을 선택하여 너
희들에게 큰 상과 은혜를 주었거늘,
29 이를 모르고 감사할 줄 모르기에 나의
법전 앞에서, 또한 나의 성전에서 나
의 아들과 더불어 시시비비를 할 수
있으며 언쟁을 높일 수 있으며 그와
같은 행동을 할 수 있는 것이니, 너희
들은 이제 그와 같은 의미를 알아야
될 것이니라.
30 공허한 마음을 잊고, 너희들이 죽어
갈 때 바르게 살았으며 후회 없는 삶
을 살았다 말할 수 있는 것, 그것 하나
얻는 것이 지상에서 가장 큰 은혜요,
영광이요, 축복이요, 그를 내가 너희
들에게 주었음을 알며,
31 너희들이 죽어 거듭나는 그와 같은 은
혜를 얻을 수 있다는 것, 그것으로써
너희들은 어떠한 것도 생각해서는 아
니 되는 것이라는 걸, 이제 너희들이
경지에 오르고 오른 만큼 그와 같은
의미를 알아,
32 나의 법전을 만들어 세상에 전하는 것
외에는 어떠한 것도 시시비비하지 말
며, 서로 사랑하며 서로 베풀며 아름
다운 모습으로 살아가라 그리 전하라.
33 너희들이 손바닥과 손등을 엎어 놓는
것과 젖혀 놓는 것, 그것이 얼마나 차
이가 있는 것인지 내가 나의 법전에
일찍이 너희들에게 깨우쳤음이니라.
34 너희들이 물건을 쥘 때 손바닥으로 쥐
니, 같은 손이라도 뒤집어 놓고 손등
으로 그것을 집으라 하면 결코 집을
수 없는 것이 아니더냐?
35 그와 같은 무서운 이치요, 그와 같은
차이가 있음을 알라, 사랑하는 나의
아들딸들아!

9,187 번째 하나님 말씀

2004년 1월 16일 07시 39분

1 사랑하는 나의 아들아!
2 "네, 아버님! 말씀하옵소서."
3 너희들의 몸을 치료하며 병을 다스리
는 귀하고도 귀한 약이란 무엇이냐?
4 그는 강도가 높은 약이요, 또 강도가
높은 약일수록 너희 몸을 치료하기에
는 좋으나, 그 약의 부작용 또한 더한
것이라는 것을 너희들은 알고 있지 않
으냐?
5 너희들의 몸을 치료하는 데 좋은 약일
수록, 강도가 높을수록 그 부작용 또
한 강함을 알아야 될 것이니라.
6 내가 너희들에게 전하여 말하기를 무
어라 했느냐?
7 한 명이 깨우쳐 나의 법전이요, 나의
아들을 찾는 그와 같은 역사가 이루어
지는 것은, 만 권의 책이 세상에 나갔
을 때 너희들이 그와 같은 것을 볼 수
있다 하였음이니라.
8 그리고 또한 그것도 무엇이라 말하였
느냐?
9 전해 준 자가 천사와 같은 마음이 이
루어졌을 때, 그 만 권의 책이 세상에
전해졌을 때 한 명이 읽는다 하였음이
니라.
10 이는 약으로 비유하여 말한다면 무엇

이더냐?
11 내가 내리는 법전의 그 약을 투여함에
있어서 만 명에게 투여했을 때 한 명
만이 부작용이 없으며 9,999명은 부
작용이 있다는 말이 아니더냐?
12 그러니 그와 같은 형국임을 알아야 될
것이니라.
13 부작용이 없는 백성은, 만 권의 법전
이라는 강도 높은 약을 투여했을 때
단 한 명밖에 없다는 그와 같은 것이
니라.
14 더욱이 그것도 너희들이 천사와 같은
마음으로 책을 열었을 때 그 역사를
이룬다 함이니,
15 지금의 모든 백성들이 나의 법전을 접
할 때마다 그 부작용이 얼마나 큰 것
인가 너희들은 알 수 있을 것이니라.
16 그러니 너희들이 만 명에게 투여함으
로써 한 명이 부작용이 없는 것, 그것
도 너희들이 천사와 같은 마음으로써
역사했을 때 나의 법전을 투여함으로
써 부작용이 없다 하였음이니,
17 나의 법전이 이 세상에 나가니, 이 세
상이 온통 부작용으로써 회오리바람
이 불어 옴을 너희들은 알아야 될 것
이니라.
18 그들이 그 부작용으로써 고통스러움
을 느꼈을 때, 그들은 어떠한 형태로
반응을 보이겠느냐?
19 그들에게 불어닥치는 회오리바람은
너희들이 감당하기 어려울 것이며 다
스리기 어려울 것이니라.
20 그리하여 내가 그 부작용을 줄이기 위
하여 지금 너희들을 통하여 나의 법전
을 하얀 눈이 세상을 덮듯이 먼저 내
려보내면서 먼저 역사한다는 것이 여
기 있음을 알라.
21 사랑하는 나의 아들딸들아!
22 어떠한 약을 투여하여 생명을 잃는 부
작용보다도 더 강한 부작용의 역사의
회오리바람이 부는 것이 나의 법전이
세상에 전해지는 그와 같은 속에서 이
루어지는 부작용이니라.
23 그러니 그 많은 백성이 일시에 너희들
에게 부작용을 일으킨다면 그를 어찌
다스리고 감당하겠느냐?
24 그러니 내가 법전을 서서히 전하며 너
희에게 면역성을 길러 그를 전함이니
라.
25 너희들이 부작용이 있는 약을 투여하
는 것도 조금씩 조금씩 투여함으로써
견딜 수 있는 저항력이 생겼을 때 그
를 투여할 수 있는 것처럼, 지금 나의
법전이 그리하여 조금씩 흘러감을 알
라.
26 그러니 조급히 생각하지 말며 성급히
생각하지 말라.
27 사랑하는 나의 아들을 따르는 제자 너
희들은 오로지 160권의 법전을 세상
에 만들어 놓는 역사를 우선 다하도록
하라.
28 한 권씩이라도 160권의 법전이 세상
에 나왔을 때, 불어닥치는 그 부작용
의 바람은 너희들이 상상할 수 없을
것이니 그리 알라.
29 두려워하지 말며 겁먹지 말라, 사랑하
는 나의 아들딸들아!

9,188 번째 하나님 말씀

2004년 1월 16일 07시 45분

1 사랑하는 나의 아들아!
2 "네, 아버님! 말씀하옵소서."
3 참진리와 비진리의 변화가 무엇인 줄 알겠느냐?
4 참진리는 너희들의 마음속에서 변화를 느끼며, 천사와 같이 아름다운 삶을 살아갈 수 있는 그와 같은 싹이 마음속에서 성장하는 변화가 일어나는 것이니라.
5 이제 나의 법전을 읽고 정독하여 깨우친 백성, 그리고 이를 접하여 정성을 다하여 읽는 백성, 너희들은 알아야 될 것이니라.
6 너희들은 나의 법전을 정성을 다하여 정독하였을 때, 너희 자신의 변화가 이루어질 것이니, 그때 너희들 자신에게 이루어지는 변화의 소용돌이가 생기게 됨이니라.
7 그러나 그 소용돌이를 너희들은 두려워하지 말라.
8 그리고 너희 마음속에서 일어나는 그 소용돌이의 변화를 너희들이 막으려 해서도 아니 되는 것이니라.
9 그를 막게 되면 너희들이 하늘에 오르는 길이요, 나의 뜻을 알 수 없음이니라.
10 더욱이 그와 같은 너희 자신에게 제동을 걸지 말라.
11 스스로 제동을 걸어 그 길을 가지 않으려 하며, 탓하고 욕하며, 지금의 지옥이요, 죽음의 길로 가는 길에 연연하여 너희들이 네 마음속에 변화되는 무서운 진실된 소용돌이에 마음의 제동을 걸지 말며, 막으려 하지 말라 그리 전하라.
12 그와 같은 길을 가는 자, 영원히 구원의 길을 볼 수 없는 것임을 알아야 될 것이니라.
13 너희들의 마음의 변화가 일어나기 시작하는 그때 그대로 깨우쳐 변화의 길을 계속 달려가면 되는 것이며,
14 나의 법전을 가슴에 안고 정독하고 또 정독하여 나 여호와가 너희들에게 내린 이 뜻이 오죽하면 나 여호와가 이와 같은 것을 내렸겠는가 하는 내 마음으로 더욱 다가와 이를 읽고 깨우치며,
15 네 마음의 소용돌이요, 그 변화에 절대 제동을 걸지 말라, 그를 막고 제동을 거는 자는 절대 나를 볼 수 없다는 것을 알아야 될 것이니라.
16 그러니 너희들이 변하는 것을 두려워하지 말며 중단하지 말며 그대로 전하라 그리 말하라.
17 그 길만이 너희들이 나에게 오는 길을 역사하는 것이니라.
18 정녕 너희들이 변화의 소용돌이가 일어나면 그보다도 더 큰 나로부터 받은 영광이요, 은혜가 없음을 알아야 될 것이니라.
19 참진리는 그와 같이 무서우리만큼 소용돌이가 일어나는 것이요, 그렇지 않은 것은 소용돌이를 이루지 못한다는 것을 알라.
20 모든 죄악으로 그득히 차 있는 너희들의 마음을 뽑아내고 뽑아내는 그 자리에 상처가 있음이니, 아프고 두려움

또한 인내할 수 없을 것이니라.
21 그러나 너희들은 그와 같은 것을 겪고
견디지 아니하면 아니 됨이니라.
22 어떠한 변화가 이루어지며 너희 자신
에게 소용돌이의 역사가 이루어진다
해도,
23 너희들이 하늘을 보고 변화하고자 하
는 마음, 그리고 너희들이 얻는 마음,
깨닫는 마음, 변화의 그 길을 위해 최
선을 다하여 달려오라.
24 그렇지 아니하면 절대로 나에게 올 수
없으니, 그 소용돌이를 절대 막지 말
며 제동을 걸지 말라는 나 여호와의
뜻을 명심하고 또 명심하도록 그리하
라.
25 작은 하나가 변화되는 것, 그것이 너
희들을 구원하는 길이며, 작은 것이
서서히 자라면서 그것이 커지며, 두
개가 크고 세 개가 커 너희들의 마음
이 그와 같이 변화의 역사요, 선의 싹
이 트기 시작하니,
26 이를 막고 꺾어 버리면 너희들은 영원
히 다시 거듭나는 그 영광의 은혜를
받을 수 없으며 나의 나라에 올 수 없
다는 것을 알라.
27 그를 너희들이 통곡할 날이 머지않았
음이니, 그와 같은 아픔의 상처를 안
고 통곡하고 후회하는 일이 있어서는
아니 될 것이니라.
28 후회하고 통곡해도 너희들이 그를 다
시 바로잡을 기회가 있다면 나 여호와
는 너희들에게 말하지 아니할 것이며
명하지 아니할 것이니라.
29 두 번 다시 기회가 없는 것이 너희들
이 죽음의 순간에 심판대에서 그 심판
의 결과에 따라 흘러가는 그것이니,
그리 알라 전하라.

9,189 번째 하나님 말씀

2004년 1월 16일 07시 52분

1 사랑하는 나의 아들아!
2 "네, 아버님! 말씀하옵소서."
3 모든 성경에 기록되어 있는 것이 비유
의 뜻으로써 기록되었다 함을 너희들
은 알겠느냐?
4 네가 너의 제자들에게 그리 말하였느
니라.
5 너희들이 음식을 접하며 나에게 감사
의 기도요, 너희 죄를 용서해달라 그
리 기도하며, 너희들은 세 번 숨을 쉬
고 난 다음에 모든 음식을 취하도록
그리하라 하였음이니라.
6 그러니 그와 같은 내용을 그대로 성서
에 기록했다면 너희들은 결국 어찌하
겠느냐?
7 그와 같이 음식을 먹을 때 나에게 기
도하며 숨을 세 번 쉬고 식사를 접하
라 하였음이니, 그것이 정답이요, 그
길로 가는 것만 나의 뜻을 순종하는
것이라 그리 생각할 것이니, 그러니
그 뜻이 무엇인 줄 모르지 않느냐?
8 나 여호와가 너희들에게 바라는 그 뜻
은 무엇인 줄 알겠느냐?
9 너희들이 나에게 기도를 하며 세 번의
숨을 쉬라는 것은 너희들이 조용히 앉
아 '감사합니다. 감사합니다. 감사합
니다, 하나님!' 이리 기도를 하면 세
번의 숨을 쉬는 것과 같으니, 나는 너
희들에게 그것을 원하는 것이며,

10 그와 같은 경건한 마음의 자세를 가지며, 눈물을 흘릴 정도로 감사한 마음으로 세 번 부르짖으라는 것이 나 여호와의 뜻이니라.

11 내가 너희들에게 왜 이 의미를 가르치겠는가?

12 성경에 그리되어 있다면 너희들은 그를 가지고 오직 숨을 세 번 쉬어야 하는 것이니, 만약 나에게 '감사합니다. 감사합니다. 감사합니다. 아버님!' 하고 세 번을 찾는다면 그건 내 뜻을 거역하는 것이요, 하늘의 법도를 어기는 것이요, 이는 사탄이요, 사악한 자라 말할 것이니, 바로 성경의 비유의 뜻을 그리 모르고 있는 자들이니라.

13 그러니 너희들이 한 획도 고쳐서는 안되며 더해도 빼서도 아니 된다며 그것을 가지고 몸부림치는 자들이 너희들이 아니더냐?

14 그리고 그것은 나의 아들을 통하여 깨우칠 수 있는 초보의 깨우침이라 하였음이니라.

15 그리하여 성장하는 깨우침이요, 성장하는 믿음을 가지고 너희들이 나에게 와야 한다 하여 내가 성서에 기록하였건만 너희들은 무어라 말하느냐?

16 그것만이 하늘에 오르는 길이요, 나의 아들 예수의 보혈로써 그를 찾음으로 구원을 받는다 함이니, 바로 너희들의 차이가 여기 있으며 비유의 뜻을 모르는 것이 너희들이니라.

17 이제 너를 따르는 제자들이요, 나의 아들딸 너희들은 그리 알라 전하라.

18 내가 너희들에게 그와 같은 뜻을 깨우쳐 줌이니, 성경의 비유가 그리되었으며, 모든 나의 가르침이 그러하다는 것을 너희들은 알고,

19 내가 뼈와 살로써 만들라 하였음이니, 숨을 세 번 쉬고 그냥 음식을 접하는 자와, 눈물이 날 정도로 감사하는 마음으로써 범사에 감사하는 마음으로 '감사합니다. 감사합니다. 감사합니다.' 세 번 그와 같이 기도를 드리고 먹는 것 중에,

20 어떤 것이 네 가슴을 울리며 네 마음에 짜릿함을 느끼며 어떠한 것이 더 소중한 것이며 어떠한 것이 귀한 것이며 내 마음을 더 생각할 수 있느냐?

21 숨을 그저 쉭쉭 세 번 쉬는 자와, 진심으로 '아버님, 감사합니다. 감사합니다. 아버님! 감사합니다.' 생각하고 기도하는 자 중에 누가 내 뜻을 아는 자며 너희 마음의 울림을 알겠느냐?

22 이것이 바로 성경의 비유요, 내 뜻을 알지 못하는 것을 내가 너희에게 깨우쳐 주고자 하여 오늘 이 뜻을 기록하여 전함이니, 너희들은 이제 그리 가도록 하라, 사랑하는 나의 아들아!

23 너의 제자들 또한 세 번의 숨을 쉬는 것이요, 그것 외에는 절대 용서할 수 없으며 그것 외에는 하나님 아버지의 뜻이 아니라 그리 말할 자가 있으니,

24 그러나 나의 아들을 통하여 깨우쳐 주었듯이, 너희들이 '감사합니다. 감사합니다. 감사합니다, 아버님!' 하라는 이것이 내 뜻이라는 것을 알도록 그리 전하라.

25 모든 나의 법전 또한 너희들이 그리 깨우치고 들여다볼 줄 알아야 될 것이니,

26 그리하여 나의 아들이요, 나 여호와
요, 아버지의 뜻을 알고자 노력하는
너희들의 그 문이 열리며 귀가 열리는
것이라 그리 전한 뜻을 알겠느냐?
27 성경이 그와 같이 되어 있기 때문에
지금 너희들이 내 뜻을 모르고 가는
자요, 그리하여 그게 초보적인 교육이
라 하였음이니,
28 이와 같이 내가 한 계단 더 높이 너희
들에게 평범한 진리 속에서 나 여호와
의 뜻을 가르치고 전하는 것, 이와 같
이 모두 풀어서 너희들에게 전하는 것,
29 그러기에 이게 성서의 열쇠요, 너희들
에게 가장 중요한 것이며, 심판의 시
대의 말씀이라 함을 믿도록 그리하라
전하라, 사랑하는 나의 아들딸들아!
30 심판의 시대에 너희들이 모두를 하나
하나 가르쳐 주지 아니하고 모두를 손
에 쥐여 주지 아니하고는 결코 심판대
에 서게 할 수는 없기 때문이니,
31 나 여호와가 160권의 법전으로써 오
늘의 이 역사를 이루고 간다는 것을
너의 제자들만이라도 알도록 깨우쳐
주라, 사랑하는 나의 아들아!

9,190 번째 하나님 말씀

2004년 1월 16일 08시 03분

1 사랑하는 나의 아들아!
2 "네, 아버님! 말씀하옵소서."
3 나의 아들을 따르는 그 영광이요, 축
복을 받은 자들이, 나의 법전을 만들
어 만백성을 구하라는 그 명을 받은
너희들이 어찌하여 만백성을 위하여
법전을 만드는 그 역사를 하면서도 너
희 마음에 불안함을 가지며, 확고한
믿음의 길을 가지 못하느냐?
4 지금의 종교 집단과 그 집단들의 방대
함과 그들의 조직과 너희들이 과연 맞
서 싸워서 이길 수 있는 것인가,
5 그리고 나의 법전이 견디어 살아날 수
있는 것인가, 나의 아들은 존재하고
살 수 있는가, 그리고 이 세상을 하얀
눈이 덮듯이 덮을 수 있는가 하며,
6 어찌하여 너희들이 그와 같은 걱정을
하며 불안한 마음을 갖고 있는가?
7 너희들은 그와 같은 마음을 가져서는
아니 될 것이니라, 사랑하는 나의 아
들딸들아!
8 너희들은 보라, 지금의 모든 종교 집
단이요, 지도자들이 지금까지 수천 년
세월 속에서 저희들이 쌓아 왔고 모두
를 역사하기에 온갖 힘을 다하여 이루
어 오지 않았더냐?
9 모든 수단과 방법을 가리지 않고 강하
게 훈련되어 살아온 그들과 또 싸워서
이기고 견뎌 온 그들과, 너희들은 10
년도 되지 않는 그 나이를 가지고 지
금의 종교 집단과 지도자들과 싸워서
이기겠다 대드는 그것만으로도 너희
들이 얼마나 당당한 모습으로써 자신
있는 백성이며, 너희들이 얼마나 힘
있는 백성이며 용기 있는 백성인 줄
알겠느냐?
10 너희들은 그들과 나이 차이를 생각해
보라.
11 얼마나 그들과 너희들의 나이가 차이
가 있는가?
12 너희들은 어찌하여 그와 같은 것에 나
약한 마음을 갖는가?

13 그와 같은 마음을 갖지 말라 전하라.
14 그들은 살아남기 위하여 온갖 수단과
방법을 가리지 않고 지금까지 견뎌 왔
으며, 공격과 방어의 훈련을 수없이
받아,
15 그들의 실력으로 말할 것 같으면 그
누구도 그들이 공격할 때 공격할 수
없으며, 또 방어할 때 그들의 방어 능
력을 당할 수 없느니라.
16 그러나 너희들은 공격함이요, 방어함
의 훈련의 역사가 10년도 되지도 아
니한 자들이 아니더냐?
17 그러니 그와 같은 자들과 너희들이 견
주어 싸운다는 것이 어렵고 힘든 것은
당연한 차이가 있지 않더냐?
18 그러나 너희들이 그들과 더불어 싸울
수 있는 용기요, 그와 같은 준비를 하
나하나 다스려 나가는 것이 얼마나 위
대한 힘인가?
19 그와 같은 용기는 너희들이 모두를 다
무너트릴 수 있으며, 그들을 바로 세
울 수 있으며, 그리고 그들을 다스리
는 그와 같은 역사를 이룰 수 있다는
것을 어찌 모르느냐?
20 그들의 나이가 몇천 년이나 되었느냐?
21 그들이 나이 먹은 것을 생각해 보면,
너희들은 알아야 될 것이니라.
22 과연 너희들이 그들에게 어찌 견디고
싸우며 그들과 맞버티고 싸울 수 있는
것인가?
23 지금의 너희들이 그들과 맞부딪쳐 싸
우고 버텨 보겠다고 서 있는 것, 그리
고 덤빌 테면 덤벼 보라는 그 마음의
자세,
24 그 자체로써 이미 이긴 자요, 승자가
되어 있다는 것을 너희들은 알라.
25 너희들이 승자인 것은 당연한 것이니,
너희들이 어찌 그를 모른단 말이더냐?
26 천 년의 나이를 먹은 것도 아니요, 몇
천 년의 나이를 먹은 그들은 몇천 년
동안 방어와 공격의 훈련을 고도로 받
아, 그 누구도 그들의 방어벽을 뚫을
수 없으며 그들의 공격에 견딜 수 없
는 그와 같은 방대한 조직과 힘을 가
졌느니라.
27 그러나 너희들은 10년도 되지 아니한
자들이 그들과 맞받아치려고 버티고
덤비는 그 모습이야말로, 그리고 그들
을 넘어트리겠다고 준비하는 그것으
로써 너희들은 벌써 이미 승자가 된
것이라는 걸 어찌하여 모르느냐?
28 열 살도 안 된 너희들임을 알라.
29 그들이 공격할 때 너희들도 공격할 수
있는 능력이 겸비될 때까지 지금 내가
너희들을 훈련시키며 나의 법전을 역
사하는 것이 아니더냐?
30 그러니 너희들은 서둘지 말며, 그렇다
해서 겁먹지 말며, 두려워하지 말며,
너희들이 무너지는 그와 같은 짓을 해
서는 아니 될 것이니라.
31 결국 그들과 너희들이 맞받아칠 때,
그들의 성은 너희들의 공격에 견디지
못할 것이며, 너희들의 방어벽을 그들
은 절대 뚫을 수 없으며 넘을 수 없다
는 것을 알라.
32 이것은 이 세상을 창조한 나 여호와
요, 모두를 역사한 나 여호와가 그를
가지고 있음이니 그리 알라, 사랑하는
나의 아들딸들아!
33 그러니 두려워하지 말라.

34 오늘의 너희들이 성공한 자들이며, 이
긴 자요, 승자로서 이미 가고 있음을
알라.
35 그 누구도 나의 법전이 세상에 전해지
는 것을 막을 수 없으며, 그를 철거할
수 없으며,
36 그를 찢어 버리고 태운다 해도 그들이
아무리 해도 계속 너희들이 세상에 내
는 나의 법전을 어찌할 수가 없다는
것을 알라.
37 그러나 몇천 년이 된 나이 먹은 자들
이요, 훈련되어 공격하는 자들을 열
살도 안 된 너희들이 치고받고 맞버티
며 대드는 그 모습, 그리고 양보하지
아니하며 물러서지 아니하는 그와 같
은 마음으로써 너희들은 이미 승자가
되어 있음이니라.
38 모든 것은 시작하는 것이 반은 성공했
다 하지 않느냐?
39 그러니 너희들은 시작을 넘어 지금 나
의 법전을 만백성에게 전하는 그 역사
를 이루고 있지 않더냐?
40 그를 막을 수 없는 것이라는 것을 알
라, 사랑하는 나의 아들아!

9,191 번째 하나님 말씀

2004년 1월 16일 08시 20분

1 사랑하는 나의 아들아!
2 "네, 아버님! 말씀하옵소서."
3 나의 백성 너희들이 그리 갈구하고 나
에게 오르고자 역사하는 것, 그 모두
는 다 너희들이 다스리고 가꿀 수 있
도록 내가 세상에 다 내려보냈으며,
너희들에게 그 모두를 주었음을 알아
야 될 것이니라.
4 구약의 성서로써 너희들을 깨우쳐 주
었으며, 신약으로써 너희들에게 주었
으며, 그리고 나의 계명으로써 너희들
이 하늘에 오르는 그 길이요, 소원하
는 것을 이룰 수 있는 것을 모두 다 주
지 아니하였던가?
5 그러나 너희들이 구원을 받는 것, 또
나의 아들 예수의 보혈로써 나의 아들
의 처참한 죽음으로 인하여 너희들이
나를 찾고 부르짖는 그것으로써 구원
을 받을 수 있으며 거듭나는 영광이
있다는 것,
6 그 길 외에는 어떠한 것도 구원을 받
을 수 없다는 그 생각, 그와 같은 믿음
의 방향을 바꾸지 아니하면 아니 됨을
알라.
7 내가 너희들에게 구원의 길이요, 구원
에 오를 수 있도록 모두를 세상에 주
었다 함은 무엇이더냐?
8 너희들이 그 속에서 어찌 다스리고 가
꿔 나의 뜻에 따라 삶을 사느냐가 가
장 너희들에게 중요한 것이며, 그것으
로써 결정짓고 결정이 난다는 뜻임을
알아야 될 것이니라.
9 너희들이 인간 세상에서 살아가느니
라.
10 그리고 너희들이 이 세속의 삶을 살아
가면서 과연 누가 너 자신의 그 모두
를, 네가 갖고자 하는 것, 네가 역사하
지 않은 것, 네가 노력하지 아니한 것,
그 모두를 다 네 마음으로 원하고 생
각한다 해서 어떠한 사람이 대신 만들
어 주고 삶을 대신 살아 주는 자들이
있느냐?

11 너희들이 어려서부터 부모의 사랑을 받고 자람이니라.

12 그렇다 해서 너희들의 부모요, 형제가 너희들이 무엇인가 이루고자 하는 것을 끝까지 대신 만들어 주고 너희들의 삶을 대신 살아 주는 그와 같은 사람은 없을 것이니라.

13 너희들이 어찌 노력하고 사는지 그것만이 너희들의 과제가 아니던가?

14 너희들이 어떠한 형태로 세상에 태어났든, 어렸을 때 너희 부모가 힘이 있을 때는 너희들을 대신 도와주고 거들어 줄 수도 있는 것이니라.

15 그러나 그것도 영원히 그리할 수 없는 것이 인간 세속의 삶이며 그 법칙이 아니더냐?

16 그러니 너희들이 이루고자 하는 것, 그 모두를 대신 만들어 주는 자가 없다면 너희들이 만들어 가야 될 것이며, 너희들의 삶을 대신 살아 줄 수 없다면 너희들은 그 삶을 스스로 벗어나며 가야 하느니라.

17 그러니 그와 같은 것이 무엇인 줄 알겠느냐?

18 그 모두가 심판의 기준임을 너희들은 알아야 될 것이니라.

19 너희 자신의 삶에 대한 것은 네가 만들고 가꾸는 것이요, 네가 원하는 것은 네가 노력하여 그를 얻어야 되는 것이며,

20 노력한 만큼 거두어들이며 모두를 이루는 것, 그리고 모든 역사에 대한 개인의 책임은 모두 다 너희들이 필요한 만큼 소재의 발판을 이루고, 역사하는 것도 다 자신이 만드는 것이며,

21 그리하여 너희들이 얼마만큼 노력했으며 얻어진 소재를 가지고 어찌 너희 것으로 만들어 쓰며 너희들의 삶의 길을 여느냐에 따라서 너희 자신에 대한 평가를 받는 것임을 알아야 될 것이니라.

22 이와 같이 너희 자신을 위한 것처럼, 너희들이 구원을 받고 못 받는 것도, 육의 세상에서 너희 자신의 것은 너희가 책임을 지듯이, 하늘에서 받는 모든 심판에 대한 것도 모두 다 너희들이 책임을 지는 것이며, 너희 자신에게 달렸다는 것을 알아야 될 것이니라.

23 이를 버리고 이를 망각해서는 아니 되느니라.

24 하늘나라에 오르는 길, 구원 그 자체도 너희 자신이 이루어 가는 육의 세상에 삶의 결과에 의한 것임을 너희들은 알지 않는가?

25 이를 알면서도 기억하지 아니하며 이것의 중요함을 가르치지 않는 것이 오늘의 종교 집단의 지도자들이니라.

26 그와 같은 결과에 의해 산다면 그들은 선하고 아름다운 길을 가게 됨이니, 너희들이 만든 죄의 온상에 와서 몸부림치고 너희들에게 회개요, 반성의 기도를 원하지 않으며 원할 필요가 없기 때문이니라.

27 그러니 나의 피조물 만백성이 곧고 바르게 살아가는 길을 간다면 그들은 죄를 빌 것이 없으며 용서받기 위하여 너희들이 지은 죄의 온상에 와 재물을 바치며 울고불고 너희들의 강론을 듣고 할 필요가 없음이니라.

28 그러니 너희들이 그와 같은 방법으로

써 나의 피조물 만백성을 깨우쳐 주고
전하는 것이 아니라,
29 그저 말로써 구원받는다는 것, 예수의
보혈로써 나를 찾기만 하면 구원을 받
는다는 것, 그와 같은 형국으로써 지
금 너희들의 성전에 와 너희들의 뜻을
따르지 아니하면 아니 된다는 것,
30 너희들의 강론을 듣지 아니하며 너희
들에게 재물을 바치지 아니하면 안 된
다는 것, 너희들이 아무리 아름답게
살아도 구원을 받지 못한다고 말하는
것, 그 속셈이 무엇인 줄 알겠느냐?
31 모든 종교 집단이요, 지도자들이 그리
하느니라.
32 인간의 노력으로써 구원받을 수 없다
말하는 그 자체는 무엇인 줄 알겠느냐?
33 너희들이 강론하는 곳에 와 설교라는
걸 듣고 재물을 바치지 아니하기 때문
에,
34 재물을 거둬들이기 위해서 인간의 노
력으로써는 구원을 받지 못함이니 저
희 손으로 지은 교회에 와 기도하고
울고불고하는 것만 구원을 받는다 그
리 가르치는 것이 너희들의 속셈이요,
사악한 방법임을 알고 깨우쳐야 될 것
이며,
35 이를 만백성에게 헤쳐 보여 주고 깨우
치도록 그리하라.
36 그 하나의 이치를 모르는 것이 어리석
은 백성들이니라.
37 그리하여 너희들은 인간의 노력으로
써는 인간이 아무리 선행을 해도 나에
게 구원을 받을 수 없는 것이라 그리
말하느니라.
38 다만 저희들의 그 죄의 온상에 와서
울고불고 강론을 듣고 설교를 듣고 재
물을 바치는 것만이 구원을 받는 길이
라 그리 말함이니,
39 너희들이 아름답고 선하게 사는 것이
구원을 받는 것인가,
40 험악한 짓이요, 남들에게 불쾌한 짓이
요, 하늘을 향하여 부끄러운 짓을 하
면서도 저희 손으로 지은 성전이요,
교회에 와 재물을 바치고 울고불고 거
짓 선지자의 비진리를 가르치는 것을
듣는 것이 구원을 받는 것인가?
41 이는 저희들이 재물을 거둬들이기에
급급한 자들이 하는 행위이니, 이를
만백성에게 헤쳐 보이도록 하며, 이와
같은 깨우침을 전해 그들의 눈과 귀를
열어 주도록 그리하라, 사랑하는 나의
아들딸들아!
42 모두는 너희들이 이룬 결과에 의한 것
임을 절대 잊지 말라.
43 이를 잊어버리고 남에 의하여, 다른
세상의 힘에 의하여, 그리고 너희들의
힘이요, 또 나 여호와가 전지전능한
아버지라 하여 나에게 매달리며 나의
아들을 찾는 것으로써 너희들의 모든
삶이 역사하는 것이며 그것에 기준하
여 너희들이 구원을 받고 못 받는다는
생각을 버려야 될 것이니라.
44 이를 버리지 아니하는 자, 이를 비우
지 아니하는 자, 절대 구원을 받을 수
없음이니라.
45 그러니 너희들은 외부의 힘이요, 더
위대한 힘이요, 창조주 아버지의 힘으
로 아버지인 나를 찾고 우리 부자의
이름을 찾기만 하면 구원을 받는다 그
리 말함이니,

46 너희들은 나 여호와가 공의의 하나님
이라는 것을 어찌하여 모르는가?
47 지금 나의 법전을 쓰고 전하는 나의
아들이 잘못했을 때 내가 용서하지 아
니하며 받아들이지 아니하는 것이 나
여호와의 뜻이니라.
48 천사들이 보며 사탄들이 보며 모두가
다 봄이니, 그와 같이 나 여호와가 공
의의 하나님이요, 공의의 그 자리를
지키는 것은 나 여호와뿐이지 않느냐?
49 그러니 아름다운 삶이 아닌 행함은 죄
를 짓는 것이요,
50 하늘을 향하여 부끄럼이 없는 그와 같
은 삶을 살지 못한 자, 나의 이름만 부
른다 해서 너희들을 구원해 준다면 공
의의 하나님이요, 심판관이라 말할 수
있느냐?
51 이 무서운 의미를 너희들이 알아야 될
것이니 그리 전하라, 사랑하는 나의
아들딸들아!

9,192 번째 하나님 말씀

2004년 1월 16일 08시 30분

1 사랑하는 나의 아들아!
2 "네, 아버님! 말씀하옵소서."
3 나 여호와가 지금까지 오는 믿음이요,
그 종파가 모두 다 참진리가 아니요,
나 여호와의 뜻이 아니요, 비진리의
길을 가지고 저희들이 공부하며 가르
친다는 것을 너는 알겠느냐?
4 "네, 아버님! 그를 알고 있사옵나이다.
5 그리고 그 종교 집단이요, 지도자들이
얼마나 간악하고 사악한 자들인가 저
는 느끼고 있사옵나이다."
6 너는 무엇을 느끼고 있느냐?
7 "네, 아버님! 그렇사옵나이다.
8 이 세상의 만백성 저희들이 구원을 받
고 못 받는 그 모든 것, 그리고 거듭나
는 것을 갈구하는 정답이요, 해답은
세상에 다 내려보내 주셨으며, 저희들
주변에 모든 답이 있다 그리 말씀을
하셨사옵나이다.
9 그러니 이 세상에서 저희들이 아버님
의 뜻이요, 아버님이 내려 주신 구원
의 길을 갈구하는 것은 선하고 아름답
게 살아가는 것, 사랑을 나누며 베풀
며 살아가는 것, 이웃을 제 몸같이 사
랑하고 살아가는 것, 그것으로써 구원
을 받는 것이라 그리 저는 알고 있사
옵나이다.
10 그러니 그와 같이 살아가는 것이 하늘
에 오르는 길이라 하여 종교 집단이
요, 지도자들이 가르치며,
11 천사와 같은 삶을 살라, 아름답게 살
라, 아버님께서 지금 법전에 기록하여
내리시는 그 내용대로 만백성을 가르
쳤더라면 아버님께서 오늘의 이 역사
의 고통이 없이 하늘에서 이루어진 것
같이 이 지상에 낙원이 이루어졌을 것
이며 그는 반드시 역사했을 것이라 생
각하옵나이다.
12 그러나 사악하고 간악한 자들이 참진
리요, 아름답게 사는 것, 부끄러움이
없이 사는 것이 구원의 길이요, 하늘
에 오르는 길이라 그리 가르치지 아니
하고,
13 저희들의 손으로 지은 성전에 와서 아
버님을 믿으며 예수님을 믿고 따르는
것, 그것만으로써 구원을 받는 것이요,

14 인간의 노력으로써는 절대 구원을 받
을 수 없으며 인간의 노력으로써는 선
한 길을 갈 수 없다 그리 가르치는 것,
그것이 비진리요, 사탄의 짓이라 그리
생각되옵나이다.
15 아버님께서 말씀을 주시며 아버님께
서 모두를 역사해서 가르쳐 주시며 손
에 쥐여 주신다 해도, 그를 보고 배우
는 자가 어찌 받아들이고 어찌 깨우쳐
변화되는가는 저희들의 몫이라 그리
생각되옵나이다.
16 아버님께서 아무리 좋은 것을 손에 쥐
여 주며 이와 같이 살라 해도, 살고 안
사는 것은 인간 저희들의 개인의 문제
이며 개인의 노력 여하에 달렸으며,
17 아무리 좋은 말씀을 내려 주신다 하
여도 그를 받아서 지키고 안 지키는
것은 인간 자신에게 달렸다 생각되옵
나이다.
18 그러니 생명보다 소중하고 귀한 것을
내려 주면 무엇하겠으며, 쥐여 준들
무엇하겠사옵나이까?
19 그대로 행하지 아니하고 보고 듣고 깨
우치지 아니하면 그는 다 아무런 가치
가 없듯이, 모든 역사하는 것이 그러
하니,
20 저 자신에게 달렸으며 인간 개개인에
게 달렸다는 것을 깨달았사옵나이다.
21 그러니 아버님께서는 이미 세상에 다
시 거듭나며 하늘에 오를 수 있는 역
사를 다 세상에 내려보내 주셨으니,
22 그곳에서 그대로 보고 듣고 깨우쳐 가
고 안 가는 것은 저희들의 노력에 달
렸으며 살아가는 방법에 달렸다 생각
되옵나이다.
23 그러니 그 모두는 저희들이 아름답게
살고 천사와 같은 삶을 살면 구원을
받는 것이거늘,
24 성전에 와 재물을 바치고 예수님의 보
혈로만 구원을 받는다, 아버님을 찾고
부르짖는 것만 구원을 받는다 하는 것
은
25 저희들이 재물을 거둬들이기 위한 사
악한 방법으로써 가는 것이요, 인간의
생각으로써 백성을 잔혹하게 이끌어
가는 것이라 그리 생각되옵나이다."
26 그러니라, 사랑하는 나의 아들아!
27 어떠한 것이 하늘의 뜻이고 아닌지를
너희들이 알 수 있거늘, 그것 하나도
헤쳐 보지 못하며 그것 하나 들여다보
지 못하는 나의 백성들이 지금 저희들
이 어찌 가는지도 모르며 그저 광란의
짓을 하며 가고 있음이니라.
28 그들에게 전하라, 누가 뭐라 해도 인
간인 너희들이 모두를 역사하는 것이
니,
29 그러니 너희들이 나 여호와가 해서는
아니 될 그 역사의 기적을 이룬 것, 그
와 같은 것을 이루기를 바라며, 그와
같은 것이 이루어지는 것이 나 여호와
의 뜻이요, 그와 같은 기적만 너희들
에게 깨우침을 주며 역사할 수 있다는
그와 같은 생각을 하고 있음이니,
30 이게 얼마나 가련하고 불쌍한 백성들
이더냐?
31 지금의 믿음의 길을 가는 백성이요,
장로요, 집사요, 권사의 이름을 가진
자들이 너희들에게 와서 무어라 말하
느냐?
32 당신이 무슨 기적을 이루며 어떤 역사

를 이루었을 때, 우리는 그를 믿을 수 있으며 그를 보고 따를 수 있다 함이니,
33 너희들은 나 여호와에게 그 고통과 그 시련을 겪으란 말이더냐?
34 그러나 나의 아들 네가 바로 가고 있으며, 네가 열심히 노력하여 나의 기쁨을 충족시켜 주고 있음이니,
35 어찌하여 나 여호와가 너희들에게 그 시련의 고통이요, 나 여호와가 해서는 아니 될 그와 같은 기적을 내가 너를 통하여 이루고 역사하기를 바란단 말이더냐?
36 이것이 너희들이 잘못된 것이며 깨달음을 모르는 자들이니라.
37 장로라 하여 깨달음이 높은 자, 종교 지도자라는 자가 너희들이 기적의 역사를 이루는 것만 하늘에 오르는 길이며, 진정 나에게 선택된 선지자요, 나의 종이요, 나의 아들이 역사하는 것이라 생각하니, 그들이 얼마나 어리석고 불쌍한 자들이냐?
38 나 여호와의 뜻이 아닌 것을 행하는 것, 나의 아들이 내 뜻이 아닌 것을 이루는 것, 내 뜻이 아닌 것을 내 고통을 너희들에게 보여 주는 것이 믿음의 길이라 그리 말하는 어리석은 자들이니,
39 그러니 지금의 너희들이 가는 길이 반대 방향이요, 잘못 가고 있다 함이 여기 있음이니라.
40 그러니 이제 너희들은 모두 아름답게 살고 선하게 살라 함이니, 그러니 내가 너를 통하여 가르침이 무엇이더냐?
41 나의 법전을 읽고 깨우친 백성들이 나의 성전이요, 네 앞에 와 무릎 꿇고 울고불고하는 것이 진정한 깨달음이 아니요, 하늘에 오르는 길이 아니요,
42 나의 법전을 접하고 그 자리에서 너희들이 깨우쳐 깨달은 것을 이웃에게 전하며 실천하는 삶을 사는 것, 그것이 바로 하늘에 오르는 길이라 내가 말하지 아니하였더냐?
43 그와 같은 방법으로써 모든 백성을 가르쳤더라면 오늘과 같이 험악한 세상이 되지 아니하였을 것이니라.
44 인간의 노력이요, 인간이 변화되는 것은 나에게 구원을 받는 데 도움이 되지 아니하며 아무런 가치가 없다 가르치며, 저희들 앞에 와야만 구원을 받는다 하니,
45 그건 재물을 거둬들이기 위하여 저희들이 금화와 은화를 거둬들여 자신의 육의 향락을 위하여 꾸며 낸 가짜 사기극이며, 가짜 각본에 의해 이루어진 것이니, 대본이 잘못되었음을 알라.
46 대본 자체가 잘못된 그것이 어찌 바르게 갈 수 있겠느냐?
47 너는 그를 알았으면 이를 만백성에게 전하라, 사랑하는 나의 아들아!

9,193 번째 하나님 말씀

2004년 1월 16일 08시 42분

1 사랑하는 나의 아들아!
2 "네, 아버님! 말씀하옵소서."
3 지금의 믿음의 길을 오는 모든 백성 그들이 가는 길이 잘못되었음은 무엇인 줄 알겠느냐?
4 육의 세상에서 보는 그림만 저희들이 보며 그를 위하여 모두를 바치고 살아

가는 삶을 살아왔기에, 그들이 구원의
길이요, 하늘에 오르는 길을 보지 못
하고 있다 함이니라.
5 이제 나의 아들을 따르는 제자요, 선
택된 백성 너희들은 알아야 될 것이니
라.
6 육의 세상에 보이는 그림에만 매여서
는 절대 아니 되며, 그리해서는 너희
들이 나에게 올 수 없으며 구원을 받
을 수 없다는 것을 알라.
7 보이지 않는 세상이요, 사후 세상의
아름다운 그림을 너희들 머릿속에 상
상의 날개를 계속 펴 보도록 그리하라.
8 그리고 하늘나라의 영원한 곳, 내가
존재하는 보이지 않는 이 세상에 너희
가 올 수 있는 그와 같은 아름다운 하
늘나라의 그림을 네 머릿속에 그리고
네 마음속에 그려 보라.
9 그리하여 너희들의 마음이 변하여 하
늘의 문을 열도록 그리해야 될 것이니
라.
10 그러면 너희들은 그곳에 꼭 가야만 한
다는 생각을 갖게 될 것이며, 너희들
이 상상의 날개로 그린 아름다운 천국
의 그림을 굳은 신념으로써 꼭 이루
고, 그곳에 사는 사람으로서 거듭나겠
다는 마음이 굳어지며, 너희도 모르는
사이에 그 싹이 살아남을 알아야 될
것이니라.
11 그리하여 너희들이 그려 놓은 아름다
운 천국의 나라, 창조주 나 여호와가
존재하는 세상에 가는 것은 어떠한 사
람만 가게 되는 것인지 여기서 깨닫게
될 것이니라.
12 너희들이 아름답게 그린 상상의 나라,
그 하늘나라에 가야 한다는 신념을 굳
게 가질 때, 그곳에 가려면 과연 어떠
한 사람으로서 어찌 살아야만 되는가
를 너희들이 깨닫게 되는 것이니라.
13 그리하여 너희들이 가는 길을 보게 됨
이니, 거기에서 얻는 것이 무엇이더냐?
14 죄요, 사악한 마음이요, 하늘을 향하
여 부끄러운 마음을 가지고 사는 것은
절대 갈 수 없으며,
15 선이요, 사랑이요, 아름다운 마음으로
써 사는 자만 그곳에 갈 수 있다는 생
각을 얻게 될 것이며,
16 너희들은 거기에서 그와 같은 것을 깨
달을 때, 아름다운 쪽의 삶으로써 너
희 마음이 변해져, 이미 그와 같이 살
아가고 있는 아름다운 네 모습을 볼
수 있을 것이니라.
17 그러니 이제 나의 법전을 읽고 깨우친
백성이요, 나의 아들을 따르는 너희들
은 너희가 그린 하늘나라의 아름다운
그림을 너희 머릿속에 가슴속에 수없
이 펼쳐 보고 그려 보도록 그리하라.
18 그리하면 하늘나라에 가는 그 길을 네
가 정녕 버릴 수 없으며, 그를 버리고
는 네가 살 수 없을 것이니,
19 버리고 살 수 없는 삶이요, 그를 쟁취
하고 이루기 위해서는 어떠한 길을 가
야 한다는 것을 스스로 알게 된다 하
지 아니하였더냐?
20 그러니 사랑하는 나의 아들을 따르는
제자 너희들은 네 마음으로 하늘나라
를 그려 보도록 그리하라.
21 그리고 그 끝없는 아름다운 하늘나라
의 주인이 되는 모습을 그려 보도록
하라.

22 그 그림을 그리며 상상의 날개를 펴는
데 쉬지 말며, 항상 너희들은 아름다
운 꽃 속에서 살아가도록 그리하라.
23 그리고 그 세상이 네 것인 양, 네가 주
인이 되는 것처럼 그와 같은 꿈속에서
네 마음을 다스려 나가도록 그리하라.
24 그리하면 너희 자신도 모르게 아름다
운 마음이요, 천사로서 선한 마음이
요, 사랑이요, 베푸는 그와 같은 것으
로써 너희 자신이 변하고 있음을 알게
될 것이니,
25 그게 바로 네가 상상의 날개를 펴 그
린 그 아름다운 세상에 올 수 있는 것
이며, 그 주인이 되는 것이라는 것을
전해 주도록 하라, 사랑하는 나의 아
들아,

9,194 번째 하나님 말씀

2004년 1월 16일 23시 48분

1 사랑하는 나의 아들아!
2 "네, 아버님! 말씀하옵소서."
3 너희들이 성서에 기록되어 있는 구약
시대의 그 역사 하나하나를 돌이켜 보
라.
4 모세의 역사함이요, 노아의 방주요,
또한 신약 시대의 그와 같은 역사요,
그 모두가 이루어지는 것이 무엇이더
냐?
5 너희들을 깨우치고자 함이요, 너희들
이 하늘의 뜻을 알며 나 여호와의 뜻
을 알아 구원을 받고, 너희들이 나로
부터 영원히 사는 나라에 거듭나는 것
을 바라고 원하는 것이 나 여호와의
뜻이기에, 내가 그와 같은 기적을 모
두 다 역사하지 아니하였던가?
6 그 모두는 너희들이 나의 참진리를 깨
달아 나 여호와의 뜻을 알며 내 품에
올 수 있는 너희들로서 거듭나는 것을
원하고 바라는 내 마음이기에 그와 같
은 모든 역사를 이루었음이니라.
7 수천 년 동안 너희들을 바로 깨우치고
바로 세우기 위해서 얼마나 많은 기적
의 역사요, 또 변화요, 제사장이요, 선
지자들이 세상에 와 너희들을 깨우치
고자 했던가?
8 그와 같은 모든 역사는 다 무엇이던가?
9 나의 사랑하는 피조물 만백성 너희들
을 구원하고자 하는 것이 나 여호와의
뜻이니, 내가 너희들에 대해 참고 인
내하는 사랑의 마음을 알겠는가?
10 지금 또 내가 어찌하는가?
11 너희들이 나의 아들 예수를 그리 죽음
으로 몰아 2천 년 동안 흘러오는 세속
에서 사랑이요, 내가 예수를 통하여
역사하고자 한 것은 다 뒷전으로 버리
고,
12 너희들이 인간의 생각이요, 인간의 교
리로 오늘과 같이 이루어져, 세상이
말세요, 종말이라 하는 험악한 시대가
되지 아니하였는가?
13 그러나 나 여호와가 또다시 나의 아들
을 통하여 160권의 법전으로써 너희
들을 구원할 수 있는 길이요, 하늘에
오를 수 있는 그 모두를 상세히 기록
하여 세상에 내려보냄이니,
14 이것이 내가 너희들을 얼마나 사랑하
고 얼마나 귀히 여기고 소중히 생각하
는 것인가?
15 너희들은 어찌하여 그와 같은 폭넓은

것을 깨닫지 못하며, 지금까지 흘러온
그 역사 속에서 모두를 인내하고 넘긴
나 여호와의 사랑이 어떤 것인가를 어
찌하여 깨우치지 못하며, 그를 알려
하지 아니하며, 그를 들여다보는 그와
같은 현명한 사람이 없는가?
16 너희들은 알아야 될 것이니라.
17 너희들이 믿음도 좋고 나를 찾는 것도
좋고 나를 경배하는 것도 좋고 구원을
받고자 하는 것도 좋으나,
18 내가 너희들을 얼마만큼 사랑하며 얼
마만큼 소중히 하는가, 구약의 시대에
서부터 지금까지 이루어 놓은 그 역사
하나하나를, 그 기적의 역사를 되새겨
너희 것으로 만들도록 그리하라.
19 그 속에서 내가 너희들을 얼마나 사랑
하면 이와 같은 역사요, 어려운 기적
의 그 순간순간을 다 보여 지금까지
지탱해 오는 것인가,
20 그리고 마지막 제3의 시대에 나의 성
령을 모두 다 태워 너희들에게 내려보
내는 이와 같은 고통의 세월을 가지
아니하면 아니 되며,
21 그리고 그를 내가 또 역사하는 이와
같은 내 마음이 너희들을 어찌 사랑하
며 어찌 귀히 여기는 것인가,
22 그 은혜에 감사함이요, 내 마음을 너
희들이 들여다볼 수 있는 현명한 백성
으로서 거듭나기를 바라는 것이 나 여
호와의 뜻임을 알라.

9,195 번째 하나님 말씀

2004년 1월 16일 23시 53분

1 사랑하는 나의 아들아!
2 "네, 아버님! 말씀하옵소서."
3 예수가 어렵고 힘든 삶을 살며, 그 제
자들 또한 어렵고 힘드니, 예수를 따
르기 고통스러워하는 그 제자들에게
생선과 떡을 갖다 주고 금화를 갖다
주는 것을,
4 어찌하여 나의 아들 예수는 그를 받지
말라 하였으며, 더 어렵고 불쌍한 백
성에게 그를 돌려주며 전해 주라 그리
하였는가?
5 그리하여 그 제자들이 배고픔을 견디
지 못하며 있는 것도 쓰지 못하도록
하는 예수를 원망하는 그 소리를 들으
면서도,
6 예수가 그와 같은 것을 사용하지 아니
하며 그들을 배불리 먹이지 아니하고,
어찌하여 그 제자들에게 원성을 들으
면서도, 더 가난하고 불쌍한 그들에게
전하고 그리 행하도록 했는가 하는 것
을 너는 알고 있다 하지 아니하였는가?
7 "네, 아버님! 그를 알고 있사옵나이다.
8 오늘의 저의 제자들 또한 그들에게 냉
정히 대하며 그들을 핍박하며 그들을
다스리고자 할 때, 그들이 저의 마음
을 모르는 것처럼,
9 예수님께서도 그와 같이 제자들에게
금화와 은화가 생겼을 때, 떡을 만들
어 배불리 먹고자 하는 그들의 뜻을
들어주지 아니하고, 어렵고 불쌍하고
가난한 자에게 돌려주라 한 그 뜻을
저는 알고 있사옵나이다.
10 그들이 그 떡을 취하며 배불리 먹음으
로 인하여 그것으로써 저희들이 아버
님께 기억되지 않는 백성이 되는 것보
다는,

11 그들이 배고프고 어렵다 해도 이웃의
더 가난하고 불쌍한 자들에게 떡을 만
들어 주며 그들이 배불리 먹을 수 있
게 한다면,
12 그것이 아버님께서 더 기억하실 수
있으며, 아버님의 큰 은혜의 사랑을
받는 제자들이 될 수 있기에,
13 예수님은 가슴 아픈 마음속에 그 마
음을 숨기고 그와 같이 어렵고 불쌍한
자를 찾아가 돌려주라 하였으며, 받지
말라 그리 가르친 것인 줄 아옵나이
다.
14 오늘의 저 또한 그와 같은 것을 당하
고 겪고 있으나, 저 또한 그와 같은 마
음이요,
15 제자들 또한 저를 이해하지 못하기에,
저 자신도 저의 제자들이 깨우치고 그
깊은 의미를 알기를 바라는 것이 제
마음이니,
16 2천 년 전의 예수님의 마음이 그러했
을 것이라 생각되옵나이다."
17 그러니라, 나의 아들아!
18 그것이 나의 아들들이 가는 길이며,
또한 나의 백성들을 깨우치는 길이며,
그 제자들을 가르치는 길임이니라.
19 네가 또한 그리 알고 있음이니라.
20 너의 제자들이 고통스럽고 어려운 시
련을, 제가 지은 죄요, 제가 겪을 것을
다 겪고 벗어난 다음에 그들이 구원
의 빛을 볼 수 있으며, 구원의 길을 볼
수 있으며, 내가 그들을 영원히 기억
하는 그와 같은 것을 알고 있는 너이
기에,
21 네가 그들에게 시련과 고통이요, 그들
을 꾸중하며 그들을 바로 세우고자 하
는 네 뜻을 그들은 알지 못하나, 네가
또한 그 모두를 숨기고 역사하고 가는
것이니,
22 네가 거기서 얻고 깨달은 것이 예수가
2천 년 전에 그 제자들에게 냉정하고
가혹하게 했던 그 의미요, 오늘의 너
의 그 마음이 예수의 그 마음이니라.
23 그러니 그와 같은 것도 깨닫지 못하며
알지 못하는 것이 오늘의 종교 집단의
지도자 그들의 마음이니, 이를 가지고
너희들이 어찌 참진리요, 나 여호와의
뜻을 깨우칠 수 있겠는가?
24 기초요, 기본도 모르며 내 뜻을 모르
는 백성이 어찌 나의 피조물 만백성을
구원하는 길로 인도할 수 있겠느냐?
25 너희들은 나의 아들 예수가 그와 같은
마음으로써 그 제자들의 뜻을 들어주
지 아니하며, 떡을 빛어 주지 아니하
였으며, 배불리 먹지 못하게 하였으
며, 다른 사람들에게 그들의 것을 나
누어 주라 하였음이니,
26 그 제자들은 먹지 못해도 다른 백성에
게 나누어 주라는 그 뜻에 그 제자들
의 불평불만이요, 원망스러운 것은 이
루 다 말할 수 없었으나,
27 그와 같은 원망을 듣는다 해도, 그들
이 그리 행했을 때 나 여호와가 그 제
자들을 기억할 것이니, 더 큰 영광이
요, 사랑이요, 은총이라 하여 예수는
그리했음이니,
28 또한 오늘의 네 마음이 그러한 것을
너의 제자들은 알아야 될 것이기에,
내가 나의 법전에 기록하여 그 뜻을
전하니 그리하라.
29 그를 모르는 너의 제자들이 흔들리고

무너지는 것보다는, 그와 같은 뜻을
알고 마음을 바로잡고 바로 세워, 그
들이 나의 뜻에 의하여 행하며, 내가
그들을 품에 안을 수 있는 그와 같은
제자로서 육성하도록 그리하라.
30 내가 너에게 주는 상이니라, 사랑하는
나의 아들아!

9,196 번째 하나님 말씀

2004년 1월 16일 23시 57분

1 사랑하는 나의 아들아!
2 "네, 아버님! 말씀하옵소서."
3 너희들이 세상사 마음먹기에 달렸으
며, 그 마음먹기보다 더 위대한 것이
무엇이더냐?
4 너희들이 어찌 생각하며 어찌 받아들
이느냐 하는 것이 소중하고 귀한 것이
니라.
5 모든 것을 사랑으로써 긍정적으로 받
아들이고 생각한다면, 너희들은 아름
다운 쪽에서 모든 답을 얻을 수 있으
며 역사할 수 있는 삶이 거기에 있음
을 알게 될 것이니라.
6 그러나 지금 세상에 사는 나의 피조물
만백성 그들은 긍정적인 것보다는 부
정적인 입장으로써, 의혹하는 마음으
로써, 시기하는 마음으로써 세상을 살
아가고 있지 않으냐?
7 그러니 그들에게 전하라.
8 너희들은 부정적이 아니라 긍정적인
자세로써 살아가는 것만이 나에게 오
르는 그 빛을 볼 수 있음이니, 나의 계
명을 못 지킨다 말하지 말라.
9 그리고 그와 같이 가르치는 백성, 그
리 듣고 있는 백성, 나의 아들을 따르
는 제자 너희들은 이제 그리 생각하라.
10 '창조주 우리 아버지께서 인간인 우리
가 감히 지키지 못하며 역사하지 못할
줄 알면서, 그리고 우리가 그를 행하
지 못할 것을 알면서 십계명을 내리셨
겠는가?' 그리 생각하라.
11 그러니 너희들은 '아버님께서 내린 그
계명을 나는 어떠한 일이 있어도 지켜
보이겠다.' 하는 그와 같은 오기 있는
마음이요, 해내겠다는 생각으로 마음
을 바꾼다면 무엇이 두렵고 무엇을 이
루지 못하겠느냐?
12 너희들이 생각 하나만 바꾸면 그 계명
이 아무리 어렵고 힘들다 해도 그 모
두는 너희들이 정복할 수 있는 것이
아니더냐?
13 이제 나의 아들을 따르는 제자 너희들
은 '창조주 아버지께서는 못 지킬 것
을 내리신 것이 없다.' 그리 믿으라 하
였으나,
14 '우리 인간이요, 아버님의 아들딸들이
지키기 어려워 아무나 갈 수 없는 길
이라 하여 알면서 내리신 그 계명을,
우리가 무엇인가를 보여 드리며,
15 아버님의 기대를 넘어서도록 우리 모
두가 지키고 살아가는 그와 같은 백성
의 모습으로써 보여 주자.' 하는 오기
로 세상을 바라보며 그와 같은 마음으
로 살아 볼 수는 없겠느냐?
16 그와 같은 생각과 마음을 가지고 살아
갈 때, 나의 계명은 아무것도 아니며,
그리고 내가 내리는 나의 법전도 아무
것도 아니니라.
17 모두는 다 너희 발아래, 너희들의 생

활 속에, 생각 속에서 고개 숙일 것이
니, 너희들에게 거부하지 못하며 대항
하지 못할 것이니라.
18 너희들이 그와 같은 마음의 자세로써
나의 계명이요, 나의 율법이요, 나의
법전을 한 번 들여다보고 생각해 보
라, 사랑하는 나의 아들딸들아!

9,197 번째 하나님 말씀

2004년 1월 17일 0시

1 사랑하는 나의 아들아!
2 "네, 아버님! 말씀하옵소서."
3 나의 아들딸 소중한 너희들이 어찌 살
아가느냐?
4 세상에 너희들의 삶에 있어서 이해관
계와 이익 분배의 관계는 너희들이 한
치의 양보도 없이 너희 지분을 모두
챙기고 차지하려는 것이 아니더냐?
5 너희들의 이해관계의 득실을 위해서
그를 차지하기 위해서는 번개보다도
더 빠른 행동으로써 제 지분을 챙기
며, 제 재물을 챙기며, 그러고 나서는
남의 것까지도 챙기려는 행동을 하지
않느냐?
6 이것이 너희의 마음이니라.
7 너희들이 보이는 지분이요, 보이는 재
물의 이해관계요, 이익의 분배에서는
번개보다도 더 빠른 행동으로써 네 지
분을 챙기고 또 남의 것까지 넘보는
그와 같은 행동을 하면서,
8 정녕 그보다 더 소중하고 위대한 구원
의 길을 볼 수 있는 선하고 아름다운
행동을 하는 것은, 영원히 살고 거듭
나는 근본인 선하고 아름다운 행동에
대해서는 어찌하여 너희들이 그와 같
이 할 줄을 모르는가?
9 선하고 아름다운 일을 하는 것에 네
차례가 있다면 너희들은 너무나도 잘
기다리며 잘 인내하고, 너희 차례가
오기까지 기다리느니라.
10 너희들이 이익의 분배에서처럼 번갯
불보다 먼저 대들고 쫓아가는 그와 같
은 것이 아니라,
11 아름답고 선한 행동은 질서를 지키며
느긋하게 잘도 기다리는 것이 너희들
이니라.
12 그러면서 그 차례가 너희들에게 오지
아니하기를 은근히 바라는 것이 아니
더냐?
13 너희들의 마음이 이러하니 어찌 구원
을 받으며 하늘에 오르는 길을 볼 수
있단 말이더냐?
14 너희들이 선하고 아름다운 행동을 함
에 있어서 번갯불보다 더 빠른 행동으
로써 역사해도 나에게 오르는 길을 볼
까 말까 하거늘,
15 너희들은 네 차례를 기다리는 것을 그
리도 당연히 느긋하게 기다리며,
16 또한 좋은 일이요, 아름다운 일을 역
사하는 것, 눈으로 보이는 물질적인
면에서 손해 본다고 느끼는 그와 같은
행동은 너희들에게 차라리 오지 아니
하고 네 앞에는 그러한 것이 없었으면
하는 것이 너희들의 마음이니,
17 그와 같은 마음을 가진 백성들이 어찌
내 뜻을 알며 하늘에 오르는 길을 알
수 있겠느냐?
18 나의 백성들, 나의 아들딸 너희들이
그러하니라.

19 그러니 지금 나의 아들을 따르는 너희
들은 그 반대의 생활을 해야 할 것이
며, 반대의 생각에서 행하고 역사해야
되는 것이 너희들이 이룰 길이며 가야
할 길이라는 것을 알도록 그리 전하라.

9,198 번째 하나님 말씀

2004년 1월 17일 0시 05분

1 사랑하는 나의 아들아!
2 "네, 아버님! 말씀하옵소서."
3 나의 피조물 만백성이요, 그리고 나에
게 경배하며 나에게 오르겠다는 그 백
성들이 지금 누구나 할 것 없이 내가
내린 친필로 쓴 십계명을 지킬 수 없
다 그리 말하는 것이 지금의 백성들이
아니더냐?
4 너희들이 나에게 오른다 하면서 내가
너희들에게 직접 써 내린 것을 지키고
살 수 없다 그리 말함이니, 지금의 모
든 종파의 믿음의 길을 가는 백성이
그러하니라.
5 그러나 지금 나의 아들을 따르는 백성
너희들은 어떠하던가?
6 너희들은 그를 지키고 살 수 있다 말
하느니라.
7 그리고 '창조주 아버지께서 지키지 못
할 것을 내리지 아니하였기 때문에 이
는 반드시 지키고 살아야 하는 것이며
근본이라' 너희들은 그리 가르치고 전
하느니라.
8 또한, 모든 백성에게 나의 법전대로
살 수 있으며 그대로 살아가는 것이
너희들이 하늘에 오르는 길이라 그리
말하느니라.
9 그러나 지금의 백성들은 뭐라 하느냐?
10 나의 계명이요, 나의 법전대로 살 수
없다 그리 말하니, 이제 나의 아들을
따르는 제자들이요, 나의 백성 너희들
은 알라.
11 너희들은 그것을 지키고 살 수 있다
없다 하는 것이 중요한 것이 아님을
알라.
12 그는 너희들이 따질 가치도 없으며 따
질 아무런 명분도 없는 것이니라.
13 너희들이 그와 같은 시시비비를 하는
자체가 얼마나 어리석은 백성인 줄 알
겠는가?
14 너희들은 나의 법전대로 살지 아니하
며 내가 친필로 써 내린 계명대로 살
지 아니한다면 결코 구원의 길에 오를
수 없으며 나에게 올 수 없다는 것을
먼저 깨닫고 알아야 될 것이니라.
15 그러니 그것이 아니면 너희들이 나에
게 올 수 없거늘, 그것을 지키고 살 수
있다 없다 하는 그와 같은 시시비비를
할 가치도 없으며, 너희들이 그와 같
은 것을 갑론을박해서도 아니 되는 것
이며, 그것은 있을 수도 없는 것이니
라.
16 무조건 나의 계명이요, 나의 법전대로
지키고 살지 아니하면 너희들이 거듭
나고자 갈구하는 그 역사는 이루어질
수 없다는 것을 알라.
17 이것이 곧 나에게 오르는 길이요, 나
를 볼 수 있는 것이기 때문이니라.
18 그러니 너희가 나에게 오르고자 한다
면 어떠한 마음으로 무엇을 지키고 어
찌 살아가야 하는 것인가 그것은 너희
스스로 답을 얻게 될 것이니라.

19 그러나 너희들이 이것이 어렵고 힘들
다 하여 견디지 못하고 무너지면 결국
나에게 올 수 없는 것이요,
20 너희들이 웃음으로써 모두를 견디고
지키고 살아갈 수 있다 하여 그를 지
키고자 노력하는 선택의 길을 가는 백
성은 곧 너희들도 모르게 나에게 와
있는 때를 알게 될 것이며,
21 너희들이 와 있는 곳이 지상의 낙원이
요, 구원의 길에 영광을 받고 있다는
것, 그것을 스스로 알 수 있을 것이니
라.
22 그러니 이제 나의 아들을 따르는 제자
들이요, 나의 법전을 읽은 모든 백성
너희들은 십계명을 지키고 갈 수 있다
없다, 나의 법전을 지킬 수 있다 없다,
거기에 시시비비하지 말며 그들과 갑
론을박하지 말라.
23 그는 아무런 가치도 없으며 따질 만한
의미도 없음이니라.
24 무조건 그를 지키고 행하지 아니하면
나에게 오를 수 없으며 하늘에 오르는
빛조차도 볼 수 없기 때문이니 그리
전하라, 사랑하는 나의 아들딸들아!

9,199 번째 하나님 말씀

2004년 1월 17일 07시 09분

1 사랑하는 나의 아들아!
2 "네, 아버님! 말씀하옵소서."
3 나 여호와가 내려 준 이 지상의 옥토
가 끝이 보이지 않는 넓은 밭이 있음
이니라.
4 그 밭에 너희들이 거둘 수 있는 곡식
을 심지 아니하며 그대로 방치해 둔다
면 어찌 되는가?
5 거기에서는 너희들이 아무것도 거둘
수 없으며, 거기에서 얻어지는 것이
아무것도 없음이니,
6 아무리 옥토라 하여도 너희들이 씨를
뿌려 거두지 아니하면 아무런 필요가
없지 아니하느냐?
7 그러나 너희들이 거기에 씨를 뿌려 가
꾸고 거둔다면 수확의 계절의 기쁨은
이루 말할 수 없을 것이니라.
8 지금 나의 피조물 만백성 너희들이 어
찌하고 있는지 알겠느냐?
9 이 세상에 나의 피조물 만백성은 헤아
릴 수 없이 많이 있으나, 그들이 참진
리요, 하늘에 오르는 그 길을 오지 아
니함이니라.
10 그러니 그들에게 참진리를 가르치고
심어 주지 못함이니, 이것이 바로 무
엇이겠느냐?
11 보이지 않는 그 옥토에 가르침의 씨앗
을 뿌리는 자가 없으며 가꾸고 기르는
자가 없음이니, 너희들은 수확의 계절
에 거둘 수 없는 그와 같은 형국임을
알아야 될 것이니라.
12 그와 같은 옥토라 하여도 너희들이 씨
를 뿌려 가꾸고 다스리지 아니한다면
그 옥토는 잡초가 세상을 다 덮듯이
황토 땅을 온갖 잡초로써 덮는 그와
같은 결과가 됨이니, 너희들이 보지
아니하고 듣지 아니하여도 상상만으
로도 그를 충분히 알아들을 것이니라.
13 그러니 지금 나의 피조물 만백성이요,
그 많은 백성들이 바로 나의 옥토에
씨앗을 뿌리지 아니하고 버려둠이니,
잡초만 무성한 그와 같은 형국으로 변

한 것이 오늘의 나의 피조물 만백성
그들이 존재하고 살아가는 형국이었
느니라.
14 그러니 지금 수확의 계절이요, 심판의
계절에 심판을 하며 거둬들이려 함이
니, 거둬들일 자가 없으며 내가 구원
하여 손을 내밀어 끌어올릴 자가 없다
함이니, 이와 같은 형국이니라.
15 그러니 그 많은 백성들을 구원하고 바
로잡을 수 있는 것은 무엇인 줄 알겠
느냐?
16 이제라도 내가 마지막으로 너를 통하
여 내리는 나의 법전이요, 새로운 성
경, 이것으로만 그들을 바로잡을 수
있음이니라.
17 그리하여 그들의 마음속에 있는 잘못
된 믿음이요, 잡초만 심어 놓은 그 마
음을 다 뽑아내고 가라지를 뽑아 태
워, 나의 성령이요, 나의 뜻을 심고자
하는 것이니,
18 바로 거기에 선택된 것이 너희들이요,
이를 가지고 역사하는 것이 너희들이
라는 것을 알라.
19 그 많은 옥토에 너희들이 씨앗을 뿌려
가꿨다면 추수의 계절에 그 기쁨이야
말할 수 없는 것을, 지금 너희들이 잡
초가 무성하도록 그리 버려둔 것이니
라.
20 더욱이 나의 피조물 만백성 그들은 무
엇이더냐?
21 그 잡초를 뿌리고 심는 자들이 있었음
이니, 그대로 놔둔다 해도 그 옥토는
잡초로 덮이는 것을, 더욱이 잡초의
씨앗을 뿌리고 거기다 또 뿌리고 가꾸
는 자들이 있음이니, 그 옥토가 어찌
되겠느냐?
22 이와 같은 형국이 지금 나의 피조물
만백성이 무너지며 죽어 가는 형국이
니라.
23 그러니 그걸 가꾸는 자들에게 대적하
여 너희들이 그 모두를 뽑아 버리고
그들을 버려야 됨이니,
24 그 백성들은 지금 잡초로 심어지고 잡
초로 변했으나,
25 알곡식을 여는 나무로 바뀌는 것을 그
들이 볼 수 있으며 들을 수 있으며, 이
웃에 자라는 알곡식의 나무를 보고 저
자신이 그와 같이 변하고자 하는 역사
의 시대가 올 것이니,
26 너희들은 중단하지 말며 두려워하지
말며 오늘의 이 길에 최선을 다하여
가도록 그리하라.

9,200 번째 하나님 말씀

2004년 1월 17일 07시 13분

1 사랑하는 나의 아들아!
2 "네, 아버님! 말씀하옵소서."
3 이 세상에 나의 백성 중에 잡초와 알
곡식을 구분할 수 있는 농부가 있어
가라지를 뽑아내며 알곡식을 가꾸고
거두는 그 농부가 있다면, 옥토와 알
곡식의 나무는 과연 어떠한 형국으로
이루어지겠느냐?
4 나 여호와가 지금 세상을 보는 마음이
그러하니라.
5 이제 나의 아들을 따르는 제자들이요,
나의 법전을 깨우친 만백성 너희들은
참진리의 길이 무엇이며 거짓 진리가
무엇인가를 볼 줄 알며 그를 구분하는

백성으로 성장하였음이니,
6 그를 바라보는 나 여호와의 기쁨이 얼
마나 큰 줄 너희들은 알겠느냐?
7 농부가 가라지와 알곡식을 구분하여
그 가라지를 뽑아 태워 버리며 알곡식
을 가꿔 추수할 수 있는 깨달음을 알
고 있는 농부처럼,
8 지금 그와 같은 자들이 나의 아들을
따르는 제자요, 나의 법전을 읽고 깨
우친 너희들이니, 그를 바라보는 나
여호와의 기쁨이 어떠하겠는가?
9 나 여호와가 가지고 있는 참진리를 너
희들이 구분할 줄 알며 비진리요, 사
악한 사탄의 장난이라는 것을 구분할
줄 알아, 그들을 단죄하고 다스리고
뽑아내는 그와 같은 나의 아들을 따르
는 제자 너희들이 있기에, 하늘에서
보는 나 여호와의 그 기쁨은 말할 수
없음이니라.
10 이제 사랑하는 나의 아들을 따르는 제
자 너희들은 들으라.
11 너희들이 알곡식과 가라지를 구분할
줄 알며 참진리와 비진리를 구분할 수
있도록 이제 성장했으니, 이 처방전을
가지고 만백성을 구하는 것이 너희들
이 가야 할 길이며, 넘고 넘어야 하는
험난한 그 길임을 알아야 될 것이니라.
12 거짓된 지도자들이 입으로만 이루며,
입으로써 말하며, 그 말로써만 모두를
이루는 그와 같은 자들은 진정한 참진
리의 길을 가는 자들이 아니요, 가르
치는 자들이 아니니라.
13 진정한 참진리를 가르치는 백성은 말
로써 그리 떠들고 말함이 아니요, 말
로써 전하고 가르치는 것이 아니니라.
14 모두 마음속에서 이루어지는 것이며
마음속에서 역사하는 것이며 그 마음
속에서 모두가 이루어지는 것이 참진
리의 길이라는 것을 너희들은 알아야
될 것이니 그리 알라.
15 그러니 이제 나의 사랑하는 아들딸 너
희들은 알라.
16 어떠한 것이 참진리요, 어떠한 것이
만백성을 구하는 길인가 알면, 너희들
이 그 처방전으로써 치료하여 만백성
을 구하는 데 주저하지 말라, 사랑하
는 나의 아들딸들아!
17 진정한 참진리요, 내 뜻을 이루는 자
는 선을 행하며 마음속으로 모두를 다
역사하는 것이지, 말로써 떠들며 말로
써 모두를 다 이루는 그와 같은 믿음
이요, 가르침이 아님을 알라.
18 이제는 나의 피조물 만백성, 나의 아
들을 따르는 제자들이요, 법전을 읽은
너희들은 그를 구분할 수 있는 지혜가
있음이니,
19 그 지혜로 역사함에 주저하지 말며,
깨닫고 느끼는 그대로 행하도록 그리
하라.
20 그러면 그것이 나 여호와의 뜻이요,
내가 역사하는 길이니, 너희들이 있어
나 여호와의 기쁨은 형용할 수 없으며
더 이상 말할 것이 없음이니,
21 이 기쁨 속에 너희들이 나의 가슴에
안겨 주는 그와 같은 변화되는 삶 속
에서, 만백성을 가르치며 다스리는 처
방을 내릴 수 있으며 치료할 수 있는
백성으로서 성장해 가기를 바라는 것
이 나 여호와의 뜻이니,
22 너희들이 이를 받아 행하도록 그리하

라.

9,201 번째 하나님 말씀

2004년 1월 17일 07시 20분

1 사랑하는 나의 아들아!
2 "네, 아버님! 말씀하옵소서."
3 참진리와 비진리를 구분하지 못하는 오늘의 종교 집단들이 세상을 지배하며 그 지도자들이 세상을 지도하며, 참진리와 비진리를 구분하지 못하는 그 신도들이 맹종 맹신하며 광분하는 그와 같은 시대에 있는 그들이 과연 뭐라 말하느냐?
4 나 여호와가 친필로 써 내린 그 십계명도 그대로 지키고 살 수 없다 말하는 것이 그들이 아니더냐?
5 수천 년 동안 흘러온 가르침이 그와 같이 흘렀느니라.
6 그러나 나의 아들을 따르는 너의 제자들은 짧은 기간 속에 깨우침을 얻었다 해도 너희들은 그렇게 살 수 있다 말하지 아니하느냐?
7 그것이 소중함이니라.
8 사랑하는 나의 아들아!
9 "네, 아버님! 말씀하옵소서."
10 너의 제자들에게 깨우쳐 전하도록 하라.
11 너희들이 살아가면서 어렵고 힘들어도 아름다운 삶을 살아가게 하는 단어 하나, 글 한 줄씩을 읽어 외우고 그를 네 것으로 만들어 살아간다면,
12 비록 처음에는 초라하고 아무것도 아는 것이 없으며 깨달음이 없으나,
13 세월이 흐르면 흐를수록 하루에 하나의 단어요, 아름다운 가르침을 마음속으로 새기며 제 것으로 만드는 백성은 세월이 지난 다음에 그 변화가 얼마나 방대한지 아느냐?
14 너 스스로 그를 알 것이니라.
15 알면서 노력하지 아니하는 것이 너희들이요, 그래서 무지에서 살며, 깨달음이 없으며, 남에게 뒤지지 않는 삶을 살지 못함이니,
16 이게 바로 나의 계명이요, 나의 율법대로, 나 여호와의 친필로 써 내린 것도 지킬 수 없다 말하는 그 백성들과의 차이이니라.
17 내가 너희들에게 무어라 말하였느냐?
18 시작은 초라하나 그 끝은 방대하다 하였으니, 그 의미가 무엇인 줄 알겠느냐?
19 너희들이 내가 친필로 써 준 십계명을 지키고자 노력하는 자는 악습을 하루에 하나씩만 버리고 산다면 세월이 흐른 뒤에 너희들이 과연 어찌 변화되어 있는지 알겠느냐?
20 너희들은 나에게 와 있는 그와 같은 변화의 역사를 얻을 수 있는 것이니라.
21 지금은 너희들이 죄 속에 살아감이니라.
22 너희들이 지금 사는 그 삶이 선하고 아름다움이 아니요, 천사와 같은 삶이 아니요, 너희들은 죄 속에서 살아가며 죄로써 뭉쳐진 그와 같은 삶을 살지 않느냐?
23 그러니 죄 속에 뭉쳐 있는 너희들을 지금 바라보는 그 모습은 아무 데서나 주울 수 있으며 아무 데서나 발에 걸리는 그와 같은 잡석과 같은 형국의

삶이라는 것이 나 여호와가 보는 너희
들의 모습임을 알라.
24 그러나 너희가 나의 계명을 지키고 살
며, 하루에 한 가지씩 악습을 버리며
계명대로 지키고 살아가며, 내가 나의
아들을 통하여 내리는 나의 법전에 기
록되어 있는 그 내용을 하나씩만 암송
하고 악습을 버리는 어렵고 힘든 그
삶을 산다면,
25 세월이 지난 다음에 그 쓸모없는 잡석
이었던 너희들이 소중하고 귀한 보석
덩어리로서 변화되어 있음을 알게 될
것이며, 너희들은 반드시 그리 변화된
다는 역사를 믿고 따르도록 그리하라.
26 지금은 너희들이 죄 속에 삶이니, 그
것이 잡석과 같으며 아무 쓸모없는 것
같으나,
27 너희들이 하루에 하나씩 법전에 기록
되어 있는 내용을 지키며 나의 계명에
따라 하나하나 악습을 버리고 살아가
면,
28 세월이 지난 뒤에 잡석이었던 그것이
진주요, 보석으로서 변화되어 너희 마
음을 따뜻하게 하며 기쁘게 할 것이
니, 너희들이 바로 그와 같이 변하게
되는 역사를 얻을 것이니라.
29 그러니 그것이 구원의 길에 서는 것이
요, 너희들이 구원의 길에서 나를 향
하여 하늘에 오르는 그 빛을 보고 따
라오는 너희들의 그 모습을 봄이니,
30 오늘은 하나하나 악습을 고치는 것이
초라하고 별 볼 일 없는 것 같으나,
31 세월이 지난 다음에 그 방대함이요,
위대함이라는 것이 바로 이와 같은 이
치요, 그 깨달음이니,
32 그 성서에 기록된 내용을 알아야 될
것이니라.
33 나 여호와가 왜 많은 책으로써 세상에
내보내며, 그 책 속에 내가 그 많은 내
용을 기록하여 보내는지 알겠느냐?
34 288쪽, 160권의 대장정의 법전을 책
으로 만들어 세상에 내려보내며, 나의
아들이 죽을 때까지 하늘의 뜻을 기록
하여 너희들에게 전하는 것이 무엇인
줄 알겠느냐?
35 그 책 속에 들어 있는 것, 나의 법전
속에 들어 있는 것, 그리고 나의 아들
이 160권의 법전을 역사하고 또 그가
전하는 아름다운 뜻을 하나하나 배우
고 또 하루에 하나씩 깨우쳐 너희들
것으로 만들었을 때,
36 너희들은 천사로서 변화되어 내 앞에
와 있는 그 방대하고 위대한 역사요,
그 기쁨을 얻게 되기 때문이니라.
37 그러니 너희들은 나의 법전의 많은 기
록이요, 하늘의 끝이 없는 그 내용을
기록하여 전하는 것이 무엇인 줄 알겠
느냐?
38 너희들이 읽어서 하루에 한 가지씩만
너희 것으로 만들어, 잡석 같은 너희
들이 귀한 보석이요, 진주로 변화되는
그와 같은 역사를 이루고자 하는 것이
나 여호와의 뜻이며,
39 그리 너희들은 변하게 되어 있음을 알
아야 될 것이니라, 사랑하는 나의 아
들딸들아!
40 사람이 살아가면서 못 쓸 자요, 버린
자요, 남들에게 쓸모없는 자라 저주받
는 그와 같은 백성을 너희들이 옆에서
바로 깨우치며, '너는 훌륭한 자요, 깨

우치면 만백성을 지도할 수 있는 자
다.' 하며 매일같이 그를 만날 때마다
그리 가르치고 그를 격려했을 때,
41 그가 그 뜻을 알아들으며 제 소중함을
알았을 때, 그는 귀하게 쓰이는 자요,
누구도 따를 수 없는 지도자로서 세상
에 역사할 수 있을 것이니,
42 지난 과거에 잡석 같은 삶을 살던 자
가 보석과 진주 같은 삶을 살면, 잡석
의 시대를 거울삼아 만백성을 깨우치
고 이끄는 데 그는 귀중한 지도자가
될 것이 아니더냐?
43 이와 같은 이치를 안다면, 너희들이
하루에 한 가지씩만 고쳐 나가도 그
삶이 얼마나 귀하고 소중한 것인가?
44 지킬 수 없다, 따를 수 없다, 행할 수
없다 그리 말하는 자, 그들이 나의 피
조물 만백성을 죽이는 자들이니, 그들
을 먼저 깨우치며,
45 나의 아들을 따르는 제자 너희들은 할
수 있다는 자신감과 행하면 할 수 있
다는 것, 그리고 인간은 행할 수 있다
는 것,
46 그리하여 너희들이 모두를 하루아침
에 고치려 하지 말며, 하나씩 하나씩
깨우치고 나의 법전의 아름다운 가르
침을 하나씩 너희들 것으로 만들고 변
하여, 잡석이 금은보화로 변화되는 그
와 같은 너희들이 되라.
47 금은보화만 내가 가을에 거둬들이는
것이라는 것을 안다면,
48 너희들이 나 여호와의 간절한 이 뜻을
알았으면 그대로 행하고 살아가라, 나
의 아들을 따르는 제자들아!

9,202 번째 하나님 말씀

2004년 1월 17일 07시 26분

1 사랑하는 나의 아들아!
2 "네, 아버님! 말씀하옵소서."
3 너희들이 쉽게 말하며 그저 편안하게
말하는 것이 오늘의 종교 집단이요,
지도자 그리고 광신도들이 아니더냐?
4 나 여호와가 직접 써 내린 나의 십계
명을 지킬 수 없으며 율법대로 살 수
없으며, 더욱이 내가 나의 아들을 통
하여 내리는 새로운 성경 이와 같은
것을 지키고 살 수 없다 말하는 자,
5 내가 나의 아들을 통하여 어렵고 힘든
길로써 마지막으로 너희들에게 기회
를 내려 구하고자 나의 아들을 통하여
내리는 새로운 성경을 지키고 살 수
없다 말하는 백성 너희들이 무엇인 줄
알겠느냐?
6 너희들은 스스로 너희 자신을 평가함
을 알라.
7 이제 사랑하는 나의 아들을 따르는 제
자들이요, 나의 법전을 읽고 깨우친
만백성 너희들은 스스로 그와 같은 생
각을 지워 버리며, 그와 같은 말을 해
도 절대 내가 용서치 아니함을 알라.
8 그와 같이 지킬 수 없다 말하는 백성
이 무엇인 줄 알겠느냐?
9 스스로 '나는 불량한 사람이요, 나는
쓸모없는 자'라 너희들이 말하는 것이
니라.
10 그리고 '나는 부족한 자요, 나는 완벽
한 자가 아니요, 나는 문제만 일삼고
사는 자요, 인간을 괴롭히며 인간의
질서를 파괴하고 사는 자요, 무능한

자'라 그리 말하는 것이나 똑같음을
너희들은 알아야 될 것이니라.
11 내가 내리는 것을 지키고 살 수 없는
자는 함량 미달의 백성이 아니더냐?
12 그러니 너희들은 나의 아들딸로서 바
로 살며 나의 아들딸로서 평강을 찾으
며 건전하게 사는 백성이 아니라,
13 살인하는 자요, 강도질하는 자요, 강
간하는 자요, 그리고 너희들은 악만
자행하는 자들이라 그리 말하며, 너희
들은 저능아요, 부족한 자라 말하는
것이라는 그 의미를 알라.
14 그러한 자들이 어찌하여 나의 아들이
며 나의 아들딸이라 그리 말하는가?
15 너희들이 내가 내린 것을 지킬 수 없
다는 것은 함량 미달이며 기준 미달
이니, 너희들은 사악한 자요, 저능아
요, 부족한 자요, 그리고 악습만 행하
는 자들이라 스스로 인정한다는 그 무
서운 의미를 너희들이 깨달아야 될
것이니라.
16 너희는 인간의 도리를 하고 살지 못하
는 자이며, 절대 그리 살기 싫다 말하
는 자요, 거짓말하는 자요, 사기하는
자요, 문제가 있는 사람이라 말하는
것임을 알아야 될 것이니라.
17 나 여호와가 사랑하는 아들딸 나의 피
조물 만백성을 세상에 내보냈거늘, 너
희들은 나에게 말하느니라.
18 하나님 창조주 당신이 세상에 부족한
자요, 그리고 저능아요, 모자란 자요,
살인하고 강간하는 자요, 사악한 자들
만 만든 것이 창조주가 만든 사랑하는
백성이라, 너희들의 입으로 말하는 것
이라는 것을 알겠느냐?
19 나 여호와는 그와 같이 부족하며 사악
하며 인간의 도리를 다하지 못하는 백
성, 그리고 사회를 혼란케 하는 그와
같은 백성을 세상에 내려보내지 아니
하였음을 알아야 될 것이며, 그와 같
이 말하는 너희들이 나 여호와를 얼마
나 거역하며 나를 능멸하는 것인가,
그 죄가 과연 무엇인 줄 알겠느냐?
20 이제 나의 아들을 따르는 제자요, 법
전을 읽고 깨우친 만백성 너희들은 이
모두는 지키고 살아가는 길이라 그리
말하라.
21 그리하는 것이 나의 백성이니, 온전한
백성이요, 정신 자세가 바로 서 있는
백성임을 너희들은 알라.
22 장미꽃을 보고 꽃이라 하지 아니하는
자는 제대로 보지 아니하는 자요, 저
능아요, 모자란 자가 아니더냐?
23 너희들이 선행을 행하는 것을 보고,
저는 그를 행하지 아니하면서 그는 잘
못됐다 말하는 자, 그리고 악을 따르
는 자, 그것이 바로 무엇이더냐?
24 너희들은 이 세상에 아름다운 모습으
로 살기 싫은 자요, 나 여호와의 뜻에
의해 사는 것을 거부하는 백성이요,
25 오로지 죄를 짓는 불량한 백성이요,
그리고 사악한 백성이라 인정하는 것
임을 알아야 될 것이니라.
26 그러니 그와 같은 생각을 하고 사는
백성이 무엇을 알겠느냐?
27 '나는 문제아'라 말하는 것이 바로 계
명이요, 나의 율법이요, 더욱이 지금
내가 마지막 너희들이 알아들을 수 있
도록 모두를 하나하나 상세히 풀어 내
리는 새로운 성경을 부인하는 자들임

을 너희들은 알아야 될 것이니, 그리
전하라.

9,203 번째 하나님 말씀

2004년 1월 17일 07시 30분

1 사랑하는 나의 아들아!
2 "네, 아버님! 말씀하옵소서."
3 너희는 지킬 수 없다는 십계명이요,
나의 법전을 나 여호와가 내려 준 것
을 어찌하여 그 귀중하고 소중함을 깨
닫지 못하며 오늘의 그와 같은 삶을
사는가?
4 내가 지금 내려 준 나의 십계명이요,
그리고 나의 새로운 법전이요, 이 새
로운 성경은 모두가 너희들의 영혼을
구원하는 양식이라 내가 너희들에게
일찍이 전하지 아니하였던가?
5 이 모두를 너희들이 지키겠다고 생각
하며 그를 믿고 가지 아니하고 어찌하
여 이를 지키고 살 수 없다 말하느냐?
6 이를 지키고 살 수 있다 말하는 그 백
성 너희들은 그 모두를 지키고 행하고
살 수 있는 것이 그 차이임을 알라.
7 지금 너희들이 이대로 살다가 나에게
왔을 때, 과연 너희들이 거듭나는 영
광을 얻을 수 있는 삶이라 생각하느냐?
8 나 여호와가 바라보는 너희들의 그 삶
은 오늘의 승자의 삶이 아니요, 패자
의 삶을 사는 것이며 패자의 길을 가
고 있음이니,
9 그러니 너희들이 오늘 같은 패자의 삶
을 살아온다면 지옥으로 간다는 엄연
한 사실을 알 것이며,
10 그와 같은 것을 알고 생각한다면 과연
너희들이 나의 계명을 지키고 살 수
있다 없다 그리 말할 수 있겠는가?
11 너희들은 들어야 될 것이니라.
12 나의 계명을 지키고 나의 법전대로 살
수 없다고 말할 수 있는 자들은 이제
실패냐, 거듭나는 은혜를 얻을 것이
냐, 너희 스스로 결정하고 선택할 때
가 왔음을 알아야 될 것이니라.
13 너희들이 오늘의 삶을 사는 것은 실패
요, 너희들이 모두를 지키고 살겠다
하여 거듭나는 그와 같은 마음의 자세
로 사는 것이 승자가 된다는 것을 알
아야 될 것이니라.
14 이제는 너희들이 존재하는 그 삶이 과
연 무엇을 위해 살며 무엇을 위해 가
야 하는 것인가 알고 깨달았을 것이니
라.
15 나의 아들을 따르는 제자 너희들은 왜
존재하며 어찌 살아야 되는 것이며 어
찌 가야 되는 것이며,
16 그리고 나 여호와가 왜 십계명을 강조
하며 새로운 법전이요, 새로운 성경을
내려 역사하는 것인지 알고 있음이니,
너희들이라도 최선을 다하는 삶을 살
도록 그리하라.
17 그것이 나 여호와에게 주는 가장 큰
기쁨이요, 영광이니 그리 알라.

9,204 번째 하나님 말씀

2004년 1월 17일 07시 35분

1 사랑하는 나의 아들아!
2 "네, 아버님! 말씀하옵소서."
3 나의 아들 너는 내 마음을 아느냐?
4 "네, 아버님! 제가 어찌 아버님의 뜻

이요, 하시는 그것을 알겠사옵나이까?
5 그러나 아버님, 단 한 가지는 알 것 같
사옵나이다."
6 그래, 네가 내 마음의 한 가지를 앎이
니, 네가 무엇을 깨닫고 무엇을 알았
느냐?
7 "네, 아버님! 감히 제가 아버님께 말
씀을 드린다면, 이것 한 가지만은 알
것 같사옵나이다.
8 무엇을 얻고자 무엇을 이루고자 금화
와 은화요, 아름다운 꽃다발을 들고
바치는 사람보다도,
9 제가 가진 것 없으며 바칠 것이 없으
나 남들이 쓰다 버린 그 꽃 한 송이를
깨끗이 씻고 정성스럽게 다듬어 그를
바치는 자식을 아버님께서 더 사랑하
신다는 것, 그 한 가지만은 제가 알 것
같사옵나이다.
10 계산된 것이요, 바라고 원하는 것이
있어서 제가 그것을 이루고자 금화와
은화를 들여 남들이 보기에도 화려한
아름다운 꽃 한 다발을 바치는 그것보
다도,
11 남들이 쓰다 버린 그 한 송이의 꽃을
씻고 씻어서 정성스럽게 바치는 그 자
식을 더 사랑하신다는 것을,
12 지금의 모든 교회요, 성전이요, 아름
답고 위대하게 지은 법당이요, 그 모
두가 사람들을 위협하며 사람들이 고
개를 숙이게 하는 그와 같은 것을 짓
고 역사하지만,
13 그보다도 비록 초라하고 남들이 쓰다
버린 의자일망정 그를 주워다 모아
놓고 앉아서 가르치며 아버님의 진리
에 따라 가고자 하는 이 성전을 아버
님께서 더 사랑하시며, 그를 따르는
제자들을 더 사랑하신다는 것, 이것
한 가지만큼은 제가 깨닫고 그를 보는
것 같사옵나이다."
14 사랑하는 나의 아들아!
15 "네, 아버님! 말씀하옵소서."
16 그것이 나 여호와의 뜻이요, 내 마음
이니라.
17 너희들이 무엇을 이루고자 얻고자 하
여 아무리 아름답고 귀하고 소중한 것
을 바쳐도, 그것은 나와 관계없으며,
나는 그를 기억하고 싶지 아니한 것이
내 마음이니, 네가 그를 잘 알았느니
라.
18 그러나 한 송이의 버린 꽃이요, 시든
꽃이라 할지라도, 가진 것이 없어 바
칠 것이 없더라도 남들이 쓰다 버린
그 꽃 한 송이를 씻고 씻어 바치는 아
름다운 마음,
19 그를 사랑하며 그 자식을 더 사랑하는
것이 나 여호와의 마음이라는 이것 하
나만 깨닫고 이것 하나만 지키고 가는
너의 제자들이 있다면, 그것으로써 나
여호와의 기쁨이야 이루 말할 수 있겠
느냐?
20 인간 세상의 부모의 마음도 그와 같을
것이거늘, 어찌하여 너희들은 그를 모
른단 말이더냐?
21 버려진 의자요, 그저 남들이 쓰다 버
린 의자를 갖다 놓고 앉아 강론하며
나의 뜻을 듣는다 해도, 그 초라한 모
습 속에서도 나는 그를 더 사랑하며,
너희들이 있기에 기뻐하며 그와 같은
나의 성전이 있어 기쁨이 이루 말할
수 없음이니,

22 그를 아는 네 마음이 효자요, 나의 아
들이니라, 사랑하는 나의 아들아!
23 나 여호와의 마음이 그것이며 내 생각
이 그것이며 나를 기쁘게 함이 그것이
라 그리 전하라.
24 너희들이 말로써만 어려운 백성에게
힘들고 어렵지 않느냐 말하지 말며,
그저 배고픈 자를 안아 주며 어려운
자를 도와주며 더불어 가는 그와 같은
마음이 나에게 가장 큰 기쁨이요, 영
광이라 함을 알라, 사랑하는 나의 아
들아!
25 그 마음을 들여다보도록 그리하라.
26 그리고 내 마음을 깨닫도록 그리하라.
27 그리고 내 마음을 볼 줄 아는 그와 같
은 백성으로 거듭나라 그리하라.
28 그것만이 나 여호와의 가장 큰 기쁨이
요, 영광이요,
29 아무것도 너희들이 나에게 줄 것이 없
으며 무엇으로도 내 마음이요, 내가
준 은혜에 보답할 수 없으며 내 마음
을 알 수 없으며 나를 기쁘게 할 수 없
음이니라.
30 남들이 쓰다 버린 그 꽃 한 송이면 어
떠하며, 남의 묘지에 버린 꽃이면 어
떠하며, 장례 때 쓰는 꽃이면 어떠하
며, 그저 화려한 행사장에서 버리는
꽃 한 송이면 어떠하더냐?
31 먼지를 털고 씻어서 나에게 바치는 그
마음이 나에게 가장 기쁜 마음이니,
그리 살라 전하라.
32 그것이 내가 바라는 것이며 그를 위해
나 여호와가 오늘의 이 어렵고 힘든
길에 너를 달구고 가는 것임을 전하
라.

9,205 번째 하나님 말씀

2004년 1월 17일 07시 42분

1 사랑하는 나의 아들아!
2 "네, 아버님! 말씀하옵소서."
3 수단과 방법을 가리지 아니하고 너희
들이 긁어모은 재산이요, 쉽게 거둬들
인 그 방법, 사악한 방법으로써 남의
눈물을 흘리게 하고 너희들이 거둬들
인 그와 같은 재물로써 무엇을 만들어
나에게 바치면서 그것으로써 너희들
이 무엇인가를 얻고자 하는 그와 같은
행위를 하지 말라.
4 너희들이 그와 같은 것으로써 무엇을
만들어 나에게 바치는 그 모두는 육의
세상에서 너희들이 눈으로 보기에는
아름답고 귀하고 소중하며 경탄을 금
치 못하나,
5 창조주 나 여호와가 바라보는 내 눈에
는 모두가 다 썩은 것이요, 벌레 같은
것이요, 벌레가 우글거리는 그와 같은
형상으로 보임이니,
6 너희들이 그저 수단과 방법을 가리지
않고 거둬들이고 역사한 그와 같은 재
물을 가지고 나에게 무엇을 바치면서
무엇을 얻고자 하며, 거둬들이는 그와
같은 짓을 하지 말라.
7 그리 바치는 모든 재물이 그저 흉물스
러운 벌레요, 내가 보기도 싫은 그와
같은 벌레로 나에게 보임이니, 그와
같은 짓으로써 나에게 구원을 받고자
하는 그와 같은 일을 하지 말라.
8 나 여호와는 그와 같은 것을 원하지도
아니하며 그를 보지도 아니하며, 더욱
이 내가 받아들이며 내가 챙기며 너희

들이 말한 하늘의 창고에 쌓지도 아니
함이니,
9 그 더럽고 더러운 벌레들을 너희들이
나에게 바친다 하여 울고불고 소리 지
르며 광란의 짓을 하지 말라.
10 나는 다만 지금 나의 아들딸, 나의 아
들을 따르는 그들이 변하고자 하는 아
름다움이요, 변해져 가는 그들의 모습
처럼, 그리고 변하기 위해 노력하는
그 모든 것이 아름다운 꽃이요, 나에
게 가장 소중한 것이니라.
11 오늘의 변화의 삶을 살기 위하여 나의
아들을 따르는 제자들이요, 나의 법전
을 읽고 깨우친 백성들이 살아가는 그
모습이 인간으로서 바라볼 때 눈물겹
도록 변하니,
12 너희들은 눈물을 흘리는 노력으로써
그리하나, 나 여호와가 그를 바라보는
것은 내 눈에서 피눈물이 나오는 것보
다도 나에게 더 소중하고 귀하고 기쁜
것임을 너희들은 알라.
13 이제 나의 아들을 따르는 소중한 너희
들은 알라.
14 그와 같은 나의 뜻을 알았다면 만백성
에게 나의 뜻을 전하며,
15 내가 원하는 나의 기쁨이 무엇인가를,
너희가 눈물을 흘리며 눈물겹도록 노
력하며 살아오는 변화되는 그 모습은
나 여호와의 눈에서 피눈물이 나는 것
보다도 더 귀하고 소중한 것이 너희들
이 그와 같이 살아가는 것이니,
16 내가 너희들을 얼마나 사랑하며 얼마
나 소중히 생각하며, 얼마나 너희들이
나에게 올 수 있도록 내가 역사하고자
하는 것이며 바라는 마음인가 만백성
에게 그리 전하라.
17 그리고 너희들은 그리 살라, 그 마음
을 버리지 말고 살라.
18 내가 뭐라 말하였더냐?
19 죽음의 묘지 앞에 바친 꽃이요, 그저
죽음의 성전에 바친 꽃이라 하여 그리
고 버려진 꽃이라 하여 모든 행사장에
쓰다 짓밟는 꽃이요, 누구도 쳐다보지
않는 그 꽃이라도,
20 그것을 깨끗이 씻어 아름답고 고운 마
음으로 거래하는 마음 없이 나에게 바
치는 그 마음이 나에게 소중하다는 것
이 내 뜻이니,
21 이는 하늘의 나는 바랄 것이 없으며
원할 것이 없으며, 오로지 너희들이
눈물겹도록 노력하여 변하는 그 마음,
그것만이 나의 소중함이니, 이 뜻을
너희들은 이루어 줄 수는 없겠느냐?
22 이 뜻을 이루고 따르고 역사하는 것은
오로지 나의 아들을 따르는 제자 너희
들밖에 없음이니, 내가 너희들 보기를
그리 사랑하느니라.
23 너희들이 바람에 꺼지는 촛불일까, 물
에 쏟아져 꺼지는 촛불일까 하여 그
모두를 보호하기 위해 내 가슴에 안고
있는 나의 아들을 따르는 제자 너희들
이거늘,
24 어찌하여 그 은혜요, 감사함을 모르며
너희들이 서로 시시비비하며, 재물을
놓고 따지며,
25 나의 성전에서 옳고 그름을 시비하며,
나의 아들 앞에서 너희들의 옳고 그름
을 시시비비하며, 얼굴을 붉히며, 서
로의 단점을 찾아내며, 서로의 약점을
찾아내며 감히 그와 같은 말을 할 수

있단 말이더냐?
26 아이를 처음 낳아 끌어안고 있는 그
어미보다도 더 소중하고 아름다운 모
습으로써 나의 아들을 따르는 제자 너
희들을 다 품고 있음을 알라.
27 이것이 내 마음이요, 내 뜻이며 내 모
습임을 내가 오늘 나의 아들을 통하여
너희들에게 전함이니,
28 그래도 너희들이 눈물겹도록 노력하
기에 그 상으로 너희들이 나에게 와
있음을 전함이니 그리 알라, 사랑하는
나의 아들딸들아!

9,206 번째 하나님 말씀

2004년 1월 17일 07시 48분

1 사랑하는 나의 아들아!
2 "네, 아버님! 말씀하옵소서."
3 내가 너에게 무엇을 가르쳤더냐?
4 모세가 역사한 그 모두도 그와 같이
내가 역사하는 것은 내 고통이라 하였
음이니라.
5 내가 그와 같은 고통을 겪고 견디지
아니하면 너희들을 깨우칠 수 없으며
바로 세울 수 없었기 때문이니라.
6 나의 아들 예수의 모든 기적의 역사는
또 무엇이더냐?
7 그것 또한 내가 그와 같이 하지 아니
하면 그 어리석고 불쌍한 백성을 깨우
칠 수 없으며 그를 해결하고 헤어날
수 없기 때문에 나 여호와가 고통스럽
게 역사했다 하지 아니하였느냐?
8 너희들은 이제 들어야 될 것이니라.
9 내가 나의 아들을 통하여 너희들에게
명하느니라.
10 너희들에게 어찌 살라 명하며, 그리고
내가 너희들을 내 가슴에 안고 있음이
니, 하늘의 비밀이요, 천기를 내가 하
나씩 너희들에게 내려 줄 때,
11 그는 너희들이 바로 서지 못하며 바로
깨우치지 못하기 때문에 내가 내림이
니, 결국 이것은 무엇인 줄 알겠느냐?
12 너희들이 나로부터 받을 상을 하나씩
하나씩 너희들에게서 떼어 버리는 것
임을 알라.
13 너희들이 정녕 하나가 되지 못하며 아
름답게 변하지 못하며 내가 법전에 기
록한 내용대로 살지 아니하여, 내가
하늘의 비밀이요, 하늘의 천기를 더
깊은 것을 끌어내어 너희들에게 전하
고 가르친다면 이것은 무엇이더냐?
14 너희들이 반대의 입장에서 생각해 보
라.
15 나 여호와의 가슴이 미어지고 터짐을
알라.
16 내가 너희들에게 줄 수 있는 상은 백
개가 정해져 있음이니,
17 너희들이 깨우치지 못할 때, 내가 강
도 높은 하늘의 뜻을 너희들에게 전할
때마다 백 가지의 상 중에서 하나씩
떨어져 나가는 것이니,
18 그와 같이 떨어져 나가다 보면, 너희
들이 나의 아들을 따르며 나의 법전을
이고 지고 만백성에게 전하는 역사를
했으며 모두를 만들어 세상에 전했다
해도,
19 너희들이 나에게 왔을 때는 받을 수
있는 백 개의 상이 다 무산되었음이
니, 아무것도 없음이니,
20 그때 그 소중하고 귀했던 내 가슴에

안고 있던 나의 아들딸들을 내가 사탄
에게 놔줘야 하며, 지옥으로 가는 길
에 너희들을 놔줘야 되는 내 아픈 가
슴을 알겠느냐?
21 이와 같은 의미를 안다면 너희들이 하
늘의 뜻의 무섭고 깊은 것을 알고,
22 너희를 위하여 무엇을 지키라, 무엇을
행하라 하며, 내가 너희들의 이름을
어찌 놓았으며 내가 너희들을 어찌 가
슴에 안고 있다 하는 이와 같은 것을
꺼내서 너희들에게 전하는 일이 없도
록 그리하라.
23 그럴 때마다 너희들이 받을 수 있는
상을 하나 둘 버리며 너희에게서 떠나
게 된다는 그 무서운 사실을 알라.
24 그걸 다 버리고 떠나 보내고 벗겨 버
린 다음에 너희가 나에게 받을 것이
무엇이 있겠느냐?
25 결국 너희들은 나를 알지 못하고, 내
가 너희들을 모른다 할 것이니,
26 내 가슴에 안고 있는 나의 아들딸들을
내가 모른다 하며 버릴 때, 그 마음이
어떻겠는가?
27 열 달 동안 잉태해 낳은 그 자식을 버
려야 되는 마음, 그를 놓아야 되는 마
음이라면 그 마음의 아픔이 어떨 것인
가?
28 그보다 천만 배 더한 것이 나이니라.
29 영원히 사는 세상에서 거듭나는 은혜
와 축복을 받을 수 있는 너희들이 그
걸 받지 못하며 버림받는 그와 같은
백성이니,
30 내 마음을 안다면 너희들은 하늘을 향
하여 한 점의 부끄럼이 없는 오늘의
삶을 지금서부터 살도록 그리하라.
31 더 이상 내가 너희들에게서 상을 뺏는
일이 없도록 하라.
32 나는 상을 내려 주고 싶은 것이지, 거
둬들이고 싶지 않은 것이 나 여호와의
뜻이니라.

9,207 번째 하나님 말씀

2004년 1월 17일 07시 55분

1 사랑하는 나의 아들아!
2 "네, 아버님! 말씀하옵소서."
3 잡석으로 보이는 나의 백성이 하루에
하나씩 깨달아 고쳐 나가 귀한 보석이
요, 진주로 변화되는 그와 같은 삶을
사는 것이 나에게 오르는 길이요,
4 그리하여 너희들은 모두를 지킨다 못
지킨다 시시비비하지 말라 하지 아니
하였더냐?
5 잡석이 귀한 진주와 보석으로 바뀌는
것처럼, 내가 백 마리의 양보다 한 마
리의 잃어버린 양이 소중하다고 한 바
로 그와 같은 의미를 알겠느냐?
6 탕자가 돌아오는 것보다 더한 기쁨이
없다는 의미이니라.
7 방탕한 탕자가 거듭나 나의 아들딸로
서 변화되는 그것이 나에게 가장 큰
기쁨이요, 나에게 행복이라 함이니라.
8 나 여호와가 너희들에게 뭐라 말하였
느냐?
9 내가 버려진 자, 또 잃어버린 자 중에
돌아온 자, 그는 절대 나를 버리지 아
니하며 나를 떠나지 아니하는 그와 같
은 백성으로 거듭난다 하지 아니하였
더냐?
10 그러니 내가 잃어버린 양 한 마리가

백 마리의 양보다 더 소중하다는 것
은, 너희들이 그와 같이 변하는 삶을
사는 것, 그와 같이 변화되어 나의 백
성으로 돌아오는 그것이 내가 바라는
것이며 나의 가장 큰 기쁨임을 너희들
은 알아야 될 것이니라.
11 무엇과도 바꿀 수 없는 나의 기쁨은,
잃어버린 양이 다시 돌아와 절대 떠나
지 아니하며 그 무리 속에서 절대로
흩어지지 아니하는 그와 같은 양이 되
듯이,
12 바로 잡석이 금과 은이요, 보석으로
변화된 그와 같은 마음은 절대 변하지
아니하며 나에게 등 돌리지 아니하며
나를 버리지 아니함이니라.
13 그러니 탕자로 살았던 나의 아들딸들
이 귀히 쓰이는 백성으로서 변화되었
을 때, 그는 어떠한 삶을 살며 어떠한
지도자가 되겠느냐?
14 너희들이 잡석이었던 삶을 거울삼아
서 오늘에 귀한 보석으로 변한 그와
같은 깨달음의 삶이요, 그 모두를 너
희들이 그저 가르칠 수 있음이니,
15 아래에서 위까지 모두를 가르치고 깨
우쳐 주는 그와 같은 위대한 스승으로
거듭날 수 있으며, 그는 또 내가 더 귀
히 씀을 너희들은 알라.
16 그러니 탕자로 떠돌던 그 백성이 깨우
쳐 돌아오는 기쁨보다도 더함이 없는
것이니, 그리하여 내가 한 마리의 잃
어버린 양이 백 마리의 양보다도 더
소중하고 귀하다는 그 의미를 다시 한
번 깨우치라.
17 오늘의 잡석과 같은 백성이요, 잡석과
같은 죄 속에서 살아가는 너희들이 소
중하고 귀한 금과 은과 보화요, 진주
로서 변하는 것, 그것이 나에게 가장
큰 기쁨이요, 그는 절대 변하지 아니
함이니,
18 이제 길 잃어 헤매는 그 양이 무리 속
에서 혼자 떠나지 아니하고 변하지 아
니하고 배신하지 않는 그와 같은 자가
될 수 있기 때문에 그 뜻을 다시 한 번
전함이니 그리 알라.

9,208 번째 하나님 말씀

2004년 1월 17일 08시 03분

1 사랑하는 나의 아들아!
2 "네, 아버님! 말씀하옵소서."
3 나의 모든 백성은 생각하는 것을 말하
고 또 모든 의사표시를 정확히 하며
살아갈 수 있는 너희들이 아니더냐?
4 너희들이 의사표시를 하며 말을 하고
살아가는 것을 아름답고 고운 말을 할
수도 있으며 또는 남이 들어서 불쾌하
며 살인을 하는 그와 같은 말도 할 수
있는 것이 나의 피조물 만백성 너희들
이 생각하고 말하는 것이니라.
5 그러니 너희들이 살아갈 때 그 모든
기준이요, 근본이 어디에 있는가?
6 너희들이 아름다운 말을 하거나 남을
불쾌하게 하고 남을 욕되게 하며 또한
살인하며 전쟁을 하게 되는 그와 같은
모든 표현은 너희들의 생각과 말이 그
모두를 역사하는 것이니,
7 얼마나 무서운 결과를 가져오는 것이
말이더냐?
8 그러니 그 말의 기준이요, 근본이 어
디에 있느냐?

9 그 모두는 나의 십계명이요, 지금 내
가 내리는 나의 법전 속에서 기준을
삼고 살아야 됨을 절대 잊지 말라.
10 너희들이 생각하고 말하는 것은 천태
만상으로서, 아름다운 역사를 이룰 수
있는가 하면,
11 전쟁을 유발하여 많은 백성의 생명을
앗아 가고 이 지상을 파괴할 수 있는
것이 말로써 이루어지는 것이 아니더
냐?
12 그러니 그 말이 얼마나 귀하고 소중하
던가?
13 그러니 너희들의 생각과 말의 기준이
요, 근본이 무엇인 줄 알겠느냐?
14 십계명을 바탕에 깔고 역사해야 될 것
이며, 이제는 나의 법전을 너희들이
가슴에 안고 정독해 깨우쳐 그 모두를
바탕으로 생각하고 말을 한다면,
15 전쟁이요, 죽이고 살리며 그리고 남을
불쾌하게 하며 남의 감정을 유발시키
는 이와 같은 말을 할 수 없는 것이기
때문에 십계명이 중요하다 함을 너희
들은 알겠느냐?
16 너희들은 그저 십계명을 지키고 못 지
키는 그것으로써 생각하지 말라.
17 나의 아들을 따르는 제자 너희들은 이
제 한 단계 더 올라서야 됨이니, 그 십
계명의 의미는 무엇이더냐?
18 너희들의 생각과 말과 행하는 그 모두
가 말로써 전해짐이니, 그 말을 다스
리고 통제하는 기본이 바로 십계명이
니라.
19 그 십계명대로 지키고 산다면 너희들
은 남을 불쾌하게 하며 전쟁을 일으키
며 남의 생명을 그저 초개 같이 죽이
는 사악한 짓은 우두머리라 해도 행하
지 아니하는 것이니,
20 그리하여 그 십계명의 의미가 거기에
있으며, 그 소중함을 만백성에게 전하
라.
21 이것 하나 깨우치지 못하는 것이 오늘
의 종교 집단이요, 지도자이니, 성경
의 열쇠를 열지 못하며 그 안의 문을
열지 못했다 함이니라.
22 이제 나의 아들을 따르는 제자들이요,
그리고 이를 깨우치는 백성 너희들은
그렇지 않더냐?
23 나의 법전을 바탕으로 깔고 살아감이
니, 생각이요, 말을 함부로 할 수 있겠
더냐?
24 그리고 너희들이 전쟁을 할 수 있으
며, 너희들이 우두머리요, 지도자가
되었다 해서 너희들의 이익을 위해 남
을 짓밟는 그와 같은 말을 함부로 하
여 명을 내리고 행할 수 있겠느냐?
25 이것을 바로잡고 이것을 통제하는 것
이 십계명이요, 밑에 깔려 있는 가장
위대한 것이니라.
26 그러니 그를 가지고 지키고 못 지키는
것이 아니요, 그를 지키고 못 지킴으
로 인하여 거기에서 나오는 생각과 말
이 얼마나 무서운 결과를 낳는지 아느
냐?
27 그를 지키는 자는 아름다운 생각이요,
아름다운 말을 할 것이며, 지키지 아
니하면 만백성을 죽이는 짓을 역사함
이니,
28 그래서 십계명이 소중하다는 것을 어
느 종교 지도자가 알고 있나 물어보도
록 그리하라.

29 종교 지도자는 이를 가르치며 이 뜻을
알아야 되며 이를 행하고 살아가며 모
범을 보이는 것이 저희들이 가야 하는
길이나,
30 오늘의 종교 집단과 지도자, 그리고
광분하는 광신도들은 무엇을 하느냐?
31 입을 열기만 하면 거짓말하는 자요,
그저 재물을 긁어모으는 자에게 그저
긁어다 바치는 데만 혈안이 되어 있느
니라.
32 십계명이 말의 근본이요, 생각의 근본
이니, 그 근본을 지키지 아니할 때 이
세상을 뒤덮어 지구가 깨지며 멸망의
역사를 이루는 그 무서운 것을 통제할
수 있으며 그 마음을 자제할 수 있으
며 억제하고 다스릴 수 있는 것이 십
계명이요, 나의 법전이 160권으로 내
려온 뜻임을 아는 자가 세상에 있느냐?
33 그러니 아무것도 모르는 자들이라 함
을 저희들은 모르고 있음이니라.
34 이제 내가 나의 아들을 통하여, 그 제
자들의 입을 통하여 가르치는 역사함
을 너희들이 안다면, 과연 나의 법전
이 나 여호와의 뜻이요, 너희들이 생
명을 바쳐 역사할 수 있는 길이 여기
있다는 것을 부정할 수 있겠느냐?
35 나의 백성을 인도하고 가르친다 말하
면서 그들은 지옥으로 이끌어 가며,
아무것도 모르는 자가 모르고 가르침
이니, 앞을 모르는 자가 아는 체하고
백성을 이끌고 가며,
36 앞을 보지 못하는 자가 앞을 보는 자
를 인도하고 따라가니, 낭떠러지요,
계곡으로 끌고 가 그와 같이 험악한
꼴을 당하는 것은 당연한 것이니, 그
이치를 깨우쳐 전하도록 하라, 사랑하
는 나의 아들딸들아!

9,209 번째 하나님 말씀

2004년 1월 18일 07시 08분

1 사랑하는 나의 아들아!
2 "네, 아버님! 말씀하옵소서."
3 네가 나의 복음을 전하며, 너희들이
가는 참진리의 길이요, 그는 무엇이
다르다 하였느냐?
4 참진리의 길이라는 것은 부서지지 아
니하며 깨지지 아니하며 영원히 존재
함이니라.
5 그리하여 너희들이 복음이요, 교회요,
성당이요, 모든 성전이요, 법당이라는
것은 너희들의 가슴속에 짓는 것이며,
네 마음에 있는 것이라 그리 말하였느
니라.
6 부서지지 아니하고 깨지지 아니하며
영원히 존재하는 곳에 그리 내가 두라
하였음이니,
7 너를 따르는 제자들은 육의 세상에 사
는 삶을 돌이켜 보라 그리 말하라.
8 너희들이 살다가 육을 가지고 있는 백
성이 정녕 죽음이라는 선을 넘지 않는
백성이 있는가?
9 죽음이라는 것은 바로 무엇이더냐?
10 너희들의 손으로 지은 교회요, 성당이
요, 법당처럼 언젠가는 부서지고 무너
지고 깨지는 그와 같은 것과 무엇이
다르더냐?
11 너희들은 결코 죽음의 선을 넘지 아니
할 수가 없으며, 그러니 그 죽음의 선
을 넘는 건 무엇이더냐?

12 너희들의 육은 깨지고 부서지며 종말
이 있는 것이 아니더냐?
13 그러니 어리석게도 너희들은 깨지고
부서지는 종말이 있는 것을 위하여,
끝이 있는 것을 위하여 모두를 바치고
살아가는 데 혈안이 되어, 부서지지
않고 영원히 사는 그 삶의 세계를 보
지 못함이니,
14 이것이 나 여호와의 안타까운 마음임
을 너희들은 알겠느냐?
15 그리하여 너희들의 그 모든 믿음을 부
서지지 않는 네 가슴에 심고자 하는
것이니라.
16 부서지고 깨지는 그 육을 위하여, 또
머지않아 종말이요, 끝이 보이는 그와
같은 것을 위하여 모두를 바치고 사는
어리석은 나의 백성이 되지 말라 함이
니,
17 이와 같은 뜻을 너의 제자들을 통하여
만백성에게 그리 깨우쳐 주고 전하도
록 하라.
18 그것이 무엇이 다른가?
19 그러니 너희들은 부서지고 깨지는 육
의 보이는 삶을 위하여 살지 말며,
20 보이지 않는 영원히 사는 그 미래를
위하여 다음의 세상을 보는 그와 같은
안목이요, 깨달음을 갖고 살라는 것이
나 여호와가 너희들에게 바라는 뜻이
라는 것을 깨우치고 생각했으면,
21 그와 같은 것을 네 이웃에게 깨우쳐
그들도 그와 같은 깨달음을 얻도록 그
리하라, 사랑하는 나의 아들딸들아

9,210 번째 하나님 말씀

2004년 1월 18일 07시 17분

1 사랑하는 나의 아들아!
2 "네, 아버님! 말씀하옵소서."
3 너를 따르는 제자들이요, 나의 법전을
읽고 깨우친 만백성 너희들은 알아야
하느니라.
4 나의 길이라 하여 세상의 모든 진리
요, 나에게 올 수 있는 길이요, 그 모
두는 세상에 이미 다 내려 주었으며
내려보내져 있음이니라.
5 그러니 너희들이 일상생활을 살아가
면서 나의 뜻을 위하여 행하고 살고자
하는 백성은 내가 미리 내려보낸 진리
의 뜻의 깨달음을 얻을 것이요, 나에
게 오는 길을 볼 수 있는 것이거늘,
6 너희들은 자신의 마음을 열지 못하여
내가 세상에 내려보낸 참진리요, 나에
게 오르는 모두를 눈이 있어도 보지
못하며 귀가 있어도 듣지 못하는 어리
석은 백성으로 되어 있음이니,
7 욕심의 근원을 버리고 마음을 열면 이
세상에 내가 미리 다 내려보낸 모든
진리를 깨닫고 보는 것이 너희들임을
알게 될 것이니라.
8 그리하여 그 모두를 나의 법전이라 하
여 내가 새로운 성경으로 내려보내는
그 역사는, 너희들이 그를 깨닫지 못
하며 그를 보지 못하며 스스로 구하여
그걸 네 것으로 만들지 못하기에,
9 지금 내가 너희들이 읽고 깨우칠 수
있도록 하여 세상에 내려져 있는 참진
리요, 하늘에 오르는 길의 모두를 새
로운 성경이요, 나의 법전이라 하여

나의 아들을 통하여 역사함이 여기 있
음을 너희들은 알아야 될 것이니라.
10 그러니 지금 나의 법전을 읽고 깨우친
선택된 너희들은 나로부터 직접 깨우
침을 받음이니, 너희가 스스로 변화된
다면 곧 그는 나의 백성이요, 너희들
이 나의 백성이 되는 것이며,
11 나의 백성이 된 자, 또한 너희들은 하
늘의 이치를 아니, 만백성을 구하는
것으로 되돌려주는 역사요,
12 반복되고 또 반복되는 그 순환 속에서
내가 천 년에 걸쳐서 지상의 낙원을
여기에 이루고자 하는 것임을 너희들
은 알아야 될 것이니라.
13 너희들은 선이 무엇이고 악이 무엇이
냐 그 자체를 결국 구분하지 못하는
것이니라.
14 지금 나의 피조물 만백성을 가르친다
는 종교 집단이요, 지도자 너희들은
선이 무엇이며 악이 무엇인가 그를 깨
우쳐 주며 구분할 수 있는 능력을 길
러 주는 것이면 너희들은 모든 직분을
다 역사했다 할 수 있는 것이니라.
15 그리하여 나의 피조물 만백성이 그를
듣고 배우고 깨우쳐, 제가 어떻게 변
화되어야 하며 하늘에 오르는 길을
따라오고 안 오는 것은 저 자신에게
달렸다는 것을 알아야 될 것이니라.
16 그러니 지금의 모든 종교 집단에 그저
한번 걸려들면 평생을 그 백성을 가지
고 우롱하고, 그와 같은 자들을 데리
고 종과 노비처럼 부리고 살아가는 것
이 너희들이 아니더냐?
17 모든 종교 집단의 지도자요, 그리고
나의 아들을 따르는 지도자, 그리고
법전을 읽고 깨우친 만백성 너희들이
선이 무엇이고 악이 무엇인지 이와 같
이 구분할 수 있는 그 능력 하나만 가
르쳐 주고 깨우쳐 주면,
18 그들이 선을 선택하여 살아간다면 선
은 선의 씨앗을 낳게 됨이니, 그와 같
은 것을 깨우쳐 주는 것으로써 너희들
은 직분을 다하는 것이니라.
19 그와 같이 깨달음을 받은 백성이 제가
어찌 가느냐에 따라서 그건 스스로 자
기의 몫임이니,
20 그와 같은 깨달음을 전해 주는 것으로
써 나의 아들을 따르는 제자요, 나의
법전을 읽고 깨우친 만백성 너희들은
사명을 충분히 하였음이니라.
21 그러니 그때 너희들은 나로부터 큰 상
이 있으며 영광이 있는 것이니 그리
알라.
22 너희들이 한 번 만나 너희들과 인연을
맺은 것으로써 평생 그들을 데리고 가
르친다 하여 나의 백성으로부터 재물
을 갈취하며 떡과 생선을 거둬들이며
그들의 노력의 대가를 거저 거둬들이
는 그와 같은 행위를 하지 말도록 그
리하라.
23 다시 한 번 내가 전함이니라.
24 나의 아들을 따르는 제자들이요, 나의
법전을 읽고 깨우친 만백성, 그리고
지도자요, 선지자라 하여 나가서 가르
치는 그와 같은 명을 받게 된다면,
25 너희들은 악과 선을 구분하는 것을 깨
우쳐 주는 것으로써 최선을 다하도록
하라, 사랑하는 나의 아들딸들아!
26 지금의 종교 집단이요, 지도자요, 선
지자라 하면서 지금 나의 피조물 만백

성이 살아가는 자세보다도 못한 자들
이 나의 백성을 이끌어 간다 함이니,
27 그것이 지금 잘못되었음을 너희들은
알아야 될 것이니라.
28 선과 악을 저 자신이 구분하지 못하
며, 선을 선택하는 것이 무엇이며 그
행함이 무엇인가 모르는 자들이 지금
나의 백성을 가르치고 지도하고 인도
한다 하여,
29 그 결과는 나의 백성을 죽음의 길로
이끌어 가며 그들이 나의 백성을 지옥
으로 보내는 길잡이로서 지금 존재한
다는 것을 알아야 될 것이니라.
30 사랑하는 나의 아들딸들아, 너희들은
악과 선을 구분할 수 있는 것, 그리고
악을 버리고 선을 행하는 지혜, 그것
만 행하고 살아가면 될 것이며,
31 그리고 너희들을 만나는 후손이요, 후
배요, 그리고 너희들이 가르치는 자
들, 그 제자들에게 악과 선을 구분할
수 있는 지혜만 깨우쳐 주고 심어 주
도록 그리하라.
32 그리하면 너희들은 나에게 와 상을 받
을 수 있는 네 사명을 다함이니 그리
알라 전하라.

9,211 번째 하나님 말씀

2004년 1월 18일 07시 25분

1 사랑하는 나의 아들아!
2 "네, 아버님! 말씀하옵소서."
3 사탄이요, 거짓 선지자가 무엇이라 말
하느냐?
4 너희들은 알아야 될 것이니라.
5 저희들 입에 금화와 은화요, 그리고
생선과 떡을 물려 주는 자들 앞에서
말하기를 무어라 하느냐?
6 신도들 앞에서 그 지도자가 그리 말하
느니라.
7 금화와 은화를 저희 입에 물려 준 자
는 천사요, 그리고 구원받은 자요, 하
나님의 백성이요,
8 그리하여 온갖 중언부언하는 기도로
써 그들을 높이 칭찬하며 띄워 주기를
끝이 없이 그리 말하느니라.
9 너희들이 소위 '입에 침이 마르도록
칭찬한다.' 하는 말이 있듯이, 종교 집
단이요, 지도자들이 저희들의 입에 금
화와 은화요, 생선과 떡을 물려 주는
자를 칭찬함이 끝이 없는 것이니라.
10 그리고 그 칭찬 소리에 저희들이 흥분
되어 정녕 그와 같이 된 것처럼 착각
하는 것이 오늘의 광신하는 백성이요,
신도들이라는 걸 너희들이 알고 있느
냐?
11 금화와 은화를 바치는 자는 그리 칭송
하며, 그렇지 못한 백성에게 너희들은
어찌하는가?
12 그들의 마음을 삭막하게 하여 분열의
마음을 조장하며 사랑을 모르도록 하
며, 인간과 인간 사이에 이간질을 하
도록 그리 만들며, 나의 백성을 그와
같이 가르치는가 하면,
13 전쟁터에서 서로 죽이고 사는 그와 같
은 적과 같은 마음으로 돌변하게 만드
는 것이 너희들이니라.
14 그러나 종교 집단의 지도자 너희들은
그리 만든 적이 없으며, 금화와 은화
를 바치지 않는 자를 그와 같이 삭막
한 백성으로 만든 사실이 없다 그리

말할 것이니라.
15 그러나 너희들이 행한 행위가 그러하
니라.
16 너희들의 입에 금화와 은화를 물려 주
는 자는 중언부언 기도하여 입이 마르
도록 칭찬하며, 그렇지 않은 자들은
내치며 바라보지 아니함이니,
17 종교 집단이요, 사랑을 전하는 자들이
하는 행위를 보며 그와 같은 마음의
분노가 생긴다면 그들은 어떠한 일을
하겠느냐?
18 바로 사랑이 메마름이요, 분열하는 것
이요, 서로 믿지 못하며 이간질을 하
게 되는 것이며,
19 전쟁터에 나가는 적보다도 더 무너지
는 그와 같은 백성의 마음이 생김이
니, 그리 조장하고 그리 만드는 것이
너희들이라는 걸 알라.
20 그러니 생선이요, 금화와 은화를 입에
물려 주는 자와 물려 주지 않는 나의
백성을 너희들이 그리 차이를 둠이니,
21 너희들이 다 부질없는 재물이요, 부귀
영화를 위하여 거둬들이는 그와 같은
행위를 하는 마음이 아니면 절대 그리
할 수 없으며,
22 믿음이라는 것, 참진리요, 나에게 오
르는 길이요, 그것을 깨우치는 백성이
얼마나 소중하고 내가 사랑하는지를
아는 종교 집단의 지도자라면 감히 그
리하지 못하느니라.
23 너희들은 진리의 길을 가며 진리를 가
르치는 자가 재물이요, 금화와 은화
요, 그저 생선과 떡을 제 입에 물려 주
는 자만 입에 있는 침이 마르도록 칭
찬한다면, 그것이 진리를 연구하는 길
이요, 나의 백성을 육성하는 자들이더
냐?
24 이것이 오늘의 너희들이 가지고 있는
종교 집단이요, 신앙의 형태이니,
25 몇천 년 동안 흘러오는 오늘의 그 믿
음이 바로 무엇인 줄 알겠느냐?
26 어두운 밤길에서 길을 잃고 헤매는 백
성이요, 바로 너희들이 그와 같은 자
들이라 내가 나의 법전에 기록하여 전
함이니,
27 이와 같은 사실이 맞지 아니하며, 너
희 가슴에 와 닿는 것이 없으며, 부끄
럽고 추악한 모습이 너희들이라는 것
을 그래도 발견하지 못한다면, 너희들
은 그 입으로 나를 찾지 말도록 그리
하라.
28 이것이 나 여호와의 뜻이니라.
29 사랑하는 나의 아들딸 너희들은 나의
법전을 만들어 이와 같은 뜻을 세상에
전하여,
30 그들이 인간 세상에 살아가면서 가랑
비와 이슬비에 옷이 젖는 것처럼 하나
하나 매일 하나씩 깨닫고 또 깨달아,
31 그들이 그와 같은 깨달음이 몸에 배
어, 내가 말하였듯이, 저희도 모르는
사이에 죄 속에 사는 잡석과 같은 그
인간들이 보석이요, 귀한 진주로 변화
되는 그와 같은 삶을 살아가도록 하라
는 것이 나의 뜻이니,
32 이를 만들어 만백성에게 전하는 것이
너희들이 만백성을 구하는 것이요, 나
에게 가장 기쁨을 전하는 역사를 하는
나의 아들딸들이니,
33 그 상의 축복은 너희들이 감히 상상할
수 없을 것이니, 그를 버리지 말도록

하라, 사랑하는 나의 아들딸들아!
34 지금 모든 백성들은 살아가면서 금화와 은화요, 진주와 보석을 제 손에 놓고 보니 그걸 아름답게 볼 수 있느니라.
35 그러나 진주와 보석도 그 한계가 있으며 그 이상의 빛을 발할 수는 없느니라.
36 사랑하는 나의 아들을 따르는 제자 너희들은 들으라.
37 너희들이 나에게 얼마나 소중한 것인가?
38 너희들이 손을 펴 놓고 아무것도 없다 해도, 네 손에 아름다운 진주가 있다고 해도, 그 아름다운 진주의 빛은 상상하기에 달렸음이니라.
39 너희들의 손에 있는 것이 흑진주라면 흑진주밖에 보이지 아니하나,
40 너희들의 마음속으로 네 손에 진주를 놓고 보는 것은 그 색상이 말할 수없이 많으며 그 빛 또한 수없이 아름답게 발할 수 있으며 색상도 네 마음속에 그리는 대로 얼마든지 바꿔 그릴 수 있지 않으냐?
41 이제 나의 빛이 네 손에 내려와 네 손에 보이지 않는 그 진주요, 찬란한 빛을 보는 그와 같은 현명함을 갖도록 그리하라.
42 그와 같은 마음을 가지고 너희들이 살도록 하라.
43 그것만이 너희들이 모두를 얻고 너희들이 갈구하는 구원의 소원을 이룰 수 있는 것이며 하늘의 이치를 아는 것이니 그리 알라.
44 이제 너의 제자들에게 손을 펴 거기에 아름다운 진주요, 보석을 그리라 하라.
45 나 여호와가 거기에 빛을 내림이니, 그게 얼마나 찬란하고 아름다우냐?
46 너희들의 머릿속에 그리 그리는 마음을 가지고 살라.
47 아무리 아름다운 진주라도 그것은 한계가 있으며, 너희들의 마음속에 그리는 아름다운 진주보다 색채요, 빛이 더 곱고 아름다울 수는 없는 것이니 그 이치를 알라.

9,212 번째 하나님 말씀

2004년 1월 18일 07시 31분

1 사랑하는 나의 아들아!
2 "네, 아버님! 말씀하옵소서."
3 너를 따르며 나의 법전을 만들어 더불어 가는 그 제자들에게 내가 하나의 상을 내리고자 함이니, 이를 기록하여 그들에게 전하라.
4 사랑하는 나의 아들아! 너희들이 결혼식에 입고 들어가는 옷을 무엇이라 하느냐?
5 그 하얀 드레스요, 고운 드레스이니라.
6 그리고 행사장에 있는 그 드레스가 또한 얼마나 아름답고 곱더냐?
7 그러니 보통 사람들이 입는 아름다운 드레스로써 너희들이 그를 입고 그리 변화되는 모습을 한번 상상해 보라.
8 그러나 그 드레스를 만들어 입은 자가 소위 마귀할멈이 입는 그와 같은 옷의 형태로써 하얀 드레스를 맞춰 입고 걸어가는 그 모습을 상상해 보라.
9 아무리 곱고 아름다운 드레스라도 마귀할멈과 같은 형태로 드레스를 만들

어 입고 가는 모습이라면 과연 그를
어찌 보겠는가?
10 그것은 하얀 드레스에 예쁜 신부의 모
습이 아니라 무섭고 두려운 형태로써
보이지 않겠느냐?
11 아무리 아름답고 고운 천으로 예쁘게
드레스를 장식했다 해도, 마귀할멈과
같은 모습으로 입고 있다면 너희들은
소름이 끼칠 것이며, 그를 아름다운
신부라 볼 수 없지 않겠느냐?
12 이제 너를 따르는 제자들에게 그리 말
하라.
13 너희들이 마음이 변해지며 아름다워
지며 참진리요, 나 여호와의 뜻을 깨
우쳐 주되,
14 너희들이 깨우쳐 가는 그 모습이 곱고
아름다운 신부가 입은 그 드레스의 모
습으로 변해야 되겠는가, 그렇지 아니
하면 마귀할멈이 드레스를 입고 있는
모습으로 변해야 되겠는가? 이는 귀
하고 중요함이니라.
15 그러니 이 의미가 무엇인 줄 알겠느냐?
16 너희들은 아름다운 신부가 입은 평범
하고 곱고 아름다운 그와 같은 드레스
를 입은 자로서 너희 마음이 그리 변
해야 되며 그리 깨우쳐 가야 됨이니,
17 너희들의 마음이 변하고 깨우쳤다 해
도 마귀할멈과 같은 드레스를 입은 모
습으로 변한다면 이것은 진정한 아름
다운 모습이 아니요, 나 여호와는 그
와 같은 모습을 보고 싶지 아니함이니
라.
18 그리하여 너희들의 마음속에 모두 진
심으로 변하여 아름다운 드레스를 입
은 여인의 모습으로서 거듭나기를 바
라니,
19 너희들이 마귀할멈과 같은 옷을 입고
이것이 드레스요, 천사의 날개요, 하
늘에 갈 것이라 하여 그와 같은 행위
로 걸어오지 말라.
20 그 모습이 얼마나 보기 역겨우며 얼마
나 흉한 모습인 줄 알겠느냐?
21 내가 이 귀한 말을 너희들에게 전함이
니, 이를 가슴에 깊이 새기라.
22 너희들이 어떤 드레스를 입은 마음으
로서 오늘 변화될 것인가?
23 변화되고 깨닫는다 해서 모두 아름다
운 드레스를 입은 모습이 아님이니,
그와 같은 의미를 너희 스스로 깨우쳐
가도록 그리하라, 사랑하는 나의 아들
딸들아!
24 그리고 선택된 나의 아들을 따르는 제
자들 너희들은 꼭 명심해야 될 것이니
라.
25 똑같은 천으로 아름답게 만들어 입었
다 해도, 어떠한 모습으로써 너희들이
만드느냐, 마귀할멈의 모습으로 만드
느냐, 곱고 아름다운 신부가 입은 순
수한 드레스 모습으로 만드느냐 하는
이것이 지금 너희들이 변하는 것이니,
이것은 무엇이더냐?
26 변하는 마음 자체도 너희들이 어찌 변
하며 어찌 가야 되는 것인가 알라 함
이니, 이 두려움을 너희들의 가슴속에
깊이 새겨 생활하도록 그리하라.

9,213 번째 하나님 말씀

2004년 1월 18일 07시 49분

1 사랑하는 나의 아들아!

2 **"네, 아버님! 말씀하옵소서."**
3 내가 너희들에게 말함이니, 너희는 진
정한 믿음이요, 진정한 변화의 길을
가도록 그리해야 되느니라.
4 나를 믿으며 나를 경배하며 나에게 오
르는 길을 온다는 백성들이 진정한 믿
음의 길이 아닌 것은 아무런 의미가
없으며 가치가 없음을 너희들은 알아
야 될 것이니라.
5 너희가 진정한 믿음의 길로 인도했으
며 지금의 종교 집단이나 지도자들이
바로 가르치고 바로 섰더라면,
6 지금과 같이 나의 백성이 이 아름다운
세상에 살면서 너희들이 서로 의지하
며, 어렵고 힘들 때 돕고, 슬플 때 같
이 울며, 즐거울 때 웃는 그와 같은 가
장 소중한 인간관계를 맺고,
7 사람을 무서워하지 아니하며, 사람을
만나는 것을 두려워하지 아니하는 그
와 같은 세상이 되었을 것이니라.
8 그리고 오늘과 같이 종말의 세상이요,
너희들이 살아가는 세상의 삶이 공포
요, 항상 허전하며 공허한 그와 같은
생활을 하지 아니하게 되었을 것이니
라.
9 그러나 그 모두는 바로 진정한 믿음이
요, 진정한 신앙의 길을 인도하는 자
가 없음이니,
10 제대로 깨우치고 배운 백성이 없기에,
너희들은 가장 소중한 인간을 두려워
하고 무서워하며, 너희 스스로 종말과
같은 세상이라며 공포 분위기에서 하
루하루를 살아가는 것이 너희들이니
라.
11 너희들은 그렇지 아니하다 말할 것이
니라.
12 내가 오늘 종교 집단이요, 그리고 믿
지 않는 백성이라는 너희들에게 물어
보니, 너희들이 하루하루 사는 것이
얼마나 공포와 불안한 속에서 사는 줄
알겠느냐?
13 내가 보는 너희들은 전쟁터에서 적과
마주하고 앉아 서로 경계하며, 언제
적으로부터 공격을 받을지 언제 적의
화살에 생명을 잃을지 모르는 그와 같
은 불안과 공포의 마음보다도 더한 그
속에서 삶이니,
14 이는 너희들이 365일 평생 죽을 때까
지 공포를 느끼는 것이니라.
15 전쟁의 공포는 순간인 것이니, 그리고
거기에는 결과에 따라서 너희들이 그
를 잊고 또한 거기에서 벗어날 수 있
으나,
16 오늘의 삶은 너희들이 죽음으로 마칠
때까지 그 모든 공포와 공허함 속에서
살아가는 것이니,
17 이것이 오늘의 종교 집단이요, 지도자
요, 맹종 맹신하는 그 신도라는 자들
이 진정한 믿음의 길을 모르고 믿어
왔기 때문에 그러함을 알라.
18 내가 너희들에게 무어라 말하였느냐?
19 십계명이라는 것을 너희들이 지키고
사는 것보다도 더 중요한 것이 무어라
하였느냐?
20 그 십계명이 너희들의 마음을 다스릴
수 있는 기본이요, 근본이기에, 십계
명대로 지키고 살려는 백성은 말로써
전쟁을 이루지 아니하며, 사악한 생각
으로써 서로 죽이고 사는 그와 같은
세상을 만들지 아니할 수 있으며,

21 전쟁을 일으킬 수 있는 마음을 다스리며, 많은 생명을 잃을 수 있는 그와 같은 것을 계획하지 아니하며, 너희들이 악한 마음을 바로잡을 수 있는 것이 십계명이 위대한 것이라 내가 말하지 아니하였더냐?

22 너희들이 그와 같이 잘못 가르치고 잘못했기 때문에 나의 계명을 저버렸으며, 그리하여 오늘의 삶이 공포와 공허함 속에서 벗어나지 못하는 것이 너희들의 삶이라는 것을 알아야 될 것이니라.

23 그리하여 너희가 잘못 알고 잘못 가르쳐 온 이 세상을 지금 누가 지배하느냐?

24 선함이요, 아름다움이요, 천사와 같은 자가 세상을 지배하는 것이 아니라, 악의 축들이 세상을 지배하고 있음을 알라.

25 그러니 악의 죄요, 그 죄의 썩은 냄새요, 타락하여 변질된 냄새가 세상을 덮고 하늘을 오염시키는 그와 같은 형국이 되어 버렸다 하였음을 너희들은 알아야 될 것이니라.

26 그러니 이와 같은 형국을 내가 더 이상 바라볼 수 없으며 더 이상 놔둘 수 없어,

27 내가 지금 나의 아들을 통하여 그 선택된 제자들로 하여금 오늘의 어렵고 힘든 그 길을 가며 나의 법전을 만백성에게 전하고자 하는 것이 나의 뜻임이니라.

28 이 법전이 다 세상에 전해졌을 때, 또한 그들이 진심으로 회개하고 깨우쳐 변화되는 길에 들어설 수 있다면,

29 너희가 살아가는 길에 나로부터 명반음을 다 충실히 역사한 것이니, 또한 너희들이 그 상을 감당하기 어려울 것이니라.

30 그러나 너희들은 알라, 지금과 같이 더럽고 추한 형태에서 절대 나에게 오를 수 없으며 나에게 오르는 길도 볼 수 없음이니,

31 모든 백성은 나의 법전을 읽고 너희 자신이 정화되고 또 정화되어 구원을 받는 그 길을 가도록 그리하라.

32 그것이 아니면 정녕 너희들은 구원을 받을 수 없다는 것을 전하라.

33 그러니 너희들이 진실된 마음이요, 진실된 신앙의 길을 가지 아니하면 아니되느니라.

34 지금의 모든 믿음의 길을 가고 있는 백성 너희들 스스로 80퍼센트요, 90퍼센트가 진실한 믿음이 아니요, 믿을 자가 없다 말하지 않느냐?

35 그것은 거래하는 마음이요, 형식적인 마음이요,

36 또한, 썩은 종교 집단 속에 들어가서 너희 자신이 무엇인가 얻어먹을 것이 있는가, 거기서 무엇인가 이룰 수 있는가, 그와 같은 생각으로 그 집단이요, 방대한 조직을 보고 발을 들여놓은 자들이니,

37 너희들의 80퍼센트요, 90퍼센트가 그리 이루어지지도 아니하며 얻어짐도 없음이니, 되려 너희들이 빠져 버린 형국이 되었음이니라.

38 그러니 그 형국에서 너희들이 얼마나 공포와 불안한 것으로써 살아간단 말이더냐?

39 스스로 너희들이 자초한 것이니, 너희 스스로 그 모두를 만드는 것임을 알아야 될 것이니라.

40 이제라도 진정한 믿음이요, 참진리요, 깨우침을 얻는 데 모두를 다 바치는 그와 같은 마음으로 변화되도록 해야 되는 것이 신도요, 나의 만백성이 가야 할 길이니라.

41 아직도 거기서 무엇인가 얻을 것이며 무엇인가 얻어먹을 것이라 생각하는 그와 같은 마음으로 너희들이 믿음의 길을 간다면, 그는 진정한 믿음이 아니요, 진정한 신앙생활이 아니지 않더냐?

42 그러니 너희들이 인간을 무서워하며 종말의 세상이요, 공포와 공허 속에서 벗어날 수 없는 너희들이 되어 있음을 알라.

43 모두는 너희 스스로 자초한 것이며 만든 것이라는 것을 잊지 말라, 사랑하는 나의 아들딸들아!

44 그들을 깨우치라, 그 불쌍하고 가련한 백성을 깨우치는 것은 너희 스스로 어찌해야 되는지 알 것이니, 나 여호와가 더 이상 언급하고 싶지 아니하느니라, 사랑하는 나의 아들딸들아!

45 너희들만 믿으며, 너희들이 있기에 내가 재앙으로써 세상을 다스리지 아니하며 손을 놓지 아니함을 알라.

46 나 여호와의 분노함을 너희들은 모를 것이니라.

47 내가 나의 아들을 통하여 나의 성령이요, 나의 법전을 내리는 것을 무엇이라 하였느냐?

48 나의 가슴의 모두를 태워서 내가 마지막으로 내리는 것이라 하였음이니, 그 가슴이 얼마나 고통스럽고 저려 오는지 알겠느냐?

49 그러나 내가 너희들이 있기에 다시 한 번 참으며, 너희들이 있기 때문에 나의 분노를 내가 스스로 다스리고 있음을 알라.

50 너희들이 은혜를 모르는 것으로써 너희들이 나를 배신하고 등 돌렸다 할 수 있겠느냐?

51 너희들은 내가 내린 모든 은혜 속에 살면서 내 뜻을 거역하며 사악한 인간의 형태로, 더는 볼 수 없는 추하고 더러운 마음으로 변하며, 얼마나 욕심으로 차 있는지 알겠느냐?

52 그러니 내가 손을 댈 수 없으며 내가 너희들을 다스릴 수 없을 지경이라 함을 믿겠느냐?

53 그리하여 나의 성령이요, 근거할 수 있는 책으로 내려보냄이니라.

54 너희들은 만지고 들어도 의심하며 봐도 의심하는 자들이니, 이는 다 욕심이요, 사악한 마음 때문에 그러니, 어찌하겠느냐?

55 나의 법전을 만들어 너희들 손에 쥐여 주는 길밖에 없음이니라.

9,214 번째 하나님 말씀

2004년 1월 18일 07시 55분

1 사랑하는 나의 아들아!

2 "네, 아버님! 말씀하옵소서."

3 너의 제자들은 항상 긴장 속에서, 변화되는 그 삶 속에서 살아가지 아니하면 아니 되느니라.

4 나 여호와가 이 세상에 수천 년 동안
흘러오는 그 믿음이요, 그 모든 백성
들이 잘못 가고 잘못 흘러간다 그리
말하지 아니하였더냐?
5 그것은 무엇을 의미하느냐?
6 진정한 종교 집단이요, 지도자요, 백
성이 없었기 때문이요, 선하고 아름다
운 그 길을 볼 수 있는 백성이 없었기
때문이니라.
7 그것이 바로 무엇이더냐?
8 그들이 긴장을 풀고 살기 때문이니라.
9 이 세상에 많은 지도자요, 제사장이
요, 선지자가 내려갔었음이니라.
10 그러나 그들이 어찌하여 다 무너진 줄
알겠느냐?
11 저희들이 긴장하는 삶이요, 긴장한 삶
속에서 저희 마음을 풀 때 사탄이요,
사악한 자의 유혹에 의하여 그들이 무
너지고 다 쓰러졌던 것을 너희들은 알
아야 될 것이니라.
12 그러니 나의 아들을 따르는 제자들이
요, 선택된 너희들은 마지막 이 세상
에 존재하는 만백성을 구원하는 전사
이니,
13 너희들이 스물 네 시간이요, 365일이
요, 평생 사는 삶의 정해진 테두리에
서 잠시도 긴장을 풀고 살아서는 아니
되느니라.
14 너희들이 긴장을 풀고 살았을 때는 너
희 입에서 나가는 말이 다를 것이니라.
15 너는 앞으로 간다 하려 했으나 뒤로
간다는 말이 나올 수 있는 것이 긴장
을 풀고 사는 자이니,
16 그와 같이 긴장을 풀고 사는 백성 너
희들은 내 뜻에 따라 역사할 수 없으
며 지도자로 거듭날 수 없는 것이니라.
17 너희들은 '앞으로 가십시오.' 하는 말
을 할 때 너희 스스로 그리 생각하나,
네 입에서는 '뒤로 가십시오.' 하는 말
이 나온다면, 너희 자신도 통제하지
못하고 다스리지 못하는 네가 어찌 지
도자가 될 수 있으며 만백성을 다스릴
수 있다 하겠느냐?
18 그것은 너희들이 긴장의 끈을 놓았으
며 긴장의 고삐를 풀어놓았음이니, 그
와 같이 긴장을 풀고는 너희들이 정녕
만백성을 지도하는 백성이 될 수 없음
이니라.
19 그러니 진정한 지도자요, 진정한 나의
백성이라면 너희들은 긴장을 풀지 않
는 그와 같은 백성으로 살라.
20 그래도 너희들이 진실한 지도자요, 진
정한 지도자라 장담할 수 없는 것이
아니더냐?
21 이 세상에 그와 같이 긴장을 풀지 않
고 진정한 믿음의 길을 가는 백성이
있었다면, 오늘 이와 같이 험악한 세
상은 이루어지지 아니하였을 것이니
라.
22 오늘의 이 험악한 세상이 이루어진 결
과가 무엇이더냐?
23 진정한 지도자가 없으며, 긴장 속에서
선하게 살며 한 치의 악함도 용서하지
않는 그와 같은 마음으로 살지 아니하
고 모두 풀어졌기 때문에,
24 악에게 넘어지며 사탄에게 넘어지며
인간의 유혹에 넘어지며, 너희 가슴속
에 있는 욕심의 마음에 다 무너지고
또 무너짐이니, 너희들이 행하고자 하
는 것과 다른 행동을 하게 됨이니라.

25 너희들은 이제는 알아야 될 것이니라.
26 생각으로는 '앞으로 가라.' 하려 했으
나 '뒤로 가라.'는 말이 나오는 것이
아니라, 네가 앞으로 간다 해도 뒤로
걸어가는 그와 같은 형국이 되게 될
것이니,
27 이것이 긴장을 풀고 사는 백성이 처해
있는 증거이니 그리 알라.
28 나의 아들을 따르는 너희들은 진정한
지도자로서 바로 서야 되며, 바로 서
기 위해서는 긴장을 풀지 않고 사는
백성, 항상 준비된 마음을 가지고 사
는 백성이 되도록 그리하라.
29 그와 같은 삶을 살지 아니하면 아니
됨이니라.
30 나를 경배하고 따르는 백성 너희가 정
녕 욕되게 하면 아니 되는 것이니라.
31 지금의 모든 종교 집단의 지도자들이
살아가는 전철을 밟지 말라.
32 그들은 어찌 사느냐?
33 나의 아들과 나 여호와의 이름을 부르
면서 우리 둘의 이름을 팔아 저희들의
생계를 유지하는 방법으로 악용하고
있음이니라.
34 그러니 너희들은 똑같은 인간이요, 똑
같은 백성이라 해도, 나를 부르며 나
의 아들 예수를 찾으며 지금의 나의
법전을 읽으며 깨닫는 나의 아들을 따
르는 너희들은 생계 수단으로써 모두
를 이루어 가는 그와 같은 백성이 되
어서는 아니 될 것이니라.
35 너희들은 참진리로써 변화되며, 만백
성을 참진리로 변화시키는 그와 같은
백성이 되도록 하라.
36 잡석 같은 죄 속에서 허덕이는 나의
백성을 보석과 진주처럼 아름답게 변
화시키라.
37 그리하여 그 잡석들이 진주와 보석으
로 변했을 때, 얼마나 아름답고 귀한
것으로 되겠느냐, 사랑하는 나의 아들
딸들아!

9,215 번째 하나님 말씀

2004년 1월 18일 08시 00분

1 사랑하는 나의 아들아!
2 "네, 아버님! 말씀하옵소서."
3 사랑하는 너를 따르는 제자들에게 그
리 이르라.
4 나 여호와가 너희들에게 명하여 돌을
짊어지고 가라 함이니, 너희들은 그저
그 돌을 짊어지고 가는 백성이 되면
될 것이니라.
5 어찌하여 가는 길에 무겁고 힘들게 쓸
모없는 이 돌을 지고 가라 하는가 하
여 적게 지고 요령을 피우는 자 있으
니,
6 그러나 지고 가라는 나 여호와의 뒤를
따라 힘겹게 지고 가는 백성 너희들은
그저 힘겨워도 질 수 있는 만큼 지고
가면 되는 것이니라.
7 그와 같이 나 여호와가 돌을 지고 가
라 했다면, 과연 내가 너희들에게 이
잡석이요, 돌을 지고 가는 고통과 시
련을 주기 위해서 그리 지라 하겠느냐?
8 너희들이 그 돌을 지고 가면 그 돌은
언젠가는 황금덩어리로 바뀔 수 있으
며 네 생명을 구할 수 있으며, 가장 소
중하고 귀하게 쓸 수 있기에 나 여호
와가 너희에게 돌을 짊어지고 가라 하

지 않겠느냐?
9 그를 믿고 젊어지는 백성이 되어야 됨
을 너희들은 알아야 될 것이니라.
10 사랑하는 나의 아들딸들아, 너희들이
부서지고 깨지는 너희들의 육이 젊어
지는 그 돌덩어리 또한 부서지고 깨지
는 것이니라.
11 그러나 부서지고 깨지는 육이 부서지
고 깨지는 돌을 지고 가는 그 고통보
다도 내가 너희들에게 더 어렵고 힘든
짐을 지고 가라 함이니,
12 그 누구도 갈 수 없으며 지킬 수 없는
계명을 지키고 살라 하며, 누구도 이
를 들여다보고 두려워 읽지 못하며 제
양심이 꺼려서 읽지도 못하는 나의 법
전을 너희들은 지키고 행하며 그리 살
라 함이니,
13 내가 무거운 잡석을 그득히 지고 가라
하여 지고 가는 그 짐보다도 더 무겁
고 힘든 것이 오늘의 너희들이 가는
길임을 나 여호와는 잘 알고 있느니라.
14 나의 법전을 찢어 버리고 던지는 모든
백성들이 어떠한 자인 줄 알겠느냐?
15 나의 법전을 읽고 저 자신을 돌이켜
보니 너무나 추하고 더럽고 겁이 나고
무서워서, 이를 보고 깨우치지 아니할
수도 없고 이를 보고 안 갈 수도 없으
니,
16 차라리 이건 사탄이요, 마귀의 것이라
하여 찢어 버리고 태워 버리면 제 마
음이 위안이 될 것이라 생각하나,
17 그중에 단 한 구절이 남는다 해도, 저
는 그 남은 구절의 고통 속에서 제가
평생 허덕이게 됨을 알아야 될 것이니
라.
18 제가 한 구절의 아름다움이 지워지지
아니하여 평생을 고통 속에 살아가는
것처럼, 그 천배 만배 더 어렵고 힘든
길을 가는 것이 죽어 나에게 와 심판
을 받고 가는 길이니라.
19 이제 사랑하는 나의 아들을 따르는 제
자 너희들은 들으라.
20 너희들이 더 무겁고 힘든 그 돌을 지
고 가는 것은 당연하니라.
21 오늘의 육에서 너희들이 질 만큼 지고
가는 돌의 무게보다도, 나의 법전이
요, 십계명을 지키고 가는 그 길이 더
무겁고 힘드니, 그 길을 아느니라.
22 그러나 그것이 황금빛으로 변하며, 네
생명을 구원하며, 진주와 보석보다도
더 귀하게 쓰이는 것을 알라.
23 그를 위하여 내가 너희들에게 육에 지
고 가는 그 한 짐의 그득한 돌보다 더
어렵고 힘들고 무거운 짐을 지고 가라
하는 나 여호와의 마음이 여기 있음이
니라.
24 너희들이 걸음마를 배우는 아이에게
호통을 치며, 걷지도 못하는 그에게
짐을 지워서 가라 할 때, 너희들의 마
음이 어떠하겠느냐?
25 그가 들고 가지 아니하면 아니 되는
것을 몸에다 지고 이고 가지 못할 때,
너희들은 걷지도 못하는 자식에게 무
엇인가를 들고 따라와 달라 말하지 않
겠느냐?
26 그것보다 천배 만배 더 가슴이 찢어지
고 아픈 것이 나 여호와이니,
27 돌무더기보다도 더 무거운 것을 지고
가는 너희들을 사랑함이니라.
28 그러나 너희들이 내 명을 듣고 목숨을

바쳐 그를 따르고 지키고 행하니,
29 언젠가는 그게 보석이요, 영원히 사는
세상의 생명을 구하는 가장 위대하고
소중한 것으로 변한다는 걸 잊지 말거
라, 사랑하는 나의 아들딸들아!

9,216 번째 하나님 말씀

2004년 1월 18일 08시 11분

1 사랑하는 나의 아들아!
2 "네, 아버님! 말씀하옵소서."
3 너를 따르는 소중한 그 제자들이요,
나의 법전을 읽고 깨우친 백성 너희
들, 그리고 정녕 나의 아들을 따라 더
불어 나에게 역사하는 너희들은 이제
세상을 보는 생각을 바꿔야 하며, 그
와 같은 마음으로 살아가는 사람이 되
어야 될 것이니라.
4 모든 백성이요, 지금 살아가는 자들의
마음은 어떠하더냐?
5 멀고도 먼 길을 달리는 운동선수가 있
다 하자.
6 멀고도 먼 길을 인내하고 달려와 우승
의 영광을 차지하는 그와 같은 선수에
게는 기립 박수를 보내는 것이 지금
나의 백성 너희들의 마음이 아니더냐?
7 그러나 나의 아들을 따르는 선택된 제
자 너희들은 꼭 우승하는 자에게만 기
립 박수를 보내는 그와 같은 백성이
되어서는 아니 되는 것이니라.
8 너희들은 우승과는 관계없이 끝까지
자기 책임을 다하며 임무를 다하기 위
하여 말없이 달리는 그 선수에게 박수
를 보내는 자들이 되어야 함이니라.
9 중도에 포기하지 아니하며 책임과 임
무를 다하기 위하여 끝까지 달려와 결
승선을 통과하는 그와 같은 선수,
10 우승은 이미 포기했으며 관계가 없어
도, 그래도 끝까지 달리는 그 선수에
게 너희들은 기립하여 영광의 박수를
보내는 그와 같은 백성으로 마음이 변
해야 될 것이며,
11 세상을 살아가는 모든 삶에 있어서 그
와 같은 생각으로써 모두를 들여다보
는 그와 같은 현명한 나의 백성들이
되도록 그리하라.
12 이미 우승의 영광을 차지하고 영웅이
되는 그와 같은 것을 모두 다 버렸으
며 포기했으며 그와 관계없느니라.
13 그래도 경기에 참여한 선수는 최선을
다하여 뛰는 것, 제 정성과 책임을 다
하는 사람, 그와 같은 사람들에게 기
립 박수를 보낼 수 있는 백성이 되도
록 하라.
14 너희들의 믿음 또한 그러해야 하기 때
문이니라.
15 꾸준히 변하지 않고 나의 명을 받아
지키고 행하고자 하는 너희가 지치고
힘들고 어려운 마음을 내가 아느니라.
16 그리했을 때 내가 너희들을 보살피며
구원하는 기회가 있음을 절대 잊지 말
라, 사랑하는 나의 아들딸들아!
17 꼴찌로 달려오나 책임을 다하는 그 사
람에게 너희들은 기립하여 우뢰와 같
은 박수를 보내 줄 수 있는 나의 아들
딸들의 마음으로 세상을 보며, 모든
백성들과 대화하고 살아가는 마음자
세를 그리하라.
18 이와 같은 세상으로 만들며, 이와 같
이 세상이 변해졌을 때, 이는 곧 하늘

에서 이루어진 것같이 지상에서 이루
어짐을 알라.
19 이제는 우승의 영광을 차지하는 자에
게만 격려의 박수를 보내는 것이 아니
요, 끝까지 책임을 다하여 달려오는
선수에게 너희들이 사랑의 박수를 보
낼 수 있는 그와 같은 나의 아들딸들
이 되라.
20 너희들이 그리되었을 때, 어리석은 자
요, 잃는 것이 많으며 손해 보는 백성
이라 그리 생각할 것이며, 이 세상에
그와 같이 살아가는 자는 어리석은 자
라 그리 말할 것이나,
21 절대 그렇지 아니함을 알라, 사랑하는
나의 아들딸들아, 그를 믿으라.

9,217 번째 하나님 말씀

2004년 1월 18일 08시 13분

1 사랑하는 나의 아들아!
2 "네, 아버님! 말씀하옵소서."
3 너를 따르는 사랑하는 제자들이요, 나
의 법전을 읽고 깨우친 만백성 너희들
은 지금의 마음 자세를 바로 해야 되
며, 너희들 자신을 확고히 해야 할 때
가 되었음을 알라.
4 지금 나의 아들을 통하여 내리는 160
권의 이 법전이 정녕 새로운 시대의
새로운 성경이요, 마지막 심판의 시대
에 너희들을 다스리고자 하여 내려가
는 것이라는 것을 믿고 확신을 가져야
되며,
5 너희들이 이를 따르는 것으로써 얼마
만큼 책임이 중요한 자들이며, 그와
같은 역사를 이루는 것이 얼마나 큰
영광이요, 축복된 백성인가를 알고 확
실하고 확고한 마음을 가지고 돌진해
야 됨을 알아야 될 것이니라.
6 사랑하는 나의 아들아, 너의 제자들에
게 물어보라.
7 지금 믿음의 길을 가는 종교 집단이
요, 지도자들이 바로 섰으며 한 점의
부끄럼이 없는 그와 같은 삶을 살고
있는가?
8 그렇지 않고 그들이 가는 것이 잘못되
었으며 나의 뜻을 벗어난 그와 같은
믿음이라면,
9 오늘의 너희들 세대에서 잘못된 것을
바로잡지 아니하면, 이 세상을 바로잡
아 바로 세우지 못한다면,
10 나의 사랑하는 백성 너희들의 형제요,
후손은 영원히 나에게 오지 못하며 지
옥의 길로 간다는 것, 지옥의 타락의
길로 그저 떨어진다는 것을 안다면,
11 오늘의 남은 인생의 삶이요, 오늘의
살아감에 그 모두를 헌신하지 아니하
면 아니 되는 것이니라.
12 너희들 자신을 헌신하지 아니하며,
'나'를 생각하지 아니하며 '나' 자신을
버리는 그와 같은 삶이 아니면 너희들
은 아무것도 이룰 수 없으며,
13 너희들에게 가장 소중한 영광의 기회
를 얻은 것, 선택된 그와 같은 것을 다
버리는 자가 됨이니, 어리석은 백성이
된다는 것을 너희들은 알아야 될 것이
니,
14 정녕 너희들은 어리석고 미련한 백성
이 되지 말라, 사랑하는 나의 아들딸
들아!

9,218 번째 하나님 말씀

2004년 1월 18일 08시 21분

1 사랑하는 나의 아들아!
2 "네, 아버님! 말씀하옵소서."
3 망망대해에 한 척의 배가 떠 있음이
니, 그 배 위에 가장 높은 곳에서 망원
경이라 하여 멀리 보는 것을 가지고
있는 사람이 내다보면서 그가 말하느
니라.
4 저 앞에 많은 고기가 지금 춤을 추고
있으며, 황금어장같이 그저 그물만 던
지면 우리가 만선이 될 것이라 하여
그저 제 생각대로 거짓말로써 꾸며 낸
다면,
5 밑에 있는 선원들은 어찌하겠는가, 그
말을 믿지 않겠느냐?
6 그가 지금 앞으로 가기만 하면, 조금
만 더 가면 무한한 고기가 있으며 그
저 황금어장으로서 그물만 던지면 그
득히 채울 수 있다, 그러니 너희는 저
어서 나가라 나가라 그리 말한다면,
7 그 밑에 있는 선원들은 위에서 보고
있는 자의 말을 믿지 않겠는가, 그가
꾸며 대는 그 말을 그대로 믿지 않겠
느냐?
8 이것이 오늘의 믿음의 형국임을 너희
들은 알라.
9 앞을 보지 못하는 사람을 앉혀 놓고,
앞을 볼 수 있는 자가 이 세상의 아름
다운 모습을 다 저희들이 말로 전한
다면 그들은 그리 들을 것이 아니더냐?
10 지금 눈이 소복소복 내린다고 말하면
그리 믿을 것이며, 한 포기의 풀도 없
는 곳을 파란 잔디가 깔려 있으며 어
떠한 꽃이 아름답게 피었으며 어떠한
꽃은 지금 시들어 간다며 너희들이 상
상의 날개를 펴 그에게 전한다면,
11 그는 그대로 듣고 그대로 따르는 것이
앞을 보지 못하는 사람들이 하는 것이
아니더냐?
12 지금 모든 종교 집단이요, 지도자들이
그러한 형태로 되어 있으며, 나의 피
조물 만백성은 그저 노를 젓는 백성이
요, 앞을 보지 못하는 백성처럼 따라
감이니,
13 그들이 앞에서 그저 거짓말로 꾸며 대
는 것, 거짓된 행동으로써 하라는 것,
그저 재물을 바치면 구원을 얻는다는
것,
14 그들이 마음대로 꾸며 내는 것, 마음
대로 계획해 내는 것, 마음대로 거짓
말하는 것을 믿고 또 믿는 그와 같은
선원이요, 그리고 앞을 못 보는 백성
처럼 그리 가고 있음이니라.
15 그러나 그가 거짓말로써 꾸며 댄 것이
며 거짓말로써 만들어 냈음이니, 결국
너희들이 그를 알게 되지 않겠느냐?
16 선원이 저만 항상 망원경을 가지고 보
는 것이 아니니, 다른 사람이 봤을 때
그 진실이 밝혀질 것이며,
17 그리고 앞 못 보는 사람에게 거짓말로
써 꾸며 댔던 것도 앞에 다른 사람에
게 물어봤을 때 그들이 또 알 수 있는
것이 아니더냐?
18 그러나 오늘의 종교 집단이요, 지도자
요, 백성들은 선원으로서 그를 알려
하며 확인하려 하지 않는 자들이니,
19 너희들은 앞을 못 보는 자가 세상이
어떠한 형태로 얼마나 변하고 있는가

를 보지 못하며 알지 못하는 자들이니
라.
20 앞을 못 보는 자에게 사자가 공격한다
면 그들은 그저 피하려고 우왕좌왕할
것이며, 그리고 먹을 것을 주려 한다
면 그들은 모여들 것이 아니더냐?
21 이것이 나의 피조물 만백성을 세뇌시
키고 정신병자처럼 만든 오늘의 종교
집단의 지도자들이니라.
22 그러니 너희들은 황금어장이 이루어
졌다는 것을 직접 확인하며, 아름답다
는 것을 다른 사람에게 듣고 세상이
어떠한 것이며 어떠한 형태인가 알아
볼 수 있는 그와 같은 현명함을 가지
라 하는 것이 나 여호와이니라.
23 앞에서 말하는 자가 진실만을 말하며
그의 말이 맞다면 얼마나 아름답고 좋
겠느냐?
24 그러나 거짓된 것으로써 안내하며 거
짓된 것으로써 가르쳐 주며 거짓된 것
으로써 설명해 줌이니, 거기서 얻는
것이 무엇이 있겠느냐?
25 너희들이 그것을 다시 확인하며, 거짓
으로써 발표 났을 때, 원망 섞인 말 한
마디로 다시 용기를 내고 너희들이 무
엇인가 진실을 듣고 진실을 알면 될
수 있으나,
26 믿음이요, 하늘에 오르는 길은 죽음이
라는 그 문턱을 넘는 순간까지 그를
바로 보지 못하면 결국 너희들은 거듭
나는 것을 잃으며 영원히 사는 것을
잃게 됨이니, 얼마나 억울하고 분하며
통곡할 일이더냐?
27 그러니 심판대에서 몸부림치며 '나는
누구에게 속았으며 종교 지도자가 하
라는 대로 그게 아버님의 뜻이요, 하
늘에 오르는 길이라 그리하여 실행하
고 실천했습니다.' 하고 울고불고해도,
28 나는 너희들을 모른다 하는 그 무서운
사실이 너희들을 기다리고 있음을 알
라 그리 전하라.

9,219 번째 하나님 말씀

2004년 1월 18일 08시 27분

1 사랑하는 나의 아들아!
2 "네, 아버님! 말씀하옵소서."
3 너희들은 제자들을 육성하는 선생이
있으며, 또한 모두를 지도하는 자들이
있음이니라.
4 너희들이 음악을 지도하며 노래를 가
르침이니, 노래를 잘하는 학생과 잘
못 하는 학생이 있느니라.
5 그러나 잘 못 하는 학생을 너희들이
잘 가르쳐 그 노력으로 하여 그가 잘
하는 사람보다 더 잘했을 때, 지도하
고 가르친 보람이 있지 않더냐, 그때
기쁨은 어떠하더냐?
6 또한, 가르치는 선생이 그러하니라.
7 탕아처럼 속을 썩이며, 인간의 도리를
할 수 없으며, 인간으로 거듭날 수 없
는 그와 같은 제자들을 너희들이 열과
성의를 다하여 가르쳐 그가 바로 서
인간 세상에 소중한 사람으로 성장했
다면,
8 선생으로서 지도자로서 사는 것이 죽
을 때까지 기쁨이요, 영광이라 그리
생각할 것이며,
9 많은 사람 앞에 그와 같은 것을 자랑
하고 싶을 것이며, 그 모습을 보여 주

고 싶을 것이며, 그 학생을 네 자식보
다도 더 어루만져 주고 싶은 그와 같
은 마음이 있지 않겠느냐?
10 오늘의 나의 아들을 따르는 백성 너희
들은 어렵고 힘들며 아주 고통스러우
니라.
11 너희들이 잘못된 학생을 바로잡는 선
생의 노고와 고통이 없이, 그리고 사
랑이 없고 진실됨이 없이는 그 학생은
선생을 따르지 아니할 것이며,
12 아무리 젊은 아이가 비뚤어지고 잘못
했다 해도, 진심으로 저를 걱정해 주
며 진심으로 저를 사랑한다면 아무리
탕아라도 그는 그것을 알게 되어 있음
이니라.
13 하물며 말 못 하는 짐승도 사람이 얼
마나 아끼고 사랑하는가를 다 알고 산
다 하지 아니하였더냐?
14 그러니 지금 너희들이 가는 길이 얼
마나 힘들고 어렵겠느냐?
15 선생이 잘못된 제자 하나를 바로잡는
그 공의 노력도 힘들고 어려운 것이니
라.
16 그러나 그는 영원히 그 기쁨을 맞는다
하였음이니라.
17 지금 잘못된 믿음으로 간 지 몇천 년
이 흐른 그 백성들, 탕아보다도 잘못
된 자요, 내 품에 돌아올 수 없는 자
요, 내 품을 떠난 백성을 너희들이 다
스려 나에게 오를 수 있는 그 역사를
이룬다는 것,
18 그것도 한두 명이 아니요, 수십억 인
구를 그리 이끌어 가야 함이니, 너희
들이 얼마나 힘들고 어렵고 가슴 아픈
일들이 많이 있겠느냐?
19 나는 너희들을 사랑함이니라.
20 그러나 너희들이 그와 같은 백성을
바로 깨우쳐 바로잡아 나에게 오를 수
있도록 했을 때, 너희들이 하늘에 와
서 받는 그 상은 이루 말할 수 없이 크
며, 기쁨 또한 영원히 존재할 것이니
라.
21 그리고 그 백성으로부터 경의를 받는
것이 얼마나 행복한 것인 줄 알겠느냐?
22 지금처럼 타락되고 돌아올 수 없는 백
성이 없음이니, 오늘의 믿음의 길을
가는 그 백성처럼 돌이킬 수 없으며
나에게 돌아올 수 없는 탕아들이 없음
이니라.
23 그들 수십억 인구를 바로잡아 나에게
오를 수 있는 그 역사를 이루는 너희
들이 고통과 헌신 없이 무엇이 이루
어지겠느냐?
24 너희들이 아무리 힘들고 어렵다 해도
그들을 바로잡아 바로 깨우쳐 너희들
이 나에게 기쁨을 주며, 영원히 그 기
쁨 속에서 보람을 느끼며,
25 또한 그 보람이요, 너희들이 기쁨을
얻는 만큼 나에게 반드시 상이 있음이
니, 너희들이 얼마나 행복한 백성이
며, 선택된 것이 얼마나 위대하고 축
복인가를 한번 돌이켜 생각해 보도록
그리하라, 사랑하는 나의 아들딸들아!

9,220 번째 하나님 말씀

2004년 1월 18일 11시 48분

1 사랑하는 나의 아들아!
2 "네, 아버님! 말씀하옵소서."
3 나의 피조물 만백성 그 누구도 하늘에

오르는 길이요, 구원의 길은 낙타라는
동물이 바늘구멍을 통과하는 것보다
도 더 어렵고 힘든 길이라는 것을 모
르는 백성이 없으며, 그를 너희들은
수없이 그리 말하느니라.
4 이제 나의 아들을 따르는 제자 너희들
은 그 의미를 알 것이니라.
5 나 여호와가 어찌하여 그와 같은 말을
했으며, 그와 같은 것을 너희들이 말
을 할 수 있는 것인가를,
6 이제는 너희들이 구원을 받아 나에게
오르는 길이 얼마나 어렵고 힘든 길이
며 험난한 것인가 알고 깨달았을 것이
니라.
7 그러나 너희들은 들어야 될 것이니라.
8 그 길이 나에게 오르는 길이요, 너희
들이 역사하는 것이 나에게 오르는 그
길임이니, 이를 어찌하겠는가?
9 나 여호와가 나의 뜻이요, 모든 백성
을 구하는 그 역사는 인간인 너희를
통하여 모두를 역사하며 이루게 되어
있음이니라.
10 그리하여 내가 너희들을 선택했으며
내가 너희들을 불렀음이니, 이제 너희
들이 얼마나 중요한 것이며, 너희가
가야 할 길이 무엇인가 알았을 것이
며, 나의 법전이요, 성서에 내려진 내
용을 하나하나 그 의미를 알았을 것이
니라.
11 이제 너희들은 마음이 흔들리지 말며,
마음의 동요를 하지 말며, 오로지 만
백성을 구하는 그와 같은 삶을 살라
함이니라.
12 너희들이 나의 법전을 읽고 정독하여
깨우쳐 바른 삶을 사는 것, 그것은 바
로 만백성이 너희들을 보고 깨우치고
가르치는 거울이 되기 때문이니라.
13 내가 너희들에게 재물을 바치라 함도
아니요, 명예를 버리며 나를 따르라
함도 아니니라.
14 다만 아름답게 살라는 그것이 아니더
냐?
15 검은 구슬과 흰 구슬이 두 개가 있음
이니, 나 여호와는 너희들에게 흰 구
슬을 잡으라는 것이니, 그것이 무엇이
그리 어렵고도 힘들단 말이더냐?
16 그러나 어찌하여 너희들은 하얗게 보
이는 하얀 진주를 잡지 아니하며, 검
은 진주를 잡으려 하는가?
17 검은 진주에 속해 있는 그것이 더 신
비한 것이요, 더 위대한 것이요, 더 좋
을 것이라는 의혹이요, 욕심 때문에
계산할 것도 없이 그 검은 진주를 줍
는 것이 너희들의 마음이니라.
18 그러나 진리요, 하늘에 오르는 길은
있는 그대로, 보는 그대로 행하면 되
느니라.
19 그러니 그 두 개의 구슬 중에 내가 흰
것을 잡으라 하면 너희들은 그저 흰
것을 잡으면 되는 것이니 그리 알라,
사랑하는 나의 아들딸들아!
20 너희들은 이것을 모르느니라, 너희들
손에 쥐고 있는, 네 손에 있는 값지고
훌륭한 진주요, 보석이 발하는 빛은
한계가 있음이니라.
21 그 진주가 열 가지 색을 발한다면 그
는 열 가지의 아름다운 그 오묘한 색
밖에 발하지 못하느니라.
22 그러나 너희들의 손바닥에 보이지 않
는 진주를 상상해 보라.

23 네 마음속으로 손바닥에 진주를 그려
놓고 상상의 나래를 편다면 그 진주의
색깔은 한이 없으며 너희들이 생각하
기에 달렸지 않느냐?
24 검은 진주는 검은 빛을 보이나 너희들
마음의 진주요, 네 손에 있는 보이지
않는 마음의 진주는 검고 붉고 희고
너희 마음대로 할 수 있는 것이 아니
더냐?
25 이와 같은 이치이니, 마음을 비운 자
가 세상을 깨닫고 보는 것이 그러함을
너희들은 알라.
26 너희들의 손위에 놓여 있는 진주가 빛
을 발하면 너희는 그것을 알며 그 한
계를 아느니라.
27 그러나 네가 마음으로 손에 그린 진주
는 한계가 없으며, 너희들이 상상하는
만큼 아름다운 것이니,
28 바로 네 마음을 열며 모두를 다 놓으
라 함이니라.
29 너희들이 재물을 쥐고 있는 것, 명예
를 쥐고 있는 것, 쥐고 있는 모든 것은
쥐고 있는 한계를 벗어나지 못함이니,
30 너희들은 마음을 비우라 함이 여기 있
음을 알라, 사랑하는 나의 아들딸들아!

9,221 번째 하나님 말씀

2004년 1월 18일 23시 12분

1 사랑하는 나의 아들아!
2 "네, 아버님! 말씀하옵소서."
3 나의 피조물 만백성 너희들은 얼마나
겸손한 마음으로 살아가야 되는 것인
지 알겠는가?
4 이 지상의 대자연의 움직이는 그 오묘
함이요, 비춰 주는 달이요, 해가 존재
하지 아니하며 그가 역사하지 않는다
면 과연 너희들은 어찌 존재하며 어찌
이 세상에서 육을 지탱해 나가며 삶을
살겠는가?
5 그와 같은 것을 하나만 생각하며 너희
들이 거기에서 깨달음을 얻는다 해도,
6 나 여호와가 역사한 것이요, 이 세상
을 창조한 것에 대해 얼마나 감사하는
마음으로 살아야 하며, 얼마나 겸허한
마음으로 살아가야 되는 것인가를 깊
이 깨닫고 생각하는 그와 같은 백성이
되어야 할 것이니라.
7 그러니 우주 만물이 돌아가는 그 이치
에 비춰 볼 때 너희들의 존재가 과연
어떠하던가?
8 너희들은 인간으로서 한계가 있으며
미미한 존재라는 것을 어찌 생각하지
못하는가?
9 그와 같은 백성 너희들이 지금 뭐라
생각하는 줄 알겠느냐?
10 나 여호와를 능가하고자 하는 그와 같
은 오늘의 종교 집단이요, 지도자 너
희들의 흐름이 그러하느니라.
11 진정한 믿음이요, 진리의 길을 가르치
며 겸허한 자세로써 나 여호와의 뜻을
받아, 내가 무엇을 역사하며 내가 무
엇을 이루고자 하는지를 깨달아 너희
들이 내가 명한 사랑을 베풀며 살아가
는 그것에만 매진하는 것이 너희들이
가야 할 길이며 살아가야 할 길이거
늘,
12 그를 빙자하여 지금 얼마나 오만방자
한 자들이며, 그 자신의 분수를 모르
고 지금 강론하며 가르친다고 떠드는

가?
13 그와 같은 자들이 지금 이 세상을 지
배하며 이리 이끌어 왔기에 오늘의 세
상이 험악하게 되었으며, 두 번 다시
돌이킬 수 없는 이와 같은 세상이 되
었음이니라.
14 그리하여 내가 너희들을 모두 놓는
것으로써 끝내려 했으나, 내가 너희들
에게 한 번의 기회를 더 주어, 구원할
수 있는 백성과 구원하지 못할 백성을
구분하고자 함이니,
15 그 역사함은 나의 아들이 존재하며 나
의 아들을 따르는 백성이요, 법전을
만들어 만백성을 깨우치고 오는 너희
들이 있기 때문에 모두 이루어진다는
것을 알아야 될 것이니 그리 알라.

9,222 번째 하나님 말씀

2004년 1월 18일 23시 17분

1 사랑하는 나의 아들아!
2 "네, 아버님! 말씀하옵소서."
3 지금까지 수천 년 동안 흘러오는 종교
집단과 그 지도자 너희들이 모두 잘못
가르치고 역사한 것이 무엇을 의미하
는 줄 알겠느냐?
4 너희들은 잘못 가르친 자요, 알지 못
하는 자들이 지도자로서 나의 피조물
만백성을 구원한다는 그와 같은 행위
를 하는 것이 어떠한 것을 범하는 줄
알겠느냐?
5 나의 사랑하는 백성이 스스로 아름답
게 살아 하늘에 오르고자 하는 그 길
을 막은 자들이며, 그 길을 가지 못하
도록 한 것이 오늘의 종교 집단이요,
지도자 너희들이 한 일이라면 과연 믿
겠는가?
6 너희들은 이제 알아야 될 것이니라.
7 그 많은 종교 집단과 지도자들이 나의
사랑하는 백성이 구원을 받고자 하나
그들을 구원받지 못하도록 한 것이며,
8 그리고 저희만 구원을 받은 자요, 특
별히 선택된 백성이라는 착각 속에
헤매는 그와 같은 자들이 정녕 나에게
오를 수 있는 백성까지도 지옥의 낭
떠러지로 밀어 넣는 그와 같은 짓을
하고 왔음을 너희들은 알아야 할 것
이니라.
9 나의 백성들이 하늘에 오르고자 하는
그 길을 몇천 년 동안 너희들이 막아
버렸다면, 정녕 이것은 잘못된 것이며
이는 사탄이 하는 말이라 그리 말할
것이니라.
10 그러나 너희들은 나에게 오르고자 하
는 순박하고 아름다운 그 백성들을 몇
천 년에 걸쳐 그들이 하늘에 오르는
길이요, 나에게 오르는 길을 막아 버
린 자들이라는 것을 알아야 될 것이니
라.
11 이제 나는 다시 그와 같은 선하고 선
량한 백성들이 나에게 오르고자 하며
하늘에 오르는 길을 밟아 오고자 하는
그 백성들에게 길을 열어 주며,
12 내가 직접 그들이 나에게 올 수 있는
그와 같은 역사를 이루고자 하는 것이
나의 뜻이니라.
13 너희들이 아무리 막고 막는다 해도 내
가 이제 그 길을 열기 시작하였음이니,
14 이는 곧 내가 하늘에 오르는 그 길을
볼 수 있는 법전을 내려보내는 것이

증거함이요, 나의 법전을 내려보내는 것이 그와 같은 역사를 되돌리고자 함임을 알라.
15 지금까지 너희들이 살아오는 그 삶이 무엇이더냐?
16 비진리를 버려두고 참진리의 길을 따라야 할 것을, 너희들은 참진리의 길은 접어 두고 비진리의 열매만 따 먹는 그와 같은 오늘의 삶을 살아온 것이 너희들이 아니더냐?
17 아담과 하와는 과연 무엇이더냐?
18 내가 따 먹으라는 좋고 아름다운 과일들은 따 먹지 아니하며, 내가 먹지 말라는 그 과일을 따 먹어 오늘의 이와 같은 형국이 되었음이니, 그 후손이라는 너희들이 지금 어떠한 짓을 하느냐?
19 참진리의 열매를 따 먹고 나에게 오르라 했거늘, 그 열매는 따 먹지 아니하며 너희들은 비진리의 열매만 따 먹는 그와 같은 행위를 하니,
20 아담과 하와의 후손 역할을 충실히 행하고 있으며, 그를 그대로 닮아 가는 것이 오늘의 너희 삶이요, 오늘의 종교 집단이요, 지도자 너희들이 가고 있는 길이니라.
21 그러니 너희들의 조상이라는 자도 내 말을 거역했으며 너희들 또한 내 말을 거역하고 뜻을 거역하는 것이 지금 똑같은 형국으로 흘러가고 있음을 알아야 될 것이니라.
22 너희들은 따 먹고 살라는 아름답고 좋은 과일을 따 먹지 아니하고 나의 명을 거역하여 이와 같이 험악한 세상을 만들었으니,
23 오늘의 그 후손이요, 후예들이 참진리의 열매를 따 먹음으로 나에게 구원을 받는 그 길을 선택하지 아니하고,
24 비진리의 열매를 하늘에 오르는 길이요, 구원의 길이라 하여 따 먹고 있는 것이 오늘의 너희들의 형국이니,
25 아무것도 발전한 것이 없으며 변화된 것이 없으며 역사함이 없다는 것을 너희들은 알아야 될 것이니라.

9,223 번째 하나님 말씀

2004년 1월 18일 23시 22분

1 사랑하는 나의 아들아!
2 지금의 모든 종교 집단 그들의 믿음이요, 신앙의 행위가 어떠한 형태로 흘러갔다 보느냐?
3 "네, 아버님! 제가 보는 것은 그렇사옵나이다.
4 그들은 재물을 거둬들이기에 혈안이 되었으며, 그 재물을 거둬들일 때 또한 방법이 천태만상이옵나이다.
5 세상에 붙일 수 있는 이름은 다 붙여 그들이 거둬들이는가 하면,
6 그들이 가장 잘못된 것은 아버님께서는 양을 가지고 말씀하시는 것이 아니요, 모두는 어떠한 것이든 정성을 가지고 평하시며 정성을 들인 그 기도를 아버지께서는 받아들이며 거둬들이는 것이라 저는 알고 있사옵나이다.
7 아무리 크고 많은 재물을 바친다 해도, 정성이 있지 아니한 재물은 아버님께서 거둬들이지 아니하며,
8 아무리 작은 것이라 해도 정성을 들인 것은 받아들이는 아버님이라 저는 그

리 알고 있사옵나이다.
9 저희들이 만들고 역사한 것이 이 정도
면 아버님께 바쳐도 저희들이 은혜를
받을 수 있을 것이라는 계산과 생각
으로써 바치는 자는, 아무리 많이 바
치며 아무리 많은 재물이요, 금화와
은화를 바친다 해도 그와 같이 바치는
것은 거둬들이지 아니하는 것이 아버
님의 뜻이며 하늘의 뜻이라 저는 알고
있사옵나이다.
10 아무리 작은 것이라도 바치는 자의 정
성이요, 그 마음이 어떠냐에 따라서
아버님께서 거둬들이고 거둬들이지
않는 것이 하늘의 뜻이요, 아버님의
뜻이라 그리 알고 있사옵나이다."
11 그러니 지금의 종교 집단이요, 지도자
의 그 믿음은 과연 어찌 가느냐?
12 "네, 아버님! 그렇사옵나이다.
13 양보다도 바치는 마음의 자세가 소중
하며 정성이 소중한 것이라는 것을 알
면서도 그들은 그리 행하지 않사옵나
이다.
14 그러면서 그들은 많은 백성이요, 신도
들에게 저희들이 바치는 그 금화와
은화의 양에 따라서 그들이 기도하는
것이 다르며 칭찬하는 것이 다르며 가
까이 두고자 하는 것이 다른 그와 같
은 형국으로 되어 있는 것이 오늘의
종교 집단이요, 지도자요,
15 그러니 물질을 바치는 양에 따라서 기
도하는 내용이 다른 것이 오늘의 종교
집단이요, 지도자들이 이끌어 온 것이
니,
16 그곳에는 아버님의 참사랑과 진리가
없다 저는 그리 생각되옵나이다."
17 그러니라, 사랑하는 나의 아들아!
18 내가 뭐라 말하였느냐, 너희들이 순수
한 마음이 아닌 거래하는 마음으로 아
무리 큰 꽃다발을 나에게 바친다 해도
내가 기억하지 않으며,
19 시들어 가는 한 송이의 꽃이라도 그가
정성껏 씻고 다듬어 아무런 조건이 없
이 나에게 바쳤을 때 그 마음의 정성
에 의해 내가 기쁨을 얻는 것이요, 그
게 내가 바라는 것이라 너희들에게
말하여 가르쳐 주지 아니하였더냐?
20 그러니 나 여호와는 재물과 권력이
있는 자 앞에 가서 기도하고 생각하고
말하고 전하고 행동함이 다른 자, 수
시로 변화되는 자는 종교 지도자가 아
니며,
21 그는 나의 피조물 만백성을 이끌어 갈
수 있는 목자도 아니요, 나에게 선택
된 백성이 아님이니라.
22 이제 너와 너의 제자들이요, 그리고
나의 법전을 읽고 깨우친 만백성, 그
리고 지도자로서 거듭나는 너희들은
알라.
23 너희들은 나에게 바치고 나에게 경배
하는 것을 양으로써 행하지 말며 양으
로써 계산하지 말라.
24 아무리 재물을 많이 바치며 기도를 한
다 해도, 아무리 많은 양의 금화와 은
화를 바친다 해도, 나는 그것과 아무
관계도 없다 함을 너희들은 알라.
25 다만 너희들이 나에게 기도하고 경배
하는 정신이요, 정성이 어떠냐에 따라
서 모두는 역사한다는 것을 알라, 사
랑하는 나의 아들아!
26 그러니 너희들이 물질적인 것으로 행

사하고자 하며 그것으로써 은혜를 받
는다는 생각을 하는 그와 같은 백성,
27 너희들이 그리 살다 나에게 왔을 때,
나는 너희들과 관계없다 그리 말함이
니,
28 오늘의 너희들이 하는 그 행위가 나
와 아무런 관계가 없는 행위를 하고
있다는 것을 그들에게 깨우쳐 전해 주
라, 사랑하는 나의 아들딸들아!

9,224 번째 하나님 말씀

2004년 1월 18일 23시 28분

1 사랑하는 나의 아들아!
2 "네, 아버님! 말씀하옵소서."
3 내가 베풀고 나누는 사랑이 뭐라 말하
였느냐?
4 너희들이 살아가면서 여유 있는 것,
그저 쓰다 남는 것, 그와 같은 걸 나누
고 전하는 것이 사랑이라 그리 생각하
고 사는 것이 오늘의 백성 너희들이
아니더냐?
5 그러니 너희들은 사랑이라 하여 그와
같은 행위를 하지 말라.
6 내가 일찍이 나의 법전에 기록하여 전
했음이니라.
7 너희들이 쓰다 남는 것, 여유가 있는
것을 그저 전해 주며 그것으로 사랑을
베풀었으며 나눔을 베풀었다 하지 말
라.
8 그는 그에게 곤혹스러운 것이며, 짐만
되는 행위라는 것을 내가 나의 법전에
기록하여 전하였음이니,
9 너희들이 나누고 베푸는 것은 소중하
고 귀한 것이요, 받는 자에게 꼭 필요
한 것을 정성을 다하여 주는 것이 나
눔이요, 사랑을 베풂이라 내가 일찍이
나의 법전에 기록하여 전했음이니, 너
희들은 이와 같은 의미를 깊이 깨우쳐
야 될 것이니라.
10 남는 것을 어쩔 수 없어 그것도 마지
못하여 나누어 주고 베푼다면 그것은
사랑이 아님을 알아야 될 것이니라.
11 너희들이 그와 같이 나의 피조물 만
백성에게 남는 것으로써 여유 있는
것으로써 나누어 주고 베풀어 주는 것
이 사랑이라 그리 말한다면, 나 여호
와도 너희들에게 그리 계산한다 내가
말하지 아니하였느냐?
12 '내가 이 정도 하나님께 바침으로 인
하여 손해 볼 것이 없고 적자 날 것이
없지 않은가? 내가 지금 풍요롭게 사
니 이 정도는 떼어서 준다 해도 별 부
담이 없으며 별 것 아니지 않은가?'
13 이와 같은 생각으로써 너희들이 나에
게 모두를 바치는 마음의 자세도 또한
그러한 백성이라 함이니라.
14 그러니 너희들이 그와 같은 상태에서
무엇을 행한다 해도 그 모두는 나와
관계가 없는 삶이니라.
15 너희들은 나는 뒷전이요, 오로지 너희
자신을 위해서만 모두를 역사하는 것
이요, 지금 가는 믿음 또한 그와 같은
형국의 믿음으로 가고 있는 것이 너희
들임을 알라.
16 제가 우선이요, 제가 제일이니, 제가
먼저 구원을 받기 위한 그 행위요, 믿
음이니, 내가 원하는 사랑을 실천하며
살아가는 그와 같은 삶은 뒷전에서도
찾아볼 수도 없을 만큼 뒤로 물러나

있는 것이 오늘의 너희들의 삶이 아니
더냐?
17 너희들이 나에게 제사를 지낸다 해도
너희들은 그 제사를 지내는 제물이요,
물질의 양을 가지고 모두가 이루어지
고 못 이루어진다 생각하며 그리 측
정하지 말라.
18 그 생각 자체가 잘못되었음을 너희들
은 알아야 될 것이니라.
19 나 여호와는 법전에 기록하여 무어라
전했느냐?
20 나는 재물이 필요 없다 했으며, 재물
을 바쳐 너희들이 나에게 제를 지낼
필요가 없다 하였음이니라.
21 그러니 나에게 가장 큰 기쁨을 바치는
것은 너희들의 마음이 중요함이라 그
리하지 아니하였더냐?
22 또한, 나 여호와가 너희들에게 받는
것은 하나도 없으며 내가 너희들에게
원하는 것도 하나도 없음을 알아야 될
것이니라.
23 그러니 내가 원하고 바라는 것은 무엇
인 줄 알겠느냐?
24 너희들이 살아가면서 하루하루 천사
같이 아름다운 마음으로 변해 가는
것, 이것을 위해 너희들이 나에게 바
치는 것, 그것이 가장 큰 사랑이요, 가
장 아름다운 정성이요, 소중한 정성이
라 하였음이니,
25 너희들이 몸을 다하고 마음을 다하여
나 여호와의 뜻에 따라 역사하라 가르
친 그 뜻이 거기 있음을 너희들은 잊
지 말라.
26 이제 이와 같은 뜻을 나의 피조물 만
백성에게 전하여,
27 그들이 진정한 믿음이 무엇이며 사랑
이 무엇이며 나눔이 무엇이며 나 여호
와가 이루고자 하는 그 뜻이 무엇인가
를 알아 행하며,
28 오늘의 삶에서 반대로 돌아가는 삶이
요, 반대로 생각하여 모두를 판단하고
계산할 때, 거기에서 위대함을 얻게
될 것이니 그리 알라.

9,225 번째 하나님 말씀

2004년 1월 18일 23시 34분

1 사랑하는 나의 아들아!
2 "네, 아버님! 말씀하옵소서."
3 나의 피조물 만백성은 선으로 변하는
길과 악으로 변하여 살아가는 그와 같
은 두 갈래의 길이 있음이니라.
4 선으로 변화되며 살아가는 백성은 이
세상을 살아감이 두려우며, 나를 찾고
경배하는 그 자체도 두렵고 무서움을
아는 백성이니라.
5 그리고 나에게 감사하는 마음이 생기
는 것이니라.
6 그리고 나의 은혜에 대해 항상 감사하
는 마음을 가지고 살아가는 것이 선으
로 변하는 그 백성들의 마음의 자세이
니라.
7 그러나 악으로 변화된 사람은 어떠하
던가?
8 악으로 전락하여 변한 백성은 세상 것
을 다 얻은 것처럼, 그리고 제 것인 것
처럼 생각하며, 교만하고 오만함이 말
할 수 없이 극치에 다다른 자들이니
그리 알라.
9 그러니 악을 향하는 자는 세상에 두렵

고 무서운 것을 모르니라.
10 그리고 세상 것을 다 제가 마음대로
주무르는 것처럼 제 손안에 있는 것처
럼 그리 말하느니라.
11 그리고 제가 아니면 모두가 역사할
수 없는 것처럼 오만방자한 그와 같은
것으로써 변하는 것이 바로 악으로 변
하는 자들이라는 것을 너희들은 알아
야 될 것이니라.
12 그러니 여기서 내가 직접 나의 아들
을 통하여 너희들을 깨우치고자 하는
이 법전의 구절 하나하나를 정독하고
깨우치면 내가 어찌하여 이와 같은 역
사를 이루는 것인지, 그리고 너희들이
어찌하여 선으로 변화되지 아니하면
아니 되는지를 모두 상세히 기록하여
주었음이니, 너희들은 그 귀중함을 알
아야 할 것이니라.
13 너희들은 성서를 가지고 한번 생각해
보라.
14 성서가 어찌 되었느냐?
15 성서에 기록된 것이 모두 잘못된 지도
자요, 잘못된 자가 너희들을 가르치는
것이며 또한 인간의 생각이 첨부된 그
와 같은 것이라면,
16 과연 거기에서 진정한 선이요, 하늘에
오르는 길이요, 아름다움을 구할 수
있는가?
17 그러니 그를 구하지 못하며 그를 알지
못하는 종교 집단이요, 지도자가 가르
친다는 것은 오만함과 자만심만 길러
주는 그와 같은 형국이 되느니라.
18 그러니 거기에는 제 생각이요, 제 뜻
이 앞에 가며, 항상 나 여호와에게 기
도하며 묵상으로써 모두를 역사하는
그와 같은 삶이 아니라,
19 자신부터 먼저 앞에 두고 계산하는 그
와 같은 백성으로서 살아간다는 것을
너희들은 알아야 될 것이니라.
20 지금 제 생각으로 기록되어 있는 성서
요, 인간의 생각으로써 빼고 더하는
그와 같은 행위를 하여 만든 나의 성
경을 가지고 깨우치고 공부하는 그 백
성이 과연 거기서 무엇을 깨달으며 진
리를 어찌 알겠는가?
21 더욱이 성서는 비유로 되었으니, 천사
와 같은 마음을 갖지 않은 자는 그나
마 성서에 기록되어 있는 내용을 제대
로 알지 못하며,
22 인간 너희들이 만들어 놓은 빼고 더한
그것을 가지고 배우고 가르치며 그를
깨우쳐 하늘에 오르겠다는 백성 너희
들은 과연 어찌하겠는가?
23 너희들은 천날 만날 공부를 한다 해도
변화의 속도가 없으며, 계속 변화되는
그와 같은 증거함이 없는 것이 너희들
임을 알아야 될 것이니라.
24 비진리는 무엇인 줄 알겠는가?
25 제자리에서 떠나지 못하며 제자리에
서 돌고 도는 그와 같은 것이니라.
26 그러니 오늘의 종교 집단이요, 지도자
너희들이 가는 길이 과연 깨우쳐 하늘
에 오르는 그 길을 달려가는 백성이
요, 자유로운 의사에 맡겨 역사하는
백성이더냐?
27 너희들은 구속된 속에서 너희 임의대
로 깨우치고 전진하지 못하는 그와 같
은 백성이 되지 아니했는가?
28 그러니 거기에서 너희들이 무엇을 얻
으며 무엇을 이룬다 생각하느냐?

29 그리하여 내가 나의 법전을 직접 내려
보냄이니라.
30 너희들은 나의 성경을 빼고 더했으며,
그 제자의 제자가 쓰면서 그 모두를
지식인이라는 백성들이 모아 만들었
음이니 그것이 오자요, 그것을 보고
나의 백성이 깨우쳐 하늘에 오르는
참진리의 길을 볼 수 있겠느냐?
31 그래서 내가 나의 법전이요, 마지막
시대에 내리는 새로운 성경은 너희들
이 빼고 더하고 그리할 수 없도록 내
가 직접 나의 아들을 통하여 기계에
그를 넣으며,
32 그 들어가 있는 내용이 기계를 통해
다시 너희들에게 전해지도록 역사를
하여, 너희들이 그를 듣고 기록하여
오자와 탈자를 잡으며, 한 자의 내용
을 빼고 빼지 아니하는 그와 같은 어
렵고 힘든 그 역사를 직접 행하며 직
접 역사하도록 내가 지금 끌고 가며
이룬다는 것을 알라.
33 내가 내리는 나의 법전은 너희들이 임
의대로 적어 놓을 수도 없으며 빼낼
수도 없으며 함부로 손을 댈 수 없는
것이며, 그러니 인간의 생각이 거기에
들어가지 아니함을 알아야 될 것이니
라.
34 너희들은 누가 무어라 해도 인간의
생각으로써 성서를 만들어 그를 가지
고 전하는 부분이 많이 있음이니, 이
는 곧 배우는 백성과 가르치는 백성이
변질되게 되어 있는 것이니 이를 어찌
한단 말이더냐?
35 그리하여 내가 나의 법전을 나의 아들
을 통하여 기계에 넣음이니, 그 기계
의 음성을 너희들이 적고 다듬어 그
와 같이 지금 만들어 만백성에게 그대
로 전해 역사하는 그 길이 바로 내가
원하는 길이며,
36 그 누구도 손을 대어 고치거나 제 생
각을 넣지 못하도록 하는 것이 나의
뜻임을 알라.

9,226 번째 하나님 말씀

2004년 1월 18일 23시 43분

1 사랑하는 나의 아들아!
2 "네, 아버님! 말씀하옵소서."
3 너와 너의 제자들이 얼마나 어렵고 힘
든 그 길을 가느냐?
4 수천 년 동안 종교 집단이 쌓아 놓고
역사했으며, 그 속에서 집단의 우두머
리요, 지도자들은 호의호식하며, 인간
의 권세도 그리 누릴 수 없을 만큼 모
두를 누리고 살아가는 자들이 아니던
가?
5 그러니 육의 삶의 행복이요, 향락을
느끼며 부족함을 모르고 사는 그와 같
은 종교 집단의 지도자요, 그 우두머
리들에게,
6 그들이 지금 가고 있는 길이 천사를
따라가는 길이 아니며 천사를 향하여
가는 길이 아니요, 사탄을 좇아 사탄
에게 가는 길이라 너희들이 그리 말함
이니,
7 그와 같이 말하는 너희들을 대접할 자
가 어디 있으며 반겨 줄 자가 어디 있
느냐?
8 이는 사탄이요, 이단이요, 사악한 자
가 평화로운 세상에 나의 피조물 만백

성을 현혹하며 미혹게 하는 자라 그리
말할 것이니라.
9 그와 같이 짜여지고 훈련된 그들과 더
불어 너희들이 대우를 받으며, 그들에
게 예우를 받으며, 그들이 너희들을
반겨 줄 것이라 생각하지 말라.
10 절대 그들은 너희들을 반겨 주지 아
니하며, 아는 체도 아니 할 것임을 너
희들은 알아야 될 것이니라.
11 이 세상에 너희들을 대접하고자 하는
사람이 어디에 있겠는가?
12 너희들을 대접하고자 하는 그와 같은
마음을 가지고 있는 백성이 이 세상에
없음을 알라.
13 지금 믿음의 길을 가는 신도라는 백성
은 과연 어떠하던가?
14 그들은 저희가 특별히 선택된 백성으
로서 구원을 받은 백성이요, 저희들은
죽으면 그냥 곧바로 천국으로 올 것이
며, 오로지 나에게 와서 저희들이 어
떠한 큰 상을 받을 것인가 하여 거기
에 빠져 있으니,
15 그 백성들에게 너희들이 지금 가고
있는 믿음이요, 하고 있는 그 신앙생
활이 천국으로 가는 길이 아니라 지옥
으로 가는 길이요, 그와 같은 행위를
하고 있는 것이 오늘의 너희들이라
그리 말한다면,
16 과연 나의 피조물 만백성이 너희들을
반겨 줄 자가 어디 있겠느냐?
17 당신이 가는 길이 하늘에 오르는 길이
요, 당신은 선하고 아름다우며, 나의
아들 예수를 찾으며 나 여호와를 찾음
이니 당신에게는 무조건 천국의 문이
열릴 것이며, 당신의 자리는 얼마나
호화롭고 위대하겠는가 하며,
18 '당신이 먼저 가서 나도 들어갈 수 있
는 그와 같은 기회를 주옵소서.' 하고
너희들이 말한다면, 그들은 너희들을
입에 침이 마르도록 칭찬할 것이며,
너희들 앞에 무엇인가 원하는 걸 아낌
없이 있는 것 없는 것 모두 다 던져 줄
수 있는 마음으로 변화되는 것이 그들
이 아니더냐?
19 그러나 그들에게 그와 같은 사행심을
길러 주는 것이 아니라, 당신이 가고
있는 길은 지옥의 불바다로 가는 길이
며 한 번 떨어지면 영원히 나오지 못
하는 그곳으로 간다 하니,
20 그들 또한 너희들을 반겨 줄 자가 어
디 있는가?
21 너희들을 벌레처럼 볼 것이며, 심지어
인간으로 보지도 아니하는 것이 그들
의 마음이니라.
22 그게 당연하지 않겠는가?
23 그러니 지도자요, 그 신도들이 얼마나
어리석고 불쌍한 백성인 줄 알겠느냐?
24 그러니 그러한 자들과 너희들은 시시
비비하지 말며 대적하지 말라.
25 대적해서 어찌하겠는가?
26 너희들은 그들에게 그저 깨우쳐 주고
전하면 될 것이요, 절대로 대적은 하
지 말라.
27 너희들이 만백성을 구하기 위한 생수
를 공급하기 위해 우물을 만들어 만백
성을 구하는 그와 같은 역사를 한다
할 때도, 만백성이 우물이 필요하며
그 물을 먹지 아니하면 아니 된다 해
도,
28 너희들이 파는 그 우물은 사탄이요,

이단이라 하여 종교 집단이요, 지도자
들이 와서 그를 다 메워 버리고 또 덮
을 것이니라.
29 그러니 그들을 어찌하겠는가?
30 그러니 너희들은 그들과 경쟁하거나
시시비비하지 말며 만백성을 구하는
것이 너희들의 대명이니라.
31 너희들이 파는 우물의 생수를 먹지 아
니하면 그들을 구원할 수 없음이니,
너희들은 그들이 와서 메우면 다른 곳
에 가서 또 우물을 파는 그와 같은 마
음으로 가야 함을 알아야 될 것이니
라.
32 제왕적인 자들이 또 달려와서 그 우
물을 묻고 파괴한다 해도,
33 너희들은 그저 시시비비할 것 없이 등
돌리고 돌아서서 다른 곳으로 움직이
고 또 이동해서 만백성을 구하는 샘물
을 또 파야 될 것이니라.
34 그러니 너희들은 이 넓고 넓은 내가
만든 대자연 속에서 옮겨 가서 또 우
물을 파며 그리 가야 할 것임을 알라.
35 그들이 또 와서 메워도 너희들은 다시
옮겨 그 우물을 파는 그와 같은 인내
를 가지고 가는 것이 나의 법전을 가
지고 역사하는 백성이요, 너희들이 성
공할 수 있는 것이며, 만백성을 구할
수 있는 그 역사가 거기서 이루어짐이
니라.
36 너희들이 그들과 격돌하며 시시비비
하며 적대시하는 그와 같은 행위로써
는 아니 됨이니,
37 너희들이 판 그 생수를 제왕적인 종교
집단이요, 지도자요, 광신도들이 와서
덮어 버리고 메운다 해도, 너희들은
거기서 절대 대적하지 말라.
38 조용히 다른 곳에서 또 우물을 파 만
백성을 구하도록 그리하면 되는 것이
니라.
39 그것이 너희들이 가야 할 길이며 역사
할 길이니라.
40 그러나 오늘 너희들이 우물을 파는 것
은 지금은 혼자 역사하나, 모든 백성
들이 너희들이 파고 있는 그 우물물을
먹지 아니하면 그 생명을 지탱하지 못
한다 할 때, 만백성은 너희들과 더불
어 그 우물을 팔 것이며,
41 그 우물을 메우고자 하는 자, 그 우물
을 깨고자 하는 그와 같은 자들을 방
어하며 그들을 다스리는 것은 그들이
또 할 것이니,
42 그와 같은 세상이 곧 올 것이니, 너희
들은 그리 알라, 사랑하는 나의 아들
딸들아!

9,227 번째 하나님 말씀

2004년 1월 18일 23시 50분

1 사랑하는 나의 아들아!
2 "네, 아버님! 말씀하옵소서."
3 나는 너희들에게 그리 명하여 가르쳤
느니라.
4 어렵고 가난하고 불쌍한 백성들을 보
살피며 그들을 도우며 그들을 거둬들
이는 것이 너희들이 하늘에 오르는 길
이며 나에게 올 수 있는 길이라 그리
말하였음이니라.
5 그러니 수천 년 동안 믿음의 길이요,
신앙의 길을 온 그 종교 집단의 지도
자요, 그리고 그 신도들은 그를 과연

어찌 깨우치는가?
6 그들은 가난한 자가 있는 것이며, 가
난한 자를 돕는 것이 나에게 오르는
길이라는 그와 같은 생각으로써 갈 것
이니라.
7 그러니 가난하고 불쌍한 사람을 상상
하고 생각하며, 형편이 되고 남는 여
유가 있다면 그저 나눠 주고, 기회가
있으면 던져 주려는 그와 같은 마음을
가지고 살 것이니라.
8 또한, 너희들은 어떨 때 베푸느냐?
9 저 자신이 남들에게 돋보이고자 하며,
제가 누구요, 어떠한 사람이라는 것을
보이기 위하여, 제 모습을 스스로 그
리면서 그 생각에 맞추기 위하여 돈이
라는 것을 내고 사랑을 베푸는 행동을
하는 것이 오늘의 너희들이 베풀고 가
는 것이 아니더냐?
10 너희들이 어떠한 형태든 계산적인 방
법을 두고 전하고 역사하는 것은 사랑
이 아님이니라.
11 그리고 내가 너희들에게 말하는 것은
그와 같이 작은 재물이요, 남아도는
그 재물을 가지고 베푸는 것이 그들을
돕고 사랑하는 것이 아님을 알라.
12 이제 나의 아들을 따르는 제자들이요,
나의 법전을 읽은 백성 너희들은 알라.
13 어렵고 가난하고 불쌍한 백성들을 돕
고 같이하라는 말이 무엇인 줄 알겠느
냐?
14 너희들이 인간 세상에 살아가면서 너
희들 속에서 소외된 어린아이들이 번
민과 고통 속에서 더 견딜 수 없어 죽
음의 길을 선택하는 그와 같은 것을
보고 듣고 체험했을 것이니라.
15 어린아이가 제 주변에 있는 또래 친구
들에게 소외되며, 주변에서 그를 다스
려 주고 사랑으로 감싸 주는 사람이
없으며 그 뜻을 들어 주는 자가 없으
며 그 어려움을 보살펴 주지 아니함이
니,
16 그는 고통과 번민 속에서 결국 죽음이
라는 것을 선택하지 않는가?
17 그러니 주변 환경과 무관심 속에서 어
린아이는 그 죽음을 선택하니, 그 많
은 세월 속에서 그가 죽음을 선택할
때까지 그 고통과 시련을 과연 생각해
보았는가?
18 그가 죽음의 길을 선택할 때까지 얼마
나 고독하고 외로웠으며, 그 친구가
원망스러웠으며, 형제가 원망스러웠
으며, 부모가 원망스러웠으며, 선생이
원망스러웠으며, 세상이 다 원망스러
웠겠는가?
19 그 아픈 아이의 마음을 너희들은 돌이
켜 한번 생각해 보라.
20 그러면 너희들이 어찌하는 것이 어렵
고 가난한 자를 돕는 것이며 위로하는
것인가를 알게 될 것이니라.
21 이제 나의 아들을 따르는 제자 너희들
은 들으라.
22 어렵고 힘든 자들을 생각한다면, 너희
들은 소외된 사람들이요, 외롭고 고통
스럽고 고독하며 의지할 곳 없는 자,
그리고 대화의 상대가 없는 자, 누구
와 마음을 터놓고 말할 수 없는 자, 그
리고 마음을 털어놓고 의논할 수도 없
는 자, 그와 같은 백성들에게 너희들
이 친구가 되어 주며,
23 그들의 속에 말할 수 없는 것, 제가 이

루고자 하는 것, 그 모두를 들어 주고
같이하는 그와 같은 마음으로써 봐야
됨을 알라.
24 그리하여 너희들이 소외되고 불쌍한
백성들을 돕는 것은 관심을 가져 주며
대화해 주며, 의지할 곳 없는 그들에
게 의지할 수 있는 자가 되어 주는 것,
그와 같은 것이 더 소중하고 귀중한
것이니,
25 너희들이 가난한 자를 돕고 불쌍한 자
를 도우며 어려운 자를 도와주는 것이
나 여호와의 뜻이라는 그 의미가 거기
있음을 너희들은 알아야 될 것이니라.
26 성의 없는 작은 재물을 가지고 그것
이 구원이요, 사랑이요, 베푼다는 그
와 같은 생각을 하지 말라.
27 너희 주변에 있는 어렵고 힘든 그 백
성들에게 너희들이 따뜻한 말 한마디
를, 그리고 격려의 말 한마디를 해 주
고, 그들의 이야기를 들어 주고 의논
할 수 있는 그와 같은 마음의 자세가
더 소중하니,
28 너희들은 그와 같은 마음으로 어렵고
가난하고 불쌍한 사람들과 같이 가는
길이 우선임을 알라, 그리 전하라.

9,228 번째 하나님 말씀

2004년 1월 19일 08시 10분

1 사랑하는 나의 아들아!
2 "네, 아버님! 말씀하옵소서."
3 이 세상에 자라나는 아이들을 가르치
는 선생이 있음이니라.
4 그러니 그가 한평생 많은 백성들이요,
제자를 가르치고 그를 길러내는 데 모
두를 다 바쳤음이니, 그가 모두를 다
마치고 조용히 인생을 돌이켜 생각해
볼 때, 그에게 가장 기억되고 남는 제
자가 있다면 과연 누구겠는가?
5 똑똑하고 잘 따르는 그 아이보다도 저
능아요, 남들에게 부족한 자라 손가락
질 받으며 저 자신을 다스리지 못하는
그와 같은 학생들에게 용기를 주고 그
를 가르쳐,
6 남들에게 뒤지지 않는 그와 같은 삶을
살 수 있도록 그의 아픔과 어려움을
달래 주고 다스려 나간 그와 같은 일
이 있었다면,
7 그 선생이 가장 못 잊고 그 많은 사람
중에 기억되는 제자가 되지 않겠느냐?
8 지도자는 그와 같은 것에서 보람을 느
끼며, 그를 영원히 기억하며, 그를 인
간의 삶의 즐거움이라 할 수 있음이니
라.
9 젊어서 가르칠 때는 그를 모르나 그가
인생의 모든 경험을 다 체험하고 조용
히 죽음의 시간을 기다리는 그와 같은
삶을 사는 선생이라면,
10 부족한 저능아요, 남들이 손가락질하
며, 부족하지 아니한 아이가 환경이나
그 여건에 의하여 제 기능을 발휘하지
못하고 탕자가 되려는 그런 아이를 다
스리고 깨우쳐서 바른 사람으로 길러
냈을 때, 그 제자야말로 그에게 특별
한 제자요, 기억되는 제자가 아니겠느
냐?
11 또한 인간 세상에 살면서도 그러하니
라.
12 쓰러져 가는 집단, 잘못된 집단, 그와
같은 집단을 잘 다스리고 이끌어 가는

그와 같은 백성들이야말로 가장 훌륭
하고 위대한 선생이요, 지도자가 되지
않더냐?
13 그러니 너희들은 그를 알아야 될 것이
니라.
14 그것이 너희들에게 가장 중요한 것이
며, 가장 중요한 역사임을 알아야 될
것이니라.
15 지금 나는 너희들에게 말하고자 함이
니라.
16 나 여호와가 너희들에게 말하는 것은,
지금 나의 피조물 만백성이 잘못 가고
잘못 흘러가고 있음이니라.
17 그들이 인간 세상에 잘못 사는 것이
요, 쓰러지는 집단이요, 무너지는 그
와 같은 집단이 아니라,
18 정녕 영원히 거듭나며 다시 태어나는
그와 같은 영광의 길을 버려두고,
19 한 번 가면 나오지 못하는 그곳에 가
그 대가를 치르는 것이 얼마나 무섭고
두려운지 모르며, 그 지옥의 길을 향
하여 지금 달려가고 그 삶을 위해서
가고 있다면,
20 그들을 바로잡고 바로 세우는 것이야
말로 얼마나 큰 영광이요, 보람이 있
겠는가?
21 지금 수천 년 흘러오는 동안에 믿음이
요, 나에게 오는 백성이요, 나로부터
구원을 받았다는 착각 속에 사는 그
백성이야말로 너희들이 말하는 사회
에서 저능아요, 부족한 자요, 그리고
모든 것이 떨어지는 자요, 함량 미달
인 백성들이니라.
22 그러니 그들에게 깨우쳐 주어 그들을
바로 하늘에 오를 수 있는 그 길로 인
도하고 역사하는 것이야말로 얼마나
위대하고 소중한 길인가 알게 될 것이
니,
23 너희들은 그와 같은 선생이요, 지도자
가 되어야 될 것이니라.
24 부족하고 어린 학생을 가르치는 것,
남으로부터 소외된 학생을 바르게 세
워 가르치는 것, 그리고 그것을 기쁨
으로 간직할 수 있는 선생이요,
25 무너지는 집단을 바로 세우는 지도자
요, 무너지는 국가요, 잘못되는 국가
요, 만백성을 구하는 그와 같은 역사
를 이루는 지도자가 되어야 될 것이니,
26 생명을 구하고 거듭나게 하는 그 지도
자는 그보다 천배 만배 소중하고 귀함
이니, 너희들에게 은혜를 받은 자는
영원히 잊지 못할 것이니라.
27 부족하고 미련하고 남에게 손가락질
받는 학생이 선생의 그 따뜻한 가르침
에 의하여 바른 인생을 산다면, 그는
제가 특별한 제자요, 특별한 관계이니
그 또한 영원히 잊지 못할 것이며, 그
감사함을 잊지 않을 것이니라.
28 그리고 너희들이 숨을 거두는 마지막
죽어 가는 그 순간에 그 제자는 천릿
길을 마다하지 안고 그 자리를 지키는
아름다운 제자로서 선생에게 보답하
고자 하는 것이 인간관계가 아니더냐?
29 그러니 너희들이 영원히 사는 삶을 사
는 데 저희들이 나에게 올라와 다시
태어났을 때, 그들은 지옥에 살아가는
형국이요, 제가 지옥에서 어떠한 형벌
을 받을 뻔 했는가를 볼 수 있을 것이
니, 그와 같은 자가 너희들에게 감사
함은 오죽하겠는가?

30 그러니 그와 같은 지도자요, 선생이
되라 함이니, 나의 뜻을 절대 잊지 말
라.
31 너희들은 그와 같은 작은 것에는 그
훌륭한 선생이요, 큰 지도자요, 큰 경
영을 하여 성공하는 자요,
32 위로는 또한 만백성을 구하여 나에게
가장 큰 기쁨을 전하며 그들이 영원히
잊을 수 없는 그와 같은 선생이요, 지
도자가 되도록 그리해야 될 것이니라.
33 그 길을 가기 위해서는 남들이 보지
않는 것을 바라보며, 남들이 미워하고
버려진 것을 바라보며,
34 남들이 관계하지 않으며 등한시하며,
항상 부족한 자요, 잘못된 집단이요,
잘못된 국가라 그리하여 구제불능이
라는 딱지가 붙은 그와 같은 자들을
성공적으로 이끄는 것이 위대한 선생
이요, 지도자라 내가 말하였으니,
35 지금 다 쓰러져 가고 죽어 가며 지옥
불로 떨어지는 그 많은 나의 백성들을
구하는 그것이 정녕 위대한 지도자요,
선생이라는 것을 알라.
36 그와 같은 지도자요, 선생으로서 너희
들이 살아가야 함이니, 그 고통과 시
련이 오죽하겠느냐?
37 그를 마다하지 않고 너희들이 노력하
고 들여다보면 길이 있음이니 그리 알
라.

9,229 번째 하나님 말씀

2004년 1월 19일 08시 16분

1 사랑하는 나의 아들아!
2 "네, 아버님! 말씀하옵소서."
3 너희들이 인간 세상에 살아가면서 따
뜻한 말 한마디를 전하고 위로의 말을
전해 주는 그와 같은 삶을 산다 하여
너희들이 잃고 또 손해 보는 것이 무
엇이 있는가?
4 그러나 너희들이 인간 세상에 살아가
면서 잃고 손해 보는 것이 없는 그 따
뜻한 말 한마디가 어떠한 위력을 가지
고 있느냐?
5 작은 재물로써 그를 보답하는 것보다
도 너희들의 따뜻한 말 한마디요, 따
뜻한 마음을 전함이 그보다 천배 만배
위대한 사랑이요, 나눔이요, 베풂이라
는 것을 알라.
6 너희들의 따뜻한 말 한마디가 절망적
인 사람을 희망으로 바꿀 수 있으며,
너희들이 희망적인 이야기를 들려줌
으로 인하여 한 생명을 구할 수 있으
며,
7 그 인생은 인간의 삶에서 너희들이 말
하는 장밋빛 인생으로 바뀔 수 있는
것이 바로 너희들의 따뜻한 말 한마디
이니라.
8 그러나 때로는 너희들이 절망적인 말
이요, 상대방의 마음에 동요가 되는
그와 같은 말을 함으로써 너희들이 사
람을 무시하고 경멸하는 그와 같은 것
이요,
9 그리고 그는 어떠한 자라는 것을 머리
에 인식하며 그에게 구제불능이요, 도
저히 인간으로 살 수 없다고 매도하는
그와 같은 말 한마디가 때로는 인생을
망하게 하며 그리고 재기불능의 인생
을 만들며,
10 절망적이요, 제 인생의 삶이 무너지는

길을 가게 되는 그 희비가 엇갈리는
것이 인간 너희들의 말 한마디이니,
11 따뜻한 말이냐 마음을 아프게 하는 말
이냐 하는 그 한마디가 너희들에게 인
생의 희비를 엇갈리게 하는 것이니라.
12 그러니 나의 아들을 따르는 제자요,
만백성을 구하는 너희들은 이를 명심
하고 명심하여 행동해야 됨을 절대 잊
지 말라.
13 인간 세상에서 그와 같은 형국이 일어
나는 것이니, 너희들이 잃고 얻는 것
도 없는 그와 같은 아름다운 말이요,
따뜻한 말 한마디가 얼마나 소중한 것
인가 다시 한 번 기억하도록 그리하라.
14 나의 백성들에게 참진리의 길을 가르
치며 참진리의 뜻을 가르치는 너희들
이 한마디의 아름다운 진리를 그들에
게 전함으로 인하여, 그는 영원히 지
옥 불로 갈 그와 같은 인생의 삶의 길
에서 영원히 거듭나는 삶이요, 구원의
길로 돌아설 수 있는 것이니,
15 그러니 나의 아들을 따르는 제자요,
나의 법전을 읽고 깨우친 너희들, 나
의 법전의 내용을 들으며 나의 강론을
들어 알고 있는 너희들은 얼마나 말
한마디가 위대한 것인가 알아야 될 것
이니,
16 이보다 더 위대하고 귀한 것이 없으
며, 남에게 기쁨과 영광을 주는 것이
없음을 너희들은 알라, 사랑하는 나의
아들딸들아!
17 특히 나의 아들을 따르는 제자들이요,
그와 더불어 같이 가는 너희들은 따뜻
한 말 한마디요, 따뜻한 마음의 전함
을 너희들이 소홀히 해서는 아니 될
것이니라.
18 그리하여 내가 너희들에게 남에게 시
기하고 질투하는 말, 음해하는 말을
하는 자는 '내가 너를 모른다.' 한다
한 그 무서운 뜻을 알아야 될 것이니
라.
19 나의 아들을 따르는 제자 너희들이 몸
가짐과 마음가짐과 말과 믿음의 행함
에 있어서 한 점의 부끄럼이 없는 완
벽한 삶을 살라 함이 여기 있음이니라.
20 너희들이 아름다운 말이요, 바른 몸가
짐이요, 행함이 철저할 때, 너희들을
보고 깨우치는 백성들이 그 구원의 길
이 얼마나 위대한 것이며 다시 태어남
이 얼마나 위대한 것인가를 알게 될
것이니라.

9,230 번째 하나님 말씀

2004년 1월 19일 08시 28분

1 사랑하는 나의 아들아!
2 "네, 아버님! 말씀하옵소서."
3 십계명을 지킬 수 없으며 그를 행하고
살 수 없는 것이 인간이라 그리 말하
는 자들에게 나의 아들을 따르는 제자
너희들은 뭐라 말하느냐?
4 너희는 지킬 수 있다, 그리고 지키고
살아야 한다 그와 같이 말하느니라.
5 그러나 너희들은 이제 깨우쳐 또 한
계단 앞으로 전진해야 됨이니, 너희들
이 십계명을 지킬 수 없다 말하는 그
백성들에게 십계명을 지키고 살아야
되며 그대로 지킬 수 있다 말하는 것
보다,
6 그들이 십계명을 지키고 살 수 있도록

용기를 주는 방법, 그리고 그들이 이
해하고 깨달을 수 있는 방법, 그를 깨
우쳐 줌이 더 중요함을 너희들은 알아
야 될 것이니라.
7 그들은 어찌 보면 부족한 자요, 용기
가 없는 자이니라.
8 그리고 저 자신을 과소평가하는 것이
며 인간 자체를 과소평가하는 자이니,
아이와 같은 자이니라.
9 선생이 가르치되 수학이요, 영어요,
언어요, 그 모두를 알면서도 발표하지
못하며 말하지 못하는 그 학생은 발표
력이 없으며 또한 하나로 같이 엮어서
말하는 능력이 없으나,
10 그가 기억력이요, 또 생각하는 것이
요, 보고 판단하는 것은 천재 같은 학
생이 있음이니, 장단점이 있는 것이니
라.
11 그러니 지금의 모든 종교 집단이요,
지도자 그 백성들이 무엇이더냐?
12 용기가 없는 자가 있으며 발표력이 없
는 자가 있으며, 알면서도 숫기가 없
어 남 앞에 서면 말을 더듬으며 그를
발표하지 못하는 그와 같은 학생의 삶
과 똑같음이니,
13 그에게 용기를 주고 그의 단점을 고쳐
줄 수 있는 그것이 진정한 선생이요,
위대한 지도자가 아니더냐?
14 그러니 그들은 용기가 없으며 자신이
없기 때문에 그들이 십계명을 감히 지
킬 수 없다 그리 말하느니라.
15 너희들은 용기가 있으며 지킬 수 있다
말하는 그것이 차이임이니라.
16 그러니 알면서도 발표를 못 하고 말을
더듬는 학생과, 자신 있게 나가서 발
표하는 자, 그 차이밖에 없지 않더냐?
17 그러니 그들에게 너희들은 십계명을
지키고 살 수 있는 용기와 방법을 전
하고 깨우쳐 주라.
18 그리 지키고 살아야 된다 그리고 지키
고 살 수 있다 하는 것보다도 더 큰 가
르침의 효과가 거기 있음을 알라, 사
랑하는 나의 아들딸들아!
19 나의 법전이 어렵고 힘들며, 순교자의
길보다 법전을 지키고 사는 그 길이
더 어렵고 힘들다는 그 말을 너를 찾
아온 사람들에게 듣지 아니하였더냐?
20 그러니라, 나의 법전은 그만큼 어렵고
힘든 길이니라.
21 그러니 지키며 갈 수 없다 지키기 어
렵다 말하는 것은 당연한 것이니라.
22 그러나 너희들은 어찌 생각하느냐?
23 지킬 수 있으며 지키고 가야만 나에게
오를 수 있다 함이니, 그게 용기 있는
자들이요, 자신 있는 자가 아니더냐?
24 그러니 그 백성들에게 너희들처럼 지
키고 살 수 있다는, 할 수 있는 용기를
주며, 그 용기를 가질 수 있는 방법으
로 깨우쳐 주는 것이 바른 지도자요,
바른 선생으로서 가르쳐 줌임을 너희
들은 알아야 될 것이니라.
25 그러니 그들에게 용기를 주라, 그리고
할 수 있다는 그 희망을 안겨 주도록
그리 가르치라, 사랑하는 나의 아들아!
26 무조건 지켜야 되며 해야 된다는 그와
같은 것은, 그 아이가 알면서도 말을
더듬는 아이의 장점을 보지 못하는 선
생이니, 그게 얼마나 우매한 선생이
요, 얼마나 잘못된 선생이던가?
27 그러니 거기에는 사랑이 없으며 인자

함이 없으며 선생으로서 자질이 없는 것이니라.

28 그러니 너희들은 인자한 선생이요, 그 모두를 보살필 수 있는 선생이요, 부모보다도 더 자세히 그 학생을 가르치고 깨닫게 하며 네 경험을 살려 가르치는 훌륭한 선생이 되어야 됨을 잊지 말라.

29 그러니 너희들은 그들에게 용기를 주고 그 용기를 가르치도록 그리하라.

30 그것이 너희들이 가야 할 길이고 해야 하는 그 역사가 아니더냐?

31 알지 못하는 선생에게 부족한 선생에게서 그저 부족한 대로 배워 간다면, 그리고 그 밑에서 배우는 그 학생의 장단점을 구분하지 못하는 선생에게 배운다면,

32 그저 그 아이들은 보이는 그대로만 평가될 것이며 그의 인생의 흘러감도 그러할 것이니라.

33 그러나 가지고 있는 장점을 살려 그를 바로잡고 고쳐 주는 선생이 있다면 그는 이 세상에 필요한 훌륭한 사람이 되지 않겠느냐?

34 나의 피조물 만백성 그들이 옳고 그름을 판단할 수 있는 지혜가 없는 것은 아니니라.

35 그를 알고 있으나 그들이 용기 없는 학생이요, 발표 능력이 없는 학생이요, 남 앞에 서지 못하는 수줍은 학생이니,

36 이러한 단점을 너희들이 다 다스리고 가르쳐 그 부분에 그가 용기를 가질 수 있는 특별한 훈련을 지도하는 선생처럼 되라.

37 나의 피조물 만백성은 지금 뭐라 하느냐?

38 나의 아들 예수의 보혈로써 구원을 받는다 함이니, 그들에게 예수가 행한 역사를 보고 따르는 것이 구원을 받는다는 것을 이해시키고, 그것이 소중하며 그리 갈 수 있도록 너희들이 용기를 심어 주며,

39 감히 나의 십계명을 지킬 수 있다는 것은 하나님 나 여호와를 거역하는 자요, 사탄의 자식이요, 인간으로서 그리 갈 수 없다고 말하는 그 백성들에게, 지킬 수 있는 용기와 그 용기를 가질 수 있는 방법을 가르쳐 주도록 그리하라.

40 그리하면 그들이 나에게 필요한 백성이요, 나에게 오를 수 있는 선생이 되지 않느냐?

41 그러니 너희들이 어찌 가르치고 어찌 지도하느냐에 따라서 그 백성들이 구원의 길을 보고 못 보는 것이 달렸으니, 지도자요, 선생인 너희들의 중요함을 알라, 사랑하는 나의 아들딸들아!

42 너희들은 그와 같이 어리석고 부족한 백성들을 탓하고 어리석다 구박하지 말며 그리고 그들을 버리지 말라.

43 용기를 주고 방법을 정확하게 제시하고 가르쳐 준다면, 그들은 거기에서 헤어날 수 있는 것이니라.

44 그것이 지금 나의 아들을 따르는 제자들이요, 나의 법전을 읽고 선택된 지도자 너희들이 가야 할 길이며,

45 이는 나의 피조물 만백성을 영원히 사는 다시 나는 길로 인도하는 것이니, 그보다 더 위대하고 소중한 것이 없는

관계 설정이니라.
46 그러니 그와 같은 관계요, 그를 버리
지 말라.
47 너희들과의 관계가 바로 그들에게 용
기를 주고 희망을 주며 그들이 돌이켜
볼 수 있는 지혜를 심어 주는 것이 더
위대하고 소중한 것이며, 그리하여 너
희들과 그들과의 관계는 끊을 수 없는
끈이라는 것이니 그리 알라, 사랑하는
나의 아들딸들아!

9,231 번째 하나님 말씀

2004년 1월 19일 08시 36분

1 사랑하는 나의 아들아!
2 "네, 아버님! 말씀하옵소서."
3 오늘 아침 내가 훌륭한 선생이요, 능
력 있는 선생이요, 제자에게 필요한
선생이 어떠한 선생인가를 너에게 전
하여 법전에 기록함이니, 정녕 그와
같은 선생으로서 너희들이 성장하라
함이니라.
4 너는 선생과 제자요, 스승의 따뜻한
그 마음이 무엇인가를 일찍이 체험하
였으니, 너는 그때서부터 무엇을 느꼈
느냐?
5 "네, 아버님! 저는 지금서부터 50년
전, 제가 열 살의 어린 소년일 때, 저
는 벽지의 초등학교에서 학생으로서
공부를 하였으며,
6 그때 저는 그 시골의 산골 학교에 하
나밖에 없는 배구공을 가지고 놀고 싶
어 방과 후에 선생님의 사물함에서 그
것을 훔쳐 집으로 갔사옵나이다.
7 그리하여 그 공을 가지고 가 시골의
친구들과 하루 종일 즐겁게 놀았사옵
나이다.
8 그러니 시골 학교에 하나밖에 없는 그
배구공을 누가 가져갔는지 모를 리가
없으며, 한 시간도 안 되어 그 선생님
은 그것을 알았사옵나이다.
9 그리하여 저는 그때 그것이 두렵고 무
서워서 어찌하면 학교를 가지 아니하
며 어찌하면 제가 거기서 벗어날까를
생각했으며,
10 선생님이 그 많은 학생들 앞에서 때리
는 그 매의 무서움이 머릿속에 상상
이 되고 그려져 저는 두렵고 무섭기만
하였사옵나이다.
11 그러나 제가 배구공을 훔쳐 가지고
노는 그 즐거움은 그보다 더한 것 같
았으며,
12 저는 그것 하나를 가지고 놀며 학교를
가지 아니하려는 그와 같은 생각을 가
지고 있을 정도로 그 공을 좋아했으며,
13 그때 저의 마음이 그러하였으며, 그러
나 그 공포와 두려움은 이루 말할 수
가 없었사옵나이다.
14 그러나 저는 영원히 학교에 가지 아니
할 수 없었으며, 그리하여 결국 선생
님의 연락을 받아 그 공을 가지고 학
교에 갔음이니,
15 가는 그 순간에 저는 체벌을 생각하
며, 그 두려운 체벌을 기다리고 있었
사옵나이다.
16 그러나 공을 가지고 오라는 그 선생님
은 저를 웃음으로써 맞이하며 제 머
리를 쓰다듬어 주셨습니다.
17 그리고 '너는 이것이 그리 좋으냐?'
하시면서, '너는 이다음에 공을 가지

고 노는 선수가 되겠구나. 공을 그리
좋아하는 것을 보면 너는 이 공으로
큰일을 할 것이며, 그 공으로 이름을
날릴 것이며, 대성할 수 있는 기질이
있겠구나.'
18 그러면서 제 머리를 쓰다듬으면서 그
선생님은 웃음으로써 그리 말씀해 주
셨습니다.
19 그리고 선생님께서 말씀하시기를, 이
건 아무개가 좋아하기에 이 공을 내
가 주었노라 그리 말씀을 하셨사옵나
이다.
20 그리고 저는 그때 거기서 그 모든 체
벌을 면할 수 있었사옵나이다."
21 사랑하는 나의 아들아! 너는 그때 무
엇을 생각했느냐?
22 "네, 아버님! 거기서 저는 한 가지를
깨달았으며, 그것이 지금까지도 제 가
슴을 항상 울리고 있사옵나이다."
23 그것이 무엇이더냐?
24 "잘못을 하면 용서하는 것은 부모만
자식을 용서하는 줄 알았으나,
25 부모보다 더 큰 용서를 하는 것이 선
생이요, 스승의 마음이라는 것을 그때
깨달았으며,
26 그 선생님의 인자한 마음 때문에 지금
까지도 선생이라면 제가 고개를 숙이
는 그와 같은 마음으로 살아왔으며,
존경하는 마음을 가지고 살았사옵나
이다."
27 사랑하는 나의 아들아, 네가 이제 선
생이 되었음이니라.
28 네가 오늘에 선생이 될 것이며, 네가
선생이 되었을 때 그와 같이 온유하고
부드럽게 되라 하여 내가 너에게 그와
같은 훈련을 시켜 50년 동안 네 가슴
에 간직하고 살아오게 하였으니,
29 네가 이제 사랑하는 피조물 만백성의
선생이 되었으니, 그 선생보다 위대하
고 부드러운 선생이 되라, 사랑하는
나의 아들아!
30 네가 이제 그와 같은 선생이 되도록
50년 동안 훈련을 했으며 가슴에 안
고 왔던 그 뜻을 펼 때이니,
31 이를 너의 제자들에게 전해 주어 너의
제자들도 그리 가도록 하며, 이제 선
생으로서 그렇게 온유하고 따뜻한 선
생이 되도록 그리하라.
32 너는 모든 학생들의 그 마음을 이해해
야 될 것이니라.
33 그리고 그들을 이해하는 마음으로써
그들과 동화되어야 될 것이니라.
34 네가 숙제를 해 오라 하였음이니, 숙
제를 해 오지 않은 그 학생을 체벌로
써 다스리는 그와 같은 선생이 아니라,
35 그가 어쩔 수 없이 숙제를 해 오지 못
한 사정을 들여다보도록 하라.
36 그 집이 불에 타서 그랬는지, 그가 잘
곳이 없어 그랬는지, 연필이 없어 숙
제를 못 했는지, 종이가 없어 숙제를
못 했는지, 그 아프고 아픈 마음을 들
여다보라.
37 그는 말하지 않느니라, 매를 맞으면서
도 왜 숙제를 하지 아니하였는지 변명
하지 아니하며 말하지 않는 학생의 그
마음이 있을 것이며 그와 같은 자가
있을 것이니, 너는 그를 먼저 깨닫고
깨달아야 될 것이니라.
38 내가 50년 전에 너에게 깨우쳐 지금
까지 단 한 번도 지우지 못한 그와 같

은 교훈은, 오늘의 네가 만백성에게
그 인자하고 부드러운 선생이 되어야
되며 그 길을 가야 되기 때문에 네가
그에게 훈련을 받았음이니,
39 이제 네가 그 부끄러운 마음을 지울
것이며, 오늘 네가 부드럽고 인자한
선생으로서, 네가 지금까지 가슴에 안
고 왔던 부끄러운 마음이요, 그리고
선생님의 은혜를 생각하고 살았던 그
마음을 이제 만백성에게 전하고 모범
을 보이고 다스리도록 할 것이며,
40 너의 제자들 또한 그와 같은 사랑의
마음으로 부드러운 선생이 되도록 그
리 가르치라, 사랑하는 나의 아들아!
41 내가 너를 사랑하니, 마음의 부담을
오늘 이 시간부터 덜도록 그리하라.

9,232 번째 하나님 말씀

2004년 1월 20일 0시 00분

1 사랑하는 나의 아들아!
2 "네, 아버님! 말씀하옵소서."
3 너희들이 무엇 하나를 심는다 해도 그
것을 부모 같은 마음으로 심으라 하였
음이니라.
4 그러니 너희들이 모든 동식물을 가꾸
고 기르는 것도 부모가 되는 마음 자
세로써 그 모두를 다스리며 그리되라
하였음이니라.
5 그리하여 내가 너희들에게 '모든 동식
물도 부모의 자리를 지키는 마음으로
사랑하라 하였음이니, 인간은 얼마나
소중하더냐?' 내가 그리 너희들에게
묻고 가르쳤음이니라.
6 그러나 너희들은 알아야 될 것이니라.
7 너희들이 점점 그와 같은 마음으로 살
아간다면, 어떠한 일이 있어도 인간에
게 화를 내서도 아니 되며, 인간의 감
정을 상하게 해서도 아니 되며,
8 재물이라는 것을 가지고 송사하고 역
사하는 그러한 일도 해서는 아니 될
것이니라.
9 너희들은 그와 같이 소중한 것이 인간
이라 그리 말하면서, 과연 너희들이
나의 백성들을 얼마나 아끼고 소중히
생각하며 사랑하며 그 존재 가치를 값
있게 따지는가?
10 어떠한 형태든지 살아가는 속에서 과
연 너희들은 그와 같은 것을 의식하며
그와 같은 생각을 가지고 살아가는 백
성이냐 내가 너희들에게 물었을 때,
자신 있게 '네' 라고 대답할 수 있는
백성이 있더냐?
11 지금 나의 피조물 만백성 너희들은 배
우고 듣고 또 깨우쳤다 해도, 너희들
이 생활에 있어서는 그와 같이 행하지
아니함이니,
12 이는 곧 행함이 없이는 너희들이 아무
것도 근거함이 없으며 역사하는 것이
없으며 변하는 것이 없음이니라.
13 그리하여 내가 너희들에게 일찍 깨우
치기를, 행함이 없는 믿음은 죽음의
믿음이라 그리하였거늘,
14 모든 종교 집단의 지도자들이 육의 세
상의 행함은 부질없는 것이라 그리 가
르치고 지금 역사하고 있음이니라.
15 그러니 내가 인간이 얼마나 소중하고
귀한 것인지 알라 하였음이니,
16 너희들은 말 한마디, 행동 하나하나가
남에게 오물이 튀는 그와 같은 행위를

해서는 절대 아니 되며, 남에게 오물
을 묻히는 그와 같은 행위를 해서는
절대 아니 되는 것이 너희들이니라.
17 그러나 이해관계에 봉착했을 때, 이익
의 분배가 있을 때, 너희들은 어떻게
하는가?
18 너희들이 그들보다 불이익을 당할 때,
너희들이 그들 보다 손해를 볼 때, 너
희들이 소위 자존심에 상처를 입었을
때, 마음에 상처를 입었을 때, 너희들
은 어찌 변하는가?
19 너희들은 무서우리만큼 변하느니라.
20 나의 법전을 읽고 깨우치고 배운 것도
모두 다 지워 버림이니, 그걸 배우지
아니하고 듣지 아니한 백성보다도 더
험악하게 변화되는 것이 나의 아들을
따르는 제자들이요, 또한 그 백성들이
요, 그리고 나의 아들 너이니,
21 너희 자신이 그와 같은 삶을 산다면
너희들은 아무것도 이룰 수 없으며 아
무것도 변화된 것이 없음이니,
22 모든 생활에 있어서 행함이 소중하다
하였음이니, 너희들이 행함에 한 점의
부끄럼이 없는 그와 같은 삶을 살라.

9,233 번째 하나님 말씀

2004년 1월 20일 0시 02분

1 사랑하는 나의 아들아!
2 "네, 아버님! 말씀하옵소서."
3 나 여호와가 너희들에게 말하였느니
라.
4 자기 자신을 의식하지 말며, 자기를
먼저 생각하지 말며, 너희들은 마음을
비우고 살라 그리하였느니라.
5 그리하여 마음을 비우고 선행을 베풀
며 살라 하니, 그와 같이 살아가며 그
와 같은 삶을 살아간다 말하는 자가
있음이니라.
6 너희들이 선행을 베풀며 살아간다 그
리 말하나, 정녕 너희들이 마음속까지
도 그와 같이 변화되었으며 선한 마음
으로 매사에 그리 행동하고 살아가는
가, 한번 너희들 자신이 돌이켜 봐야
될 것이니라.
7 너희들은 생각날 때는 선하고 아름답
게 사나, 생각이 지워질 때는 너희들
자신도 모르게 죄가 무엇인지 모르고
남에게 오물을 튀기는 그와 같은 행위
를 하면서도 그것이 잘못된 것이라 생
각하지 못하는 그와 같은 삶을 살지
않는가?
8 너희들은 생각날 때는 선행을 베풀며
아름답게 사나,
9 그와 같은 것을 잊어버렸을 때는 보통
백성들과 같이 마음의 자세가 험악해
진다면 과연 너희들은 어떠한 삶을 사
는 것이냐?
10 하루에도 수십 번씩 지옥과 천국을 왕
래하는 그와 같은 삶을 사는 것이 너
희들의 삶임을 알아야 될 것이니라.
11 너희들이 지옥과 천국을 왔다 갔다 왕
래하는 그와 같은 삶으로는 정녕 나에
게 오르는 빛을 볼 수 없으며, 나의 백
성으로서 거듭날 수 없으며, 나에게
올 수 없다는 것을 알라.
12 너희들이 선행을 베풀고 산다 말하면
항상 그리 베풀고 살아야 되며, 유하
고 부드러운 모습으로써 그와 같은 것
을 잠시도 지워서는 아니 됨이니라.

13 생각날 때는 바로 가나 생각이 지워질
때 모두 다 무너진다면, 바로 내가 너
희들에게 뭐라 하였느냐?
14 하루에도 수천 번씩 너희들은 천국과
지옥을 왕래하는 것이라 하였음이니,
이를 명심하고 또 명심하도록 그리하
라, 사랑하는 나의 아들딸들아!

9,234 번째 하나님 말씀

2004년 1월 20일 0시 07분

1 사랑하는 나의 아들아!
2 "네, 아버님! 말씀하옵소서."
3 갓 태어난 모든 동물들이 가장 그리워
하며 가장 편안한 곳은 무엇이더냐?
4 제 젖을 먹이는 어미의 품속이라 너희
들은 그리 말할 것이며, 모든 동물들
도 제 어미의 품이 가장 평온하며 가
장 안전하며 가장 행복함을 느낄 것이
니라.
5 또한 인간은 어떠하더냐?
6 어린아이들이 성장하기 전에 그들은
어디가 가장 편안하며 어디를 가장 그
리워하겠는가?
7 제 부모의 품이요, 제 어미의 품에 안
기는 그것이 가장 편안한 것이며, 그
를 위하여 의식적으로 제 부모요, 어
미의 품을 찾아드는 것이 인간이 아니
더냐?
8 그러니 이제 나의 아들을 따르는 백성
들이요, 그리고 선택된 너희들, 그리
고 나의 아들을 따르는 제자 너희들은
알아야 될 것이니라.
9 너희들은 이제 나의 피조물 만백성의
영혼의 어머니요, 부모가 될 수 있도
록 그와 같은 자리를 지켜야 되는 것
이 너희들임을 알아야 될 것이니라.
10 이제 나의 아들을 따르는 선택된 제자
들이요, 그리고 나의 법전을 읽고 깨
우친 만백성 너희들은 나의 피조물 만
백성이요, 또한 너희 형제의 영혼을
구하는 영혼의 부모로서 그 자리에 설
수 있으며 그 자리에 앉을 수 있는 그
와 같은 백성으로 변해야 된다는 것을
절대 잊지 말라, 사랑하는 나의 아들
딸들아!
11 너희들이 부모를 대신할 수 있는 그와
같은 사람이야말로 얼마나 사랑이 충
만한 자요, 그리고 자기 희생을 해서
살아가는 사람이더냐?
12 인간 세상에서 살며 저를 낳아 주고
길러 준 부모보다도 더 편안한 품이
있으며 가슴이 있다면,
13 과연 그 사람이 얼마만큼 사랑을 실천
하는 사람이며 얼마만큼 저희들이 자
애로움을 가지고 사는 백성이더냐?
14 이제 나의 아들을 따르는 제자들이요,
그리고 나의 법전을 읽고 깨우친 선택
된 너희들은 나의 피조물 만백성 그들
의 영혼의 부모로서 그 자리를 지키는
데 한 치의 오차도 없으며 부끄럼이
없도록 하라.
15 너희들이 그와 같은 자리에 겸하여 앉
지 못하는 백성이 되어서는 아니 될
것이니라.
16 너희들은 그와 같이 영혼의 부모가 될
수 있으며 당당히 그 자리에 앉으며
그 자리를 지키는 데 하나도 부끄럼이
없는 그와 같은 삶을 살도록 그리하라.
17 너희들은 만백성의 부모가 되어야 됨

을 잊지 말라, 영혼의 부모가 되어야
됨을 잊지 말라.
18 너희들이 그와 같은 자격을 얻어야 함
이니라.
19 성스러운 결혼식장이라는 곳에서 부
모가 없는 자의 부모를 대신하여 그
자리를 지켜 줄 수 있는 사람이 있다
면,
20 그 자리를 지켜 주는 그와 같은 사람
이 부모보다 못한 자요, 부모보다 그
와 같은 정을 주지 못했다면, 과연 그
는 그와 같은 자리를 앉을 수 있겠는
가?
21 그가 원하되 그보다 더 사랑하는 마음
이요, 그리고 진실로 그들을 가르쳤으
며 진실로 그들을 사랑하며 그들을 위
해서 무엇인가 깨우치고 그 길을 다스
려 주는 그와 같은 삶을 사는 자는
22 부모가 없는 자에게 대신 그 자리에
앉아 예식이라는 것을 끝마칠 수 있으
며 부모의 대리 역할을 할 수 있을 것
이니라.
23 그러니 너희들이 영혼의 부모요, 영혼
의 자리를 지킬 수 있는 나의 아들딸
로서 부족함이 없는 삶을 살라는 것이
나 여호와의 뜻임을 명심하도록 그리
하라.

9,235 번째 하나님 말씀

2004년 1월 20일 0시 11분

1 사랑하는 나의 아들아!
2 "네, 아버님! 말씀하옵소서."
3 사랑하는 나의 아들딸, 나의 법전을
읽고 깨우쳤으며 그리고 강론을 듣고
깨우쳐 변하는 그와 같은 삶을 사는
나의 피조물 만백성, 그리고 선택된
너희들은 알아야 할 것이니라.
4 너희들 스스로 마음을 비웠으며 마음
이 변했다 하나, 너희들의 변하지 않
은 그 마음은 무엇이더냐?
5 마음을 비우지 못한 자는 그 마음속
깊이 욕심이라는 것이 도사리고 있으
며, 욕심이 남아 있다는 것을 알아야
할 것이니라.
6 욕심이 남아서 마음을 비우지 못하는
자는 결국 어떠한 삶을 사는가?
7 욕심이 남아 있는 자는 모든 세상의
삶에 있어서 화를 부르느니라.
8 화를 부르는 그것이 바로 욕심이 남아
있는 것이니라.
9 그러니 화를 부르는 행동은 과연 어떠
하던가?
10 화를 부르는 자, 화를 가지고 있는 자
는 거칠어지며 행동이 거칠어지며 말
이 거칠어지는 것이니라.
11 그러니 말이 거칠고 화를 내는 것은
너희들이 아직도 욕심을 비우지 못한
것이며, 사랑이 무엇인지 모르며 사랑
을 실천하는 길을 가지 못하는 자들이
니,
12 그와 같은 자는 깨우침이 하나도 없으
며 제자리에서 맴돌고 있다는 것을 너
희들은 알라.
13 욕심을 비우지 못한 것은 마음을 비우
지 못하였음이니, 마음을 비우지 못한
자는 자신을 다스리지 못하며, 자신을
다스리지 못하면 무엇이더냐?
14 저 자신을 잃는 것은 두말할 것 없으
며, 이 아름다운 세상에서 살아가는

데 낙오자요, 세상을 다스릴 수 없는
자임을 너희들은 알아야 될 것이니라.
15 그러니 너희들이 너희 자신을 모르며
세상의 이치를 모르며 세상이 돌아가
는 그와 같은 뜻도 모르는 백성이라
면, 하늘의 이치요, 하늘의 뜻을 어찌
알겠느냐?
16 정녕 너희들은 알 수 없는 것이니라.
17 내가 나의 아들을 통하여 너희들을 길
러 주고 낳아 준 그 부모에게 효도를
다하는 것이 나에게 효도를 하는 것이
라 그리 너희들에게 깨우쳐 전하지 아
니하였던가?
18 너희들은 이와 같은 이치를 알아야 될
것이니라.
19 정녕 너희들이 세상의 이치를 모른다
면 하늘의 이치를 알 수 없는 것이니
라.
20 그러니 너와 너의 제자들은 자신이 지
금 어느 종착역에 와 있으며, 너희들
의 마음의 종착역은 과연 어디에서 멈
추고 있는가 그를 한번 너희들이 다스
려 봐야 될 것이니라.
21 너희들이 마음을 비우지 못한 자요,
그리고 욕심이 남아 있는 자, 너희들
이 욕심이 남아 있어 말이 거칠며 행
동이 거칠어지며, 너희들이 참진리요,
깨달음을 너희 스스로 의심할 정도로
그와 같이 삶을 살아가는 것은 아닌가?
22 네가 멈춰 있는 마음의 종착역이 어디
인가 너희들은 이제 들여다봐야 될 것
이며, 그를 너희들이 깨달아야 될 것
이며,
23 자신을 발견하고 돌아다봐야 할 때가
되었음을 너희들은 알아야 될 것이니
라.
24 이제는 너희 자신을 돌아봐야 할 것이
며,
25 너희 자신을 돌아다보지 아니하며 네
가 어디쯤 와 있는가 모른다면 너희들
은 정녕 구원의 길을 오를 수 없다는
것을 명심하고 또 명심하도록 그리하
라.

9,236 번째 하나님 말씀

2004년 1월 20일 0시 14분

1 사랑하는 나의 아들아!
2 "네, 아버님! 말씀하옵소서."
3 진정한 지도자는 뭐라 말하였느냐?
4 변화될 수 있는 백성을 알아 볼 수 있
는 것, 그를 보고 너희들이 깨닫고 느
낄 수 있는 그와 같은 지혜요, 현명함
을 가져야 되는 것이니라.
5 그러니 너희들이 남을 보며 나의 백성
을 보며 너희들의 형제들을 보면서 그
들의 마음이 어떠한 것인가 그 마음을
알 수 있는 지혜를 얻는 것은 무엇이
더냐?
6 스스로 너희 마음을 비우며 너희 자신
이 존재하지 아니하는 그와 같은 마음
으로 살아가는 것, 그리했을 때 그 모
두를 알 수 있을 것이니라.
7 그러한 백성이 변화될 수 있기 때문이
니라.
8 또한 그와 같은 백성은 변화될 수 있
으며 나에게 올 수 있는 그 길을 볼 수
있다는 것을 너희들은 알아야 될 것이
니라.
9 이제 너희들은 알아야 될 것이니라.

10 만 명 중에 한 사람의 마음을 너희들이 알며 한 사람을 얻는다면, 돌려 역으로 생각하면 무엇이더냐?
11 9,999명을 너희들이 잃게 되는 것이 아니더냐?
12 그러니 너희들이 9,999명에게 속고 속아서 한 사람을 얻는 그와 같은 길이 얼마나 어렵고 힘들겠느냐?
13 그러나 너희들의 마음이 비워져 있으며 너희 자신이 다스려졌을 때, 너희들은 나의 피조물 만백성의 그 마음을 알 수 있으며 변화되는 상황까지도 알 수 있음이니,
14 그 지혜를 얻는 것이 너희들이 나에게 오를 수 있음이니, 만백성을 지도하기가 얼마나 쉬운 길인지 알겠느냐?
15 너희들이 하나를 구원하기 위하여 9,999명을 만나, 마지막에 만난 그 한 명을 얻고 구하는 그와 같은 역사를 이룬다면 너희들은 한 명을 얻기 위하여 너무나 힘들고 어려운 길을 가야 되며 그 역사를 이룰 것이니라.
16 그러니 변화될 수 있는 백성을 알아보는 그 안목이야말로 나 여호와가 내린 가장 큰 지혜임을 알아야 될 것이니,
17 이를 너희들이 소유하고 이걸 다스리며 이를 네 것으로 만들고자 한다면 너희들의 욕심의 마음의 뿌리를 다 버리도록 그리하라.
18 그러면 모두 역사할 수 있을 것이며, 누구든 너희들 같이 변화될 수 있는 백성인지 변화될 수 없는 백성이요, 낙오자가 될 것인지 너희들이 알게 될 것이며 그를 보게 됨이니라.

9,237 번째 하나님 말씀

2004년 1월 20일 06시 47분

1 사랑하는 나의 아들아!
2 "네, 아버님! 말씀하옵소서."
3 이 세상에 살아가는 나의 백성들이 있음이니라.
4 너희들이 정답을 알면서도 그를 말하지 않는 자, 그리고 정답을 알면서 나서지 아니하며 아는 체를 하지 않는 그와 같은 백성이 있는가 하면,
5 정답을 모르면서 오답을 가지고 정답인 것처럼 제가 이 세상에서 가장 현명한 것처럼 행동하는 그와 같은 백성들이 있음이니,
6 너희들은 과연 어떠한 백성으로서 살아가는 것이 인간의 도리인가 너희들 스스로 잘 알고 있을 것이니라.
7 지금 너희들이 나의 법전이요, 나의 성령을 가지고 만백성을 구하는 그 역사를 이루며, 내가 나의 아들을 통하여 성령을 내려 법전이요, 새로운 성경이라 하여 기록하여 내리며,
8 그가 나로부터 경배의 기도를 드림으로 내가 그에게 내리는 그 모든 강론이요, 가르침을 듣고 있는 너희들은 바로 이 세상의 이치요, 정답을 알고 살아가는 백성들임을 알아야 될 것이니라.
9 그러니 그 정답을 아는 백성 너희들이 외형의 살아가는 모습이요, 인간이 쓰다 버리고 마는 그리고 너희들이 소유하다 버리고 마는 외형의 보이는 삶이요, 네 몸의 치장을 위하여 그와 같은 삶을 살아간다면,

10 과연 그것이 정답을 아는 백성들이 살
아가는 모습이더냐?
11 정답을 아는 백성이라면 그저 때가 되
어 끼니를 때우며, 단 한 벌의 옷을 걸
치고 있다 해도 너희들 자신이 행복함
을 알 것이며, 너희들 자신이 세상의
허무함이 없을 것이니라.
12 그러나 저희들이 정답을 모르며 참진
리를 모르는 자는 제가 아무리 치장을
하고 갖추고 다스린다 해도 그 공허하
고 허전한 마음은 이루 말할 수가 없
을 것이며, 다스릴 수가 없으며, 그 끝
의 원인을 모를 것이니라.
13 이 세상에서 정답을 가지고 조용히 대
답하지 않고 앉아 있는 그와 같은 사
람이 바로 너희들이니라.
14 그러니 너희들이 정답을 알면서도 말
을 하지 아니함이니, 얼마나 남에게
부끄럽지 아니하며 네 모습이 당당한
가?
15 정답이 아닌 것을 가지고 정답이라 소
리 지르고 악을 쓰는 자, 그리고 저만
이 세상에 가장 위대하고 똑똑한 자라
말하는 그 백성을 볼 때 너희들은 어
떠하겠는가?
16 두 가지 마음이 있을 것이니, 하나는
어리석은 백성이며 저 자신을 모르는
백성이라 하며, 하나는 또 너희들이
불쌍한 백성이라 그리 말할 것이니라.
17 또한 그중에 두 가지 마음이 있을 것
이니, 하나는 정답을 가르쳐 주고 싶
은 마음이 있을 것이며,
18 또 하나는 정녕 모르는 체하고 그저
그 사람이 바보 천치처럼 그 삶을 살
아가도록, 항상 그는 정답을 모르니
마지막에 실패자요, 패자가 되는 것을
그대로 보고 말자는 그와 같은 생각이
있을 것이니라.
19 그러니 이를 결국 집약해서 말하면,
너희들은 지금 나의 성령이요, 나의
뜻을 알며 하늘의 뜻을 앎이니,
20 정답을 알고 있는 너희들이 과연 너희
들 스스로 다스려 나에게 구원을 받는
길을 올 것인가, 그렇지 않으면 그 백
성에게 정답을 가르쳐 하늘에 오르는
길을 갈 수 있도록 너희들이 깨우쳐
줄 것인가?
21 이와 같은 두 가지 마음을 또한 갖게
됨이니라.
22 그러나 너희들은 여기서 알아야 될 것
이니라.
23 너희들은 정답을 가지고 있는 백성이
요, 알고 있는 백성이니,
24 이는 인간 세상의 문제를 푸는 것이
아니요, 너희들이 거듭나 하늘에 오르
느냐 못 오르느냐, 그리고 너희들이
새로운 생명으로 태어나느냐 태어나
지 못하느냐,
25 그리고 너희들이 나의 아들딸이라면
내 집이 비어 있어 너희들이 오기를
기다리는 나 여호와를 기쁘게 할 것인
가, 그렇지 않으면 그저 그들이 내 집
을 들어오지 못하며 지옥의 문으로 들
어가는 그와 같은 슬픔을 보는 것을
그대로 행하도록 둘 것인가,
26 너희들은 여기서 두 마음 중에 하나를
결정해야 될 것이니라.
27 하늘에 오르는 백성으로서 인도하는
길은 좁고 힘들고 어려운 길이며, 너
희 자신의 희생이 따르는 것이니라.

28 그러나 그들이 무너지고 그대로 사탄
의 자식이 되어 지옥으로 가는 것을
너희들이 방관하고 보살피지 아니한
다면, 너희들은 편안하고 넓은 길로써
나에게 올 수 있을 것이니라.
29 그러니 이 두 마음이요, 두 갈래 길에
서 너희들이 어찌 가야 될 것인가 너
희 스스로 판단하고 평가하여 선택하
도록 그리하라, 사랑하는 나의 아들딸
들아!
30 이제 너희들은 스스로 다스릴 수 있으
며 평가할 수 있으며 다스릴 수 있는
그와 같은 경지에 와 있지 않은가?
31 이제 너희들 스스로 평가하고 스스로
판단하여 행하도록 그리하라.

9,238 번째 하나님 말씀

2004년 1월 20일 06시 51분

1 사랑하는 나의 아들아!
2 "네, 아버님! 말씀하옵소서."
3 내가 너희들에게 내렸음이니라.
4 내가 '대전'이라는 그 지역에 나의 성
전을 너희들에게 내렸음이니라.
5 그 모두는 너희들이 인간 세상에 이루
어지는 그 절차를 밟아야 하기에, 내
가 너희들에게 금화요, 은화의 상을
내려 그와 같이 성전을 만들어 주었음
이니,
6 너희들은 그곳을 다스리고 가꿈에 있
어서 너희들이 있는 그대로 행하며 그
대로 살아가라 내가 그리 말하였느니
라.
7 너희들이 그를 치장하며 다스리는 것
은 무엇이더냐?
8 아직도 허황된 마음이요, 너희들이 인
간의 생각을 벗어나지 못한 것이니,
지금 네가 다스리고 가꿔 온 그 성전
도 호화로움을 알아야 될 것이니라.
9 너희들이 호화롭고 아름답게 꾸민다
하여 나의 성령이요, 내가 내리는 나
의 법전이요, 새로운 성경의 뜻이 변
화되며, 네가 하는 강론의 그 내용이
다르다면, 내가 어찌하여 아름답게 꾸
미라 하지 아니하겠느냐?
10 그러니 그는 다 부질없는 것이며, 너
희들은 재물을 갈취하게 되며 재물을
낭비하게 되는 것이니라.
11 그러니 남의 재산을 가지고 그와 같은
행위를 하게 됨이니, 그와 같이 된다
면 너희들은 탐심을 버리지 못한 자이
며, 버릴 수가 없는 것임을 알라.
12 그저 있는 그대로 자연스럽게 그를 활
용하여 그와 같은 것을 역사하도록 그
리하라.
13 최소의 노력을 들여 가장 큰 역사를
얻을 수 있도록 하며, 그리고 너희들
은 그와 같은 것에 신경 쓰지 말며 그
와 같은 것에 마음을 두어서는 아니
될 것이니라.
14 그것이 너희들이 진정한 정답이요, 진
정한 참진리의 길을 가는 백성이요,
그 모습보다 더 당당함이 어디 있겠느
냐?
15 너희들이 큰 성전이 무엇이 필요하며
궁궐과 같은 성전이 무엇이 필요하더
냐?
16 다만 너희들이 비바람을 막을 수 있어
나의 성령을 전하며 나의 뜻을 전하면
그것이 가장 아름다운 것이니라.

17 내가 그와 같은 성전이요, 교회를 짓
지 말라 하였음이니,
18 너희들은 여기서 교육을 시켜 나의 피
조물 만백성을 세상에 내보내는 곳으
로 써야 될 것이며,
19 너희들은 한 번 온 그 백성들을 영원
히 네 품에 안고 그들로부터 노동력을
갈취하며 재물을 긁어 들이는 그와 같
은 행위를 해서는 절대 아니 됨이니라.
20 그들을 깨우쳐 주고, 남들 앞에 가서
지도자로 설 수 있을 때, 그때 그를 또
내보내야 됨이니 그리 알라.
21 오늘 내가 서울의 성전에서 깨우친 제
자들을 내려보내듯이, 항상 순환시키
도록 그리하라, 사랑하는 나의 아들아!
22 그리하여 너희들이 좀 더 변하고 좀
더 역사했을 때, 너희들이 건물을 짓
지 아니하며 외형을 갖추지 아니하고
도 만백성을 이끄는 넓고 넓은 그와
같은 성전으로써 천국을 이루어 나갈
때가 있을 것이니,
23 그때를 위하여 오늘의 너희들은 최소
의 생각으로써 최소의 갖춤으로써 최
소의 모습으로써,
24 남들이 보기에 그저 먹고 자고 사는
데 지장 없는 그와 같은 모습으로써
모두 역사하도록 하라, 사랑하는 나의
아들아!

9,239 번째 하나님 말씀

2004년 1월 20일 06시 57분

1 사랑하는 나의 아들아!
2 "네, 아버님! 말씀하옵소서."
3 나 여호와가 사랑하는 나의 아들딸을
세상에 내려보냄이니,
4 인간은 누구나 다 좋은 결실을 맺을
수 있는 씨앗으로써 너희들의 가슴에
나의 성령을 심어 세상에 내려보냄이
니라.
5 가장 좋은 열매를 맺을 수 있는 씨앗
을 사랑하는 아들딸 너희들의 가슴에
심어 내려보내거늘,
6 너희들이 그 씨앗을 어떻게 가꾸며 어
찌 다스리며 어찌 가꾸어 나가느냐에
따라서 그 결과가 오늘 이와 같은 삶
의 변화가 됨을 알아야 될 것이니라.
7 이 세상에서 누구나 다 가장 좋은 열
매를 맺을 수 있는 그와 같은 씨앗을
세상에 내려보내거늘, 어찌하여 너희
들은 그 씨앗이 바르고 곧게 성장하지
못하도록 그리하는가?
8 그 모두가 어디 있느냐?
9 너희들이 육의 삶에 대한 욕심이요,
육에 대한 부귀 영화요, 그를 벗어나
지 못하기 때문이니라.
10 그리하여 내가 너희들에게 말하여 전
하지 아니하였더냐?
11 육이 존재하는 자는 신이 아니며, 육
이 존재하는 자는 신이 될 수 없다 함
을 내가 너희들에게 일찍이 깨우쳐 주
었음이니라.
12 그러나 너희들이 그와 같이 노력하고
또 노력하는 그 삶에서 나에게 오를
수 있으며 거듭나는 세상의 영광을 얻
을 수 있는 것이 너희들이 가야 할 길
이고 또한 행하여야 할 길이라는 것을
너희들은 잊어서는 아니 될 것이니라.
13 이제 나의 아들을 따르는 제자들이요,
그리고 나의 법전을 읽고 깨우친 만백

성 너희들은 그것부터 깨우치라.
14 내가 사랑하는 나의 아들딸을 세상에
내려보내니, 좋은 결실을 맺을 수 있
는 씨앗을 내가 너희들에게 심어서 내
려보내니,
15 그대로 아름답고 곱게 살아가는 그것
만이 너희들이 나에게 오르는 길이요,
16 그리고 그 씨앗이 결실을 맺을 수 있
도록 가꿔야 될 것이며, 그 씨앗이 결
실을 맺지 못하고 가라지로 자라는 그
와 같은 일이 있어서는 아니 될 것이
며,
17 그 가라지는 결국 너희들을 모두 무너
트리니, 너희들이 그리 갈구하고 소원
하는 나에게 올 수 없다는 것을 알도
록 그리 전하라.
18 나는 너희들에게 완벽한 씨앗을 심어
내려보냄이니라.
19 그러나 너희들이 어떻게 살아가며 어
떻게 관리하며 어떻게 다스리느냐에
따라서 그와 같은 형국이 됨이니,
20 우선 그 씨앗이 자라기 전까지 그를
보호하고 관리하는 것은 인간 세상의
선배요, 너희 부모가 해야 할 일이니,
너희들 자신부터 마음을 다스리지 아
니하면 아니 될 것이니라.
21 너희들이 바른 씨앗이 세상에 태어나
기 위해서는 오늘의 너희들이 바로 서
지 아니하면 아니 되며, 바른길을 가
지 아니하면 아니 되며,
22 너희들이 나의 계명대로 살아가는 백
성으로서 변하여 너희들이 나로부터
받아 나간 결실을 거둘 수 있는 마음
의 씨앗을 먼저 찾아야만, 어리고 사
랑스러운 그 후손들이 너희들을 보고
따라와 잘 가꾸고 다스릴 수 있음이니
라.
23 너희들이 가라지가 되어 있음이니, 그
좋은 씨앗을 갖고 세상에 나가는 사랑
하는 아들딸들이요, 그들을 바로 가르
치지 못하며 바로 서지 못하게 하는
것이 여기 있지 않으냐?
24 그러니 너희들은 다음의 세대요, 자식
들의 세대에는 바로 서겠지 하는 그와
같은 생각이 아니라,
25 너희들이 오늘 뼈를 깎는 아픔이요,
그 고통을 견디고 이겨 거듭나는 그와
같은 삶을 살라는 것이 나의 법전임을
알라.

9,240 번째 하나님 말씀

2004년 1월 20일 07시 04분

1 사랑하는 나의 아들아!
2 "네, 아버님! 말씀하옵소서."
3 나의 법전을 읽고 깨우쳐 너를 따르는
그 제자들이요, 그리고 법전을 읽고
깨우친 만백성 너희들은 절대 꿈을 버
리는 그와 같은 자가 되어서는 아니
됨이니라.
4 꿈을 버려서는 아니 되는 것이 오늘
나의 아들을 따르는 자들이요, 강론을
듣고 가는 자들이요, 그리고 나의 법
전을 읽고 깨우친 백성임을 알아야 될
것이니라.
5 절대 너희들은 꿈을 버리지 말라 그리
전하라.
6 너희들이 꿈을 버려서는 아니 되느니
라.
7 너희들이 지금까지 흘러온 세월 속에

주름진 얼굴이요, 지금 먹은 나이요,
그리고 흘러온 세월 속에서 남들에게
말할 수 없을 만큼 부끄러운 그 삶을
살았다 해도,
8 그 모두가 부끄러우며, 그리고 너희들
이 가진 것이 없으며, 쥔 것이 없으며,
또한 나이가 얼마 남지 않음이니,
9 그와 같은 모든 것으로 하여금 너희들
자신의 꿈을 버리는 그와 같은 백성이
되어서는 아니 되며, 꿈을 포기하는
백성이 되어서는 절대 아니 됨이니라.
10 너희들이 오늘의 나이요, 얼마 남지
않은 그와 같은 삶에 무엇을 이루고
무엇을 역사할 것인가, 그와 같은 삶
에 대한 불안을 버리라.
11 그리고 얼마 남지 않은 짧은 시간에
네가 무엇을 할 것이 있으며 나 여호
와의 뜻을 역사할 수 있을 것인가, 그
불안한 마음을 갖고 너희들 자신이 포
기하지 말라.
12 절대 너희들의 꿈을 거두고 꿈을 버려
서는 아니 되는 것이니라.
13 얼마 남지 않은 것이 중요한 것이 아
니니라.
14 단 한마디의 말로써 한 생명을 구할
수 있으며, 한마디로써 만백성을 구하
는 그와 같이 역사를 할 수 있는 자들
이 바로 너희들이니라.
15 그리고 너희들은 내가 불러 쓰는 자
요, 내가 초청한 자요, 너희들은 그만
큼 갈 수 있는 능력과 자질이 있기에
내가 불러 쓴다는 것을 알라.
16 너희들이 꿈을 포기하며, 지금까지 살
아온 삶의 과거가 잘못되었으며, 너희
들이 나이를 먹은 만큼 얼마 남지 않
았음이니,
17 지금까지 살아온 잘못된 그 길을 바로
잡고 구부러진 노송을 펴기도 힘들다
하여 용기를 잃고 꿈을 버려서는 아니
될 것이니라.
18 너희들은 그와 같은 것을 접어 두라.
19 오로지 앞을 보고 노력하며 앞을 보고
달려가며, 너희들이 나의 법전을 읽고
깨우치며 나의 아들과 더불어 변화되
는 그와 같은 삶을 사는 그것만이 너
희들이 가질 수 있는 용기요, 가야 할
길이라는 것을 절대 잊지 말라.
20 이제 나의 법전을 접하는 백성들이 그
머리가 반백이 된 것을 보고 '나는 할
수 없으며 나는 역사할 수 없다.' 하며,
21 이 시대의 변천에 따라서 선진 과학이
앞을 달려가는 이와 같은 세상에서 너
희들이 설 자리가 없으며 역사할 자리
가 없으며 너희들이 이룰 자리가 없다
그리 생각하지 말라.
22 너희들이 참진리요, 하늘의 뜻이요,
인성을 회복하는 것은 너희들이면 충
분하며, 너희들의 경험이 더 보탬이
되며, 그것이 가르침의 교훈이 됨을
너희들은 잊지 말라.
23 이제는 너희들이 지금까지 흘러간 세
월 속에서 나이를 먹으며 지은 죄요,
잘못 살아왔던 그 모두가 다 거울이
되어 만백성을 가르치는 그와 같은 선
생이 되라.
24 너희들이 실습을 하지 아니하며 세상
경험을 하지 아니하고 교단에 서서 가
르치는 선생과,
25 노동을 해 보며 모든 일을 다 체험해
보아 늦게 교단에 선 선생은,

26 같은 선생이라 해도 젊어서 철없이 교
단에 선 선생보다 너희들이 가르치고
지도하는 것은 탁월할 것이며, 방법이
다를 것이며,
27 너희들이 가르치는 그 마음은 세월이
지난 다음에 그 제자들의 생활의 지표
가 될 것이며 가슴에 영원히 남는 그
와 같은 것이 될 것이니라.
28 너희들은 달리는 선수가 넘어져서 거
기서 포기하는 모습보다도,
29 일어서고 또 달리니, 또 넘어져 많은
백성들이 웃고 저에게 비웃음을 준다
해도 또 일어나서 달리는 선수의 마음
의 자세가 어떠하던가?
30 많은 사람들이 그를 비웃으며 또 넘어
지고 또 일어서는 것을 보고 그는 절
대 우승을 할 수 없다 하며 포기된 자
요, 버려진 자라 너희들이 생각하나,
31 그가 넘어지고 일어서서 또 달리다 넘
어져서 또 일어서 달리니, 한 번도 넘
어지지 않고 달리는 그와 같은 자들이
있는가 하면 여러 번 넘어져 달리면서
도 우승과는 관계없이 달리는 그 사람
이 있으니,
32 테이프를 끊어 우승이라 하여 고개를
들고 미소를 지으며 많은 백성들에게
저를 과시하며 환호를 받으려는 그와
같은 사람보다도,
33 넘어지면 일어서고 또 넘어져도 또 일
어서서 달리는 그 사람이 너희들의 인
생에 산 교육이요, 삶에 용기를 줄 것
이니라.
34 우승은 이미 포기했으며 우승은 바라
볼 수 없는 그와 같은 자가 넘어지고
또 일어서서 달리다 넘어지고 또 일
어서 달렸을 때,
35 너희들은 그와 같은 선수를 볼 때 그
때는 아무것도 아니며 머릿속에 남는
것이 없으며 쥐어지는 것이 없으며,
36 그저 불쌍하고 초라한 한 선수요, 모
두를 포기한 선수로 보이나,
37 너희들이 어렵고 힘든 인생의 삶을 살
아갈 때는 우승의 영광으로써 너희들
에게 환호를 받으며 기립 박수를 받은
그 선수보다도,
38 넘어지면 일어서서 달리고 또 넘어져
도 또 일어나서 달리는 그 선수야말
로 너희들에게 위대한 선생이라는 것
을 알라, 사랑하는 나의 아들딸들아!
39 그와 같은 이치를 깨달았다면 너희들
은 포기하지 말며,
40 넘어졌다 일어서고 또 넘어졌다 일어
서는 그 사람을 보고, 모든 사람이 살
아가면서 어렵고 정녕 힘들 때 그 선
수를 생각하면서 제가 일어설 수 있도
록,
41 너희들이 오늘의 반백의 나이에 변하
는 모습이요, 용기를 가지고 꿈을 버
리지 아니하고 살아가는 너희들의 그
가르침이,
42 젊은 일류라는 사람이요, 그 모두를
겸비한 선생보다도 그들에게 양식이
되며 삶에 희망과 용기가 되며 본보기
가 된다는 것을 잊지 말라, 사랑하는
나의 아들딸들아!
43 그리하여 꿈을 버리지 말며, 용기를
갖고 주저하지 말라 하는 것을 내가
나의 아들을 통하여 너희들에게 전함
이니,
44 너희들보다 모두를 더 잘 인도할 수

있는 백성이 없음이니라.
45 이는 내가 너희들을 알고 있기에 선택
했음이니라.

9,241 번째 하나님 말씀

2004년 1월 20일 07시 10분

1 사랑하는 나의 아들아!
2 "네, 아버님! 말씀하옵소서."
3 나 여호와는 어떠한 백성들이든 그들
이 살아가면서 게으름을 피운다 해도
내가 그들을 용서할 수 있음이니라.
4 그러나 나의 아들을 따르는 제자들이
요, 나의 법전을 읽고 깨우친 백성 너
희들이 게으름을 피우는 것을 나 여호
와는 절대 용서할 수 없음을 알라.
5 나의 법전을 가슴에 안고 정독한 백성
너희들은 게으름을 피워서는 절대 안
되며, 그 게으름은 내가 용서하지 아
니할 것이니라.
6 게으름은 무엇이더냐?
7 너희들이 성장하는 것을 저해하는 것
이니라.
8 그리고 너희들이 변하는 것을 저해하
는 것이며, 그는 고여서 썩어 가는 것
이니라.
9 나의 법전을 정독하여 깨우쳤으며, 나
의 강론을 들어 내가 선택한 나의 아
들딸들이 게으름을 피운다면,
10 나의 법전을 세상에 전하는 것을 중단
하게 될 것이며, 그리고 만백성이 변
하는 것을 너희들이 그 길을 막는 것
이며,
11 그를 보고 깨우쳐 구원을 받을 수 있
는 그 백성들을 지옥으로 이끌어 가는
것이니라.
12 그러니 나의 아들을 따르는 제자들이
요, 나의 법전을 읽고 깨우친 만백성
너희들은 하나서부터 열까지 인간의
삶에 대해서 게으름을 내가 절대 용서
할 수 없음을 알라.
13 너희들 자신이 성장하고 변화되는 그
모두를 저해하는 것 또한 그것이기 때
문에 너희들의 게으름을 용서하지 아
니함을 알라.
14 그러나 나 여호와가 너희들에게 게으
름을 절대 용서할 수 없다는 그 의미
는, 무엇보다도 너희들이 구원의 길이
요, 나에게 올 수 없는 자가 되기 때문
이니라.
15 너희들이 게으른 자, 게으름이 있는
자들은 편안함을 찾게 되며 눕고자 하
는 마음이니, 누워서 무엇을 이루어
내겠는가?
16 누워서 쉬고자 하는 마음이 너희들을
지배한다면 과연 너희들은 무엇을 역
사하겠는가?
17 이것은 바로 너희들의 성장뿐 아니라,
나의 법전이 전해지는 것을 중단하는
것이요,
18 너희들이 이 세상이 변하는 것을 중단
하도록 하는 자들이요, 그리고 나의
법전을 읽고 구원받을 수 있는 자를
버리는 것이요,
19 무엇보다도 사랑하는 나의 아들딸 너
희들 자신이 구원을 받을 수 없기 때
문이니,
20 매사에 너희들이 게으름을 가져서는
아니 될 것이니라.
21 너희들은 살아가는 삶에서 천 가지 만

가지 부닥칠 때마다 게으름을 피우지
말라.
22 부지런한 자로서 생활하도록 그리하
라.
23 그와 같은 자가 나를 볼 수 있음이니,
절대 나의 법전을 읽고 깨우친 백성이
요, 그리고 나의 아들을 따르는 제자
너희들은 인간 세상의 삶에서 게으름
이라는 것을 용서하지 아니할 것이니,
24 이제 나의 법전을 읽는 백성 너희들은
알라.
25 너희들은 인간 세상의 삶에서 가장 부
지런한 자로 거듭나라.
26 게으른 자는 내가 용서하지 아니함이
니 그리 알라.

9,242 번째 하나님 말씀

2004년 1월 20일 07시 16분

1 사랑하는 나의 아들아!
2 "네, 아버님! 말씀하옵소서."
3 너희들은 만백성의 지도자요, 지도하
는 선생이니라.
4 그러나 너희들 스스로 너희 자신을 선
생이라 부르지 아니하며,
5 모든 백성들이 너희들의 강론이요, 가
르침을 듣고 그들의 마음에서 우러나
너희들을 선생이라 부를 수 있는 그와
같은 백성이 되어야 됨을 너희들은 알
아야 될 것이니라.
6 이제 너희는 만백성의 지도자요, 선생
이니라.
7 그것도 창조주 나 여호와의 책을 갖고
나의 성령을 가지고 하늘의 뜻을 가지
고 만백성을 깨우치고 가르치니,
8 너희들의 자세가 어떠한 것으로써 살
아가야 되며 너희들의 말과 행동이 어
떠한 본보기로 가야 되는 것인가 알아
야 될 것이니라.
9 너희들은 어떠한 자세로 이끌어 가며
살아야 하는지 그를 깨우치지 아니하
면 아니 될 것이니라.
10 이 세상에 살아가는 그 모두를 부모가
자식을 보는 것보다 더 인자하고 사랑
하고 부드러운 그와 같은 마음으로 너
희들이 살아가야 됨을 절대 잊어서는
아니 될 것이니라.
11 너희들이 지금 선생이라 부를 수 있으
며 만백성이 너희들을 선생이라 부르
는 것은 무엇이더냐?
12 너희들이 수학 공식을 가르치는 선생
이더냐, 너희들이 역사를 가르치는 선
생이더냐, 너희들이 단어를 하나하나
가르치는 선생이더냐?
13 너희들은 하늘의 뜻이요, 하늘의 그
모두를 가르치는, 나 여호와를 대신하
여 하늘에서 내려간 선생이라 하여 선
생이라 부르는 의미가 거기 있음을 알
라.
14 나 여호와의 진리요, 창조주의 뜻을
가지고 너희들이 전하고 가르치기에,
그 모든 백성들보다 너희들이 먼저 알
고 있기에 너희에게 붙여 준 이름이
선지자요, 선생이라 그리 부르는 것이
아니더냐?
15 그러니 너희들은 하늘을 대신하여 하
늘에서 내려간 선생이니, 인간 세상에
서 공식을 가르치며 학문을 가르치는
선생과 너희들의 차별화가 무엇이더
냐?

16 그러니 인간 세상에서 제자를 가르치
는 그 선생들의 살아가는 모습이요,
그 행동보다도 너희들이 얼마나 더 위
대해야 되겠느냐?
17 그것은 오로지 부모가 자식을 사랑하
는 그와 같은 마음의 자세로써 너희들
이 바로 서야만 된다는 것을 잊지 말
라, 사랑하는 나의 아들딸들아!
18 지금의 너희들은 어떠하던가?
19 너희들은 자신이 없으며 용기 없는 자
라 생각하느니라.
20 그리고 너희들 자신을 들여다보지 않
는 것이 너희들이니라.
21 이제 너희들은 너희 자신을 보며, 네
가 형편없는 자요, 능력 없는 사람이
라는 생각부터 바꾸지 아니하면 아니
될 것이니라.
22 인간 세상의 학문이요, 인간 세상의
공식이요, 인간 세상의 역사요, 그 모
두를 가르친다면, 너희들은 정녕 너희
들 말대로 형편없는 사람일지도 모르
느니라.
23 그러나 너희들은 하늘의 뜻을 가르치
는 한 길을 가는 선생이라 함을 잊어
서는 아니 될 것이니 그리 알라.
24 너희들은 너희 자신을 믿어야 되며,
너희들이 모두를 믿고 너희 자신을 그
리 바꿔 가는 삶을 살 때, 모든 역사가
이루어질 수 있으며, 새로운 시대는
열릴 것이니 그리 알라.
25 새로운 각오로써 새로운 마음으로써,
너희들이 다시 태어나는 그와 같은 마
음의 각오로써 오늘의 삶을 살아가지
아니하면 아니 되는 것이니라.
26 너희들이 나의 백성이요, 하늘의 선생
으로서 세상에 나가니, 하늘의 선생이
라는 것, 선택된 자라는 것,
27 창조주 하나님의 뜻을 알 수 있는 자
라는 것, 그리고 너희들은 알고 있다
는 것, 그리고 그를 가지고 전할 수 있
다는 것,
28 그와 같은 굳은 마음을 갖고 거듭나는
삶으로 그리 살라.
29 모든 백성들은 너희들을 믿고 따를 것
이니라.
30 그러니 너희들이 그와 같은 자신과 용
기를 가지고 부모 같은 자애로운 마음
으로 선생의 자리를 지켜 갈 때,
31 너희들에게 너희가 선생이라는 것을
내세우지 말라 하였지만, 그들이 너희
들을 선생이라 부를 것이며 그리 따르
지 아니하겠느냐?
32 그것까지도 나 여호와가 막고자 함은
아니니라.
33 그러니 너희들은 그와 같이 변화되는
삶을 살아가면서 만백성을 구하는 역
사를 못 한다 해도, 너희들이 네 말대
로 부족하고 형편없는 사람이라 하자.
34 만백성이요, 그들을 가르치지 못한다
해도, 너희들이 변화되어 단 한 사람
이라도 가르칠 수 있다면, 그 한 사람
을 깨우쳐 하늘에 오를 수 있는 길이
있다면,
35 그 길을 위해서도 너희들은 최선을 다
해야 될 백성이거늘,
36 만백성을 구하는 선생이요, 지도자로
서 거듭나는 그와 같은 은혜요, 그것
이 가야 할 길이거늘,
37 어찌하여 너희 자신을 형편없으며 능
력 없으며 자질이 없는 사람이라 하는

가?
38 그리 혹평하지 말라, 사랑하는 나의
아들딸들아!
39 너희들은 위대한 뿌리를 내릴 수 있는
선택된 나의 백성들임을 알라.
40 나의 아들딸들아, 너희들이 용기를 잃
지 아니함이 모두를 역사할 수 있는
기반이요, 근본임을 알라, 사랑하는
나의 아들딸들아!

9,243 번째 하나님 말씀

2004년 1월 20일 07시 20분

1 사랑하는 나의 아들아!
2 "네, 아버님! 말씀하옵소서."
3 사랑하는 나의 아들딸이요, 그리고 나
의 아들을 따르는 제자들이요, 그리고
나의 법전을 읽고 깨우친 만백성 너희
들을 내가 얼마나 사랑하고 내가 얼마
나 귀히 여기면, 너희들이 게으름을
피우며 사는 것, 그것마저도 용서하지
아니한다 하겠느냐?
4 편히 살고자 눕고자 하는 그와 같은
마음을 내가 용서할 수 없다 하였음이
니, 이는 그것이 곧 상이요, 너희들에
게 내리는 은혜임을 알라.
5 너희는 최선을 다하는 삶을 위하여 산
다면, 그것 또한 나의 뜻에 의하여 너
희들이 그와 같은 삶을 산다면,
6 세상에 이루어지지 아니할 것이 없으
며 너희들이 구하지 못할 것이 없기
때문임을 알라, 사랑하는 나의 아들딸
들아!
7 그러니 너희들이 지금은 어렵고 힘드
나, 그와 같이 어렵고 힘든 그 길을 간
다 해서 너희들은 그것으로써 모든 결
과가 끝나는 것이 아님을 알아야 될
것이니라.
8 너희들이 힘들고 어려운 길이요, 그리
고 이 좁은 길을 가 변화되는 삶을 살
면서 게으르지 아니하고 용기 있는 마
음으로 열심히 살아갈 때,
9 너희들은 모든 백성들을 구하는 그 거
울이 된다 하지 아니하였더냐?
10 그러니 너희들이 모든 백성의 거울이
되는 그와 같은 길을 살아간다면 너희
들은 그것으로써 끝나는 것이 아니요,
그에 대한 결과는 아름다운 빛으로 찾
아올 것이며,
11 그 빛은 나에게 올라 나로부터 보상을
받을 수 있는 그와 같은 영광이요, 은
혜가 반드시 있다는 그 이치를 알라.
12 선하고 아름답게 산 삶은 반드시 너희
들을 인도하는 그 빛이 너희들을 찾아
와 나에게 인도할 것이니, 그때는 상
상할 수 없는 보상을 반드시 받는다는
것을 절대 잊지 말라.
13 그러나 그를 기대하여 너희들이 선하
게 사는 것은 죄악이라 하였음이니라.
14 다만 나 여호와가 너희들에게 하늘의
비밀을 알려 줌이니, 너희들이 아름답
고 선하게 살며 만백성을 구하기 위하
여 좁은 길을 간다면,
15 반드시 너희들을 인도하는 빛이 비추
어질 것이며, 그 빛이 너희들을 찾아
가 하늘에 오르도록 할 것이니, 그때
그 보상이 있음을 말함이니라.
16 너희들이 악을 행하고 악을 위하여 살
아간다면 그 죄를 짓고 사는 그것으로
써 언젠가는 모두 매듭을 지며 끝난다

생각하지 말라.
17 너희들은 언젠가는 매듭을 짓는다는
그와 같은 생각을 반대로 생각해야 될
것이니라.
18 언제든 반드시 그 대가를 치러야 되
며, 그 죄에 대한 벌을 반드시 받는다
는 것,
19 번갯불보다 빨리 스쳐 가는 속에서 너
희들이 선과 악을 행하는 것을 모두
내가 하나도 놓치지 아니하고 다 기억
하며 너희들의 생명록에 기록하여 전
한다는 말을 듣지 않았느냐?
20 너희들은 그것을 믿어야 될 것이니라.
21 너희들이 그냥 지워서는 아니 될 것이
니라.
22 너희들이 베푼 만큼 받을 것이며 죄지
은 만큼 그 대가를 치른다는 것을 깊
이 깨우쳐 주고 전하여,
23 이를 가슴속에 안고 살아간다면 너희
들이 지옥문 앞에 가서 들어가지 아니
하려고 몸부림치는 네 모습은 아닐 것
이라 그리 전하라.

9,244 번째 하나님 말씀

2004년 1월 20일 07시 25분

1 사랑하는 나의 아들아!
2 "네, 아버님! 말씀하옵소서."
3 사랑하는 나의 아들 너를 따르는 그
제자들, 그리고 나의 법전을 읽고 깨
우친 백성 너희들은 나의 법전을 읽고
깨우친 백성이니라.
4 그러니 너희들은 결국 어떠한 것으로
써 어떠한 형태로써 살아가야 되는 줄
알겠느냐?
5 나의 법전을 읽고 깨우친, 그리고 나
의 아들을 따르는 제자 너희들은 물러
섬이 절대 있을 수 없음이니라.
6 그리고 너희들에게 실패라는 것은 없
음을 알라.
7 절대로 너희들은 실패할 수 없으며 실
패가 없음을 알라.
8 너희들은 중단함이 또한 없음이니라.
9 어떠한 일이 있어도 너희들은 중단할
수 없는 것이 너희들의 운명임을 알라.
10 오늘의 깨달음이 완벽하지 못하다 해
도, 너희들이 변화되는 것 같지 아니
하다 하여도 너희들은 스스로 변화되
어 가고 있으며, 나에게 한 발짝 한 발
짝 다가오고 있는 것을 너희들은 모르
나 나는 알고 있음이니라.
11 이 세상이 진흙탕이요, 죄 속에서 뒤
범벅이 된 그 세상 속에서 헤어나 너
희들이 한 발짝 한 발짝 나에게 다가
오는 아기의 걸음을 걷는 백성이 있다
면, 그를 바라보는 내 마음이 어떠하
겠는가?
12 그러니 그는 물러섬이 없으며 실패가
없으며 중단함이 없으며, 그리고 깨달
음이 완벽하지 못하다 해도 너희들은
전진해 오면서 스스로 깨닫게 될 것이
니라.
13 너희들에게 묻었던 오물은 하나하나
씻어질 것이며, 비바람이 또한 너희들
을 세척해 주고 씻어 줄 때 너희들의
아름다운 모습을 볼 수 있을 것이니,
14 너희들은 변화되지 아니한다 해도 두
려워하지 말라.
15 너희들은 변화되는 것을 모르나 나는
알고 있음이니, 너희들은 변화되어 나

에게 오고 있음이니라.
16 너희들은 참진리의 길을 따라 나 여호
와에게 한 발짝 한 발짝씩 다가오고
있음이니,
17 너희들은 운명이 없다 한 내 뜻을 알
겠느냐?
18 운명이 없는 너희들에게는 실패도 또
한 없음이니라.
19 너희들은 실패라는 것이 없음이니 그
리 알라.
20 계속 전진만 있을 것이며, 전진을 하
라.
21 그리하여 너희들이 힘들고 어려워 걸
음마를 하지 못하는 아이가 넘어졌다
가 일어서 걷고 또 넘어졌다가 일어서
서 달리듯이, 너희들은 무너지는 반복
훈련만이 있을 뿐이니라.
22 너희들은 실패요, 절망이요, 뒤돌아섬
이 없으며 물러섬이 없음이니라.
23 어렵고 힘든 반복 훈련을 반복하고 반
복해서 너희들이 바로 서는 그 길밖에
없음이니라.
24 나의 법전을 가지고 전하고 깨우치는
것이 힘들고 어려워 부닥칠 때마다 너
희들은 실패요, 물러설 수가 없음이니
라.
25 실패했을 때 너희들은 또 반복해서 도
전하며 반복해서 도전하는 그것만이
너희들이 갈 수 있는 것이니라.
26 너희들이 나에게 오르는 길은 길고도
긴 길이요, 끝이 없는 그 길을 너희들
이 올라옴이니, 그 계단은 보이지 아
니함이니라.
27 그 수많은 계단은 끝이 보이지 아니하
며 끝이 없음이니라.
28 그러나 너희들은 그 계단을 하나씩 둘
씩 또 올라야 되는 것이니라.
29 그러니 그 계단을 오르기 시작하는 것
은 나의 아들을 따르는 제자들이요,
나의 법전을 읽은 백성 너희들밖에 없
음이니,
30 너희들은 한 발짝 한 발짝, 한 계단 두
계단씩 오르고 있는 위대한 나의 아들
딸이라는 것을 절대 잊지 말라, 사랑
하는 나의 아들딸들아!
31 나의 아들딸이 내가 만든 이 지상이
요, 내가 가꿔 놓은 이 세상에서 물러
섬이 있고 실패함이 있으며 중단함이
있다면 과연 그것이 나의 백성들이더
냐?
32 오늘은 완벽하지 못하다 해도, 너희들
은 나에게 지금 한 발짝 한 발짝 완벽
하고자 다가오는 위대한 나의 사랑하
는 아들딸임을 알라 그리 전하라.

9,245 번째 하나님 말씀

2004년 1월 20일 07시 28분

1 사랑하는 나의 아들아!
2 "네, 아버님! 말씀하옵소서."
3 내 사랑하는 아들딸이 게으름을 피우
는 것을 용서하지 못한다 하였음이니
라.
4 왜 내가 너희들을 용서하지 못하는지
알겠느냐?
5 멈추는 것은 모두가 다 정복됨이니라,
사랑하는 나의 아들딸들아!
6 멈춰 서 있는 것은 아무리 방대하고
높다 해도 살아서 움직이는 자에게 정
복되게 되어 있음이니라.

7 그러니 살아서 움직이는 나의 아들딸
을 나는 원하는 것이요,
8 게으름은 곧 죽은 자요, 멈춰 있는 자
니, 누구에게라도 정복될 수 있는 그
와 같은 자이니,
9 너희들은 정복자가 되는 것이지 정복
을 당하는 나의 아들딸이 되어서는 절
대 아니 됨을 알라.
10 멈추는 것은 정복됨이니라.
11 그리고 성장하는 것은 아무리 높고 높
아도 그를 점령할 수 있는 것이니라.
12 정녕 너희들이 정복할 수 있는 길은
살아서 움직이는 것임을 알아야 될 것
이니라.
13 지금의 모든 종교 집단이요, 믿음의
길을 가는 그들이 과연 어떠한가?
14 그들은 지금 저희들이 절대 정복될 수
없으며 저희들의 높고 험난한 그 고지
를 그 누구도 넘을 수 없다 그리 말할
것이니라.
15 그러나 사랑하는 나의 아들딸 너희들
은 들으라.
16 몇천 년 동안 흘러오는 그 세월 속에
서 그들이 알에서 깨어나지 못하듯이
그저 제자리를 돌고 도는 것이요,
17 덩치만 컸을 뿐이지 이제는 그들이 더
이상 성장하지 못하며 다 멈춰 있으
며, 혹은 죽어 있는 자이니라.
18 그러니 죽어 쓰러진 자요, 멈춰 있는
것을 정복하지 못한단 말이더냐?
19 그러나 지금은 미약하니라, 그리고 너
희들은 지금은 보잘것없느니라.
20 그러나 너희들은 살아서 숨 쉬고 성장
하는 자들임을 알라.
21 그러니 나의 법전은 살아서 움직이는
것이며 살아서 숨을 쉼이니,
22 오늘의 교회요, 집단이요, 그들이 아
무리 방대하고 험준하여 넘지 못한다
해도, 그들은 결국 살아서 움직이는
나의 법전 앞에 모두 정복당할 것이며,
23 그들은 고개를 숙여 저희들이 잘못된
것을 반성하고 깨우쳐 너희들이 이끌
어 주기를 바랄 것이니라.
24 그러니 그 험준한 오늘의 종교 집단이
요, 누구도 넘을 수 없는 그 준령을 넘
을 수 있는 것은 무엇이더냐?
25 오늘 나의 아들을 따르는 제자들이요,
그리고 나의 법전을 읽고 깨우친 만백
성 너희들이 살아서 움직여야 됨이니
라.
26 살아서 움직이는 자들이 너희들이요,
너희들이 살아서 움직여야 모두를 정
복할 수 있기에, 내가 게으른 백성이
되지 말라 함이니라.
27 그리하여 너희들은 살아서 움직이기
때문에 너희들 앞에 정복당하지 않는
것이 없음이니라.
28 죽은 자, 그리고 멈춰 있는 자는 모두
정복됨이니, 너희들은 실패가 없다 하
였음이니 그리 알라.

9,246 번째 하나님 말씀

2004년 1월 20일 07시 36분

1 사랑하는 나의 아들아!
2 "네, 아버님! 말씀하옵소서."
3 나의 피조물 만백성 너희들이 살아가
면서 가장 불쌍한 백성이요, 가장 슬
픈 삶을 살며 비극적인 삶을 살아가는
비운의 백성이 어떠한 자들인지 너희

들은 알겠느냐?
4 "네, 아버님! 저는 그를 조금은 깨닫
고 있사옵나이다."
5 가장 슬프며 비운의 사람이요, 비극적
인 백성은 누구라 너는 생각하느냐?
6 "네, 아버님께서 하늘에 오르는 길이
요, 거듭나는 모든 참진리의 길을 세
상에 내려보냈거늘,
7 인간의 욕심 때문에 그를 보지 못하며
인간의 본분이 무너졌으며 인간의 그
근본을 모르고 살아가는 백성들,
8 그들이 가장 어리석은 백성이요, 가장
슬픈 백성이요, 비극적인 삶을 사는
백성이라 그리 생각되옵나이다."
9 사랑하는 나의 아들아, 그러하니라.
10 진정한 인간의 본분의 삶을 산다면 헛
된 삶을 사는 백성이 아니지 않더냐?
11 그러나 인간의 본성이요, 근본을 모르
고 사는 그 백성은 똑같은 삶을 살되
모두가 다 헛된 삶을 사는 것이니, 그
들보다 더 슬프고 가련한 백성이 이
세상에 어디 있단 말이더냐?
12 그러니 그와 같은 백성으로 만들고 이
끌어 가는 자들이 누구더냐?
13 지금의 종교 집단이 잘못 가고 있으며
그들이 알지 못하며,
14 그리하여 모르는 자들이 그리 가르치
기 때문에 오늘과 같이 슬픈 삶을 사
는 나의 백성들이 이 세상을 살아가며
그들이 나에게 오를 것이라는 그 기대
를 갖고 살아가느니라.
15 나는 그들을 많이 기다렸느니라, 사랑
하는 아들딸들아!
16 나는 6천 년 동안 그를 참고 인내하며
기다렸다면 너희들은 믿겠느냐?
17 나는 6천 년이라는 그 길고도 긴 세월
을 참고 기다렸느니라, 사랑하는 아들
딸들아!
18 나에게 6천 년이라는 인간 세상의 그
시간은 어떠한 시간이었겠느냐?
19 그를 바라보는 내 마음의 고통이 얼마
나 저리고 아팠겠는가 너희들은 과연
생각해 보았느냐?
20 내가 너희들에게 6천 년이라는 그 길
고도 긴 세월을 기다리고 인내한 것은
무엇이더냐?
21 너희들이 깨우치고 반성하고 회개하
여 참진리요, 창조주가 보내 준 나 여
호와의 뜻에 너희들이 살아갈 수 있는
백성으로 돌아올 수 있도록 충분한 시
간을 주었으며, 그것은 충분한 시간이
었음을 너희들은 알아야 될 것이니라.
22 그러한 회개하고 반성할 수 있는 시간
을 충분히 주었으며 기간을 주었음이
니라.
23 그러한 그들이 변화되지 못하고 지금
너희들이 지옥으로 가는 그와 같은 삶
을 살아가고 있음이니, 이를 바라보는
것이 과연 어떠하더냐?
24 이 모두는 나의 아들을 따르는 제자들
이요, 나의 법전을 읽고 깨우친 만백
성, 지도자로 선택된 너희들만 그를
바로잡고 바로 가르칠 수 있는 것임을
너희들은 알라.
25 그러니 그러한 그들을 너희들이 그대
로 둔다면, 과연 참진리요, 하늘에 오
르는 길을 아는 자요, 나의 아들과 더
불어 공부하고 깨우쳐 한 시대를 살아
가는 너희들이 과연 좋은 사람이라 말
할 수 있겠느냐?

26 깨달음을 알며 하늘의 뜻을 알며 나
여호와가 역사하고자 하는 것을 알며
참진리의 길이 무엇인가 아는 너희들
이 그 죽어 가는 자, 지옥으로 달려가
는 그들을 그대로 보고 둔다면, 그들
을 바로잡아 하늘에 오르는 길이요,
내 품에 올 수 있도록 인도하는 역사
를 하지 않는다면,
27 누가 너희들을 좋은 사람이라 말하겠
느냐?
28 사탄도 감히 너희들을 좋은 사람이라
말하지 아니할 것이니라.
29 저희들을 바로잡고 부서트리는 그와
같은 역사가 이루어지더라도 그들이
무어라 말하겠느냐?
30 부서지는 그들까지도 결코 너희들이
좋은 사람은 아니라 말할 것이니, 천
사들이 보는 너희는 어떠한 사람이며,
나 여호와가 보는 너희들은 어떠한 사
람이 되겠느냐?
31 그러니 이들은 천사가 봐도 좋은 사람
이요, 나 여호와가 바라보아도 좋은
사람이요, 사탄들이 바라볼 때도 좋은
사람들이라 하여 고개 돌리는 그와 같
은 삶을 살아야 될 것이니, 그것은 무
엇이더냐?
32 나의 법전을 만들어 세상에 전하는 데
모두를 다 바치며, 그를 이고 지고 만
백성의 가슴에 전해 주는 일에 최선을
다하라.
33 수십억 인구 중에 나의 법전을 접하는
것인데, 나의 법전은 살아서 움직이나
육의 세상에서 너희들이 보이는 것처
럼 걸어가고 달려가지 못함이니,
34 나의 법전이 달려가고 걸어갈 수 있다
면 나의 법전을 그대로 전할 수 있으
나, 책은 무생물이기 때문에 갈 수가
없음이니라.
35 그러니 생명이 있는 너희들이 나의 법
전을 가슴에 안으면 너희들이 가는 것
이 나의 법전이 가는 것이 아니더냐?
36 너희들이 나의 법전을 안고 가 전함이
니, 너희들이 나의 법전이 되어 전하
는 것이며,
37 살아서 움직이고 살아서 가는 것은 너
희들이 나의 법전을 안고 감이니, 그
는 곧 나의 법전이 살아서 움직이는
것이니라.
38 그러니 너희들이 좋은 사람으로서 대
우를 받으며 좋은 사람으로서 평가를
받는 것, 사랑하는 나의 아들딸이요,
선택된 나의 아들을 따르는 제자 너희
들을 천사요, 사탄이 좋은 사람이 아
니라 나쁜 사람이라 말한다면,
39 그를 창조하여 보내 주고 내가 선택하
여 잔치에 참석한 사람들이 사악한 자
요, 못된 자라 말하며 거짓되고 사기
하는 자라 한다면,
40 그 잔치의 분위기는 어떠하며 잔치의
주인인 나 여호와는 어떠하겠느냐?
41 너희들은 반드시 좋은 사람이라는 말
을 듣도록 그리하라.
42 좋은 사람이라는 말을 듣지 아니하고
나쁜 사람이라는 말을 들을 때, 어버
이요, 아버지인 나의 마음이 얼마나
아프고 저려 오겠는가?
43 그를 생각한다면 너희들은 오로지 좋
은 사람이라는 소리를 듣는 데 최선을
다하라.
44 내 사랑하는 아들딸들아, 너희들이 있

기에 내가 기쁘며, 너희들이 있기에
오늘 아침 나의 아들을 통하여 오늘
이와 같은 나의 뜻을 전하며 나의 성
령을 내려보내어 법전을 만들고 있는
기쁨이 있음이니 그리 알라.
45 이 뜻을 너희들이 깊이 음미하면, 부
모가 된 자, 그 부모의 마음을 알듯이,
너희들이 내 마음을 알게 될 것이니라.

9,247 번째 하나님 말씀

2004년 1월 20일 07시 42분

1 사랑하는 나의 아들아!
2 "네, 아버님! 말씀하옵소서."
3 이제 너의 제자들이요, 나의 법전을
읽고 깨우친 만백성 너희들은 자고 나
눈을 뜸이니, 그 순간에 하루의 일과
가 시작되는 것이 아니더냐?
4 너희들이 하루 일과가 시작되는 그와
같은 시간에 너희들은 선하고 아름다
운 길을 선택하도록 그리하라.
5 모든 백성들이 하루를 시작함에 선하
고 아름다운 길을 선택하지 아니하고
죄와 악의 것을 생각하며 살아감이니,
6 그와 같이 하루를 시작하며 하루를 살
면 평생 너희들은 살면서 선하고 아름
다움이 아니라 육의 욕심을 버리지 못
하고 죄를 짓고 사는 것이 아니더냐?
7 그러니 나의 사랑하는 피조물 만백성
너희들은 그 양자 어느 쪽이든지 반드
시 선택해야 되는 것이 필연적인 그
삶이니라.
8 그러나 너희들은 어찌하여 구원의 길
이요, 하늘에 오르는 길이요, 선함을
행하는 그와 같은 길을 선택하는 데는
주저하는가?
9 너희들은 죽음의 길이요, 지옥을 가는
길을 선택하는 데는 주저하지 아니하
며 그를 많이 선택함이니, 이것이 이
세상이 지금 잘못되었으며, 너희들이
말하는 말세요, 지옥 같은 세상이 되
었음이니라.
10 그러니 사랑하는 나의 아들딸 너희들
은 알라.
11 하루의 일과를 시작함에 있어 너희들
은 선하고 아름다운 길을 선택하며,
악의 길을 생각하지 말도록 그리하라.
12 너희들이 악의 생각이 들어올 때 그를
단죄해야 되며, 그를 버리지 아니하면
너희들은 악에 물듦이니라.
13 내가 오죽하면 너희들에게 말하였겠
느냐?
14 너희들이 잠시 깨우쳤을 때는 천국이
요, 깨우침을 잊어버리고 행할 때는
지옥이요,
15 그러니 너희들이 하루에도 수천수만
번씩 지옥과 천국을 왔다 갔다 함이
니, 양다리를 걸치고 사는 자가 어찌
하여 나에게 오를 수 있다 하느냐?
16 두 길의 두 발짝이 있어도 나에게 오
를 수 없다 함이니, 너희들이 악의 구
렁에서 그 발을 빼고 두 번 다시 디디
지 않는 것이 그와 같이 힘들고 어렵
다 해도, 너희 자신을 다스려 가도록
그리하라, 사랑하는 나의 아들딸들아!
17 그것만이 너희들이 나에게 올 수 있으
며 영광을 얻을 수 있는 길이라는 것
을 명심하고 또 명심하도록 하라.
18 내가 너희들을 사랑하느니라.

9,248 번째 하나님 말씀

2004년 1월 20일 07시 49분

1 사랑하는 나의 아들아!
2 "네, 아버님! 말씀하옵소서."
3 사랑하는 나의 아들을 따르는 그 제자
들, 그리고 법전을 깨우치고 몸부림치
는 그 백성들, 너희들이 가는 길이 정
말 얼마나 어렵고 힘든 길인지 나 여
호와는 알고 있느니라.
4 너희들이 인간 세상에서 살아가면서
사람들과 더불어 만나지 아니할 수 없
으며, 서로 너희들이 인간관계의 교류
를 하지 아니할 수 없으며, 이익의 분
배요, 또한 이익에 관계된 사업도 너
희들이 더불어 해 가야 될 것이니라.
5 그러나 그 모두의 만나는 사람들마다
너희들을 격려하고 칭찬하며 앞에 가
는 백성이라 너희들을 도와주는 것이
아니요,
6 너희들이 지금 가고 있는 길이 이단이
요, 사탄의 길을 가는 것이며, 너희들
이 말하는 사람을 사람으로 취급하지
아니하는 사이비 종교 집단에 너희들
이 빠져 있는 자들이라 그리하여 너희
들을 우롱하고 적대시하며,
7 그리고 좀 더 가까운 형제들은 너희들
에게 그곳에서 빨리 헤어나라, 그리하
지 아니하면 너는 영원히 구원을 받지
못하며 폐인으로 세상을 살아갈 것이
라며 너희들을 만류하고 또 너희들을
끌어내고자 하는 것이니,
8 그때마다 너희들의 마음이 오죽이나
아프고 저려 오겠느냐?
9 그러나 너희들은 알아야 될 것이니라.
10 그렇다 해서 너희들이 거기서 모두를
포기하고 또 주저앉으면 절대 아니 됨
이니라.
11 너희들은 열 번을 밀어붙여도 백 번을
밀어붙여도, 밤새도록 넘어트리고 또
넘어트려도 또 일어서고 하는 오뚝이
처럼,
12 너희가 지칠 줄 모르며 반드시 일어나
는 오기가 아니면 너희들은 모두를 역
사할 수 없음이니라.
13 오뚝이라는 것을 너희들이 놓고 밤새
도록 쓰러트리고 또 쓰러트려 보라.
14 그는 두말할 것 없이 제자리에 일어서
며 또 일어섬이니라.
15 그와 같은 너희들의 마음이 아니며 지
칠 줄 모르는 너희들의 마음이 아니면
절대 너희들은 역사할 수 없음이니라.
16 너희들이 이루는 것, 너희들이 행하는
것, 나의 법전을 만드는 것, 그 모두는
너희들을 위하여 세상 것을 만드는 것
이 아니요, 창조주 나 여호와의 것을
만드는 것이니라.
17 어린 손으로 밤새워 나의 법전을 만들
어 내는 너의 제자들, 그들에게 전해
주라.
18 너희들은 인간 세상의 것을 만드는 것
이 아니요, 창조주 아버지, 조물주 내
것을 너희들이 만들며 나를 대신하여
너희들이 하고 있으니, 최선을 다하라
전하라.
19 최선을 다한다 해도 더 최선을 다하는
그와 같은 마음으로 가라 그리하라.
20 어린 손으로 밤을 새워 너희들이 무엇
인가 내 뜻에 내 얼굴에 먹칠하지 아
니하며 내 얼굴에 욕되지 아니하도록

바르고 곱게 만들고 고쳐 가려는 너희
들의 마음,
21 그리고 잘 가라, 바로 서라 하여 나의
아들을 격려하며 뒤에서 말없이 도와
주는 그 제자들,
22 너희들은 지금까지 잘 해 왔으며 최선
을 다했음이니라.
23 그러니 너희들은 여기서 오뚝이처럼
밀어 부쳐도 일어서고 남들이 이단이
요, 사탄이라 욕해도 흔들리지 말며
일어서는 그와 같은 오기를 가지고 버
티지 아니하면 절대 너희들이 일어설
수 없음이니라.
24 사랑하는 나의 아들딸들아, 너희들이
가다 돌부리에 걸려 넘어짐이니라.
25 그리하여 돌부리에 넘어져 너희들이
누워 있으면 정녕 너희들이 일어서서
다시 가지 아니한다면, 지치고 힘들다
하여 너희들이 하늘을 보고 누워 있다
면,
26 누가 너희들을 목적지까지 그저 업어
다 주고 태워다 주겠느냐?
27 누구도 너희들을 목적지까지 데려다
주는 자는 없음이니라.
28 오로지 너희 스스로 일어나서 걷고 또
가야만 네 목적지에 갈 수 있는 것이
아니더냐?
29 오늘의 하늘에 오르는 길이 그러하니
라.
30 오뚝이처럼 너희들이 인내함이 없이
는 절대로 오를 수 없음이니라.
31 너희들이 발이 붓고 발이 터져 나가도
너희들은 네 발로 걸어야만 나의 목적
지에 올 수 있으며 나에게 올 수 있음
이니라.
32 너희들은 나가 만백성을 구하는 지도
자요, 선생이라 내가 말하지 아니하였
더냐?
33 너희들 스스로 선생이라 지도자라 말
하지 말라 하였으나, 내가 너희들을
선생이요, 지도자라 말하며,
34 만백성이 너희들이 가르치는 그 온유
하고 부드러운 참진리 앞에 스스로 그
들의 입이 열려 스승으로 부를 수 있
으며 선생이라 부를 수 있는 그와 같
은 자세로 살아가라 하지 아니하였느
냐?
35 너희들은 하늘을 향하여 나를 향하여
오뚝이처럼 지칠 줄 모르고 일어서고
또 일어서는 그와 같은 너희들의 삶이
요, 오기요, 용기가 아니면 아니 됨을
알라.
36 그러나 너희들은 알라, 누가 무어라
해도 너희들은 이 지상에서 승자일 것
이며, 그리고 죽어 나에게 와 심판을
받을 때 너희들이 그 승자임은 두말할
것도 없음이니라.
37 오늘의 모든 종교 집단이요, 믿음의
길을 가는 자, 너희들이 사랑을 모르
며 말로써 구원을 받았다 하여 이 소
중한 세월을 그저 보내는 자, 그리고
너희들이 어렵다 하여 중단하는 자,
38 그리고 너희들에게 사탄이요, 이단이
라 저주하고 욕하는 자, 너희들이 사
이비 종교 집단이요, 그곳에서 빠져나
오지 아니하면 네가 죽음이요, 구원을
받지 못한다 말하는 자,
39 그들은 머지않아 너희들이 이 지상에
서 승자요, 심판의 세상에 죽어 와 하
늘에 거듭나는 그 세상에 너희들이 승

자임을 저희들은 인정하지 아니하고
보지 아니하려고 해도,
40 저희들은 인정하지 아니할 수 없으며
보지 아니할 수 없는 것이 그들의 운
명이니,
41 머지않은 세월에 판가름은 날 것이니
라.
42 나의 법전이 세상에 전해지지 못하면
그 10년 세월에 떠나라 하였음이니,
43 얼마 남지 않은 그 세월을 인내하는
데 있어 너희들이 흔들려서는 아니 되
며, 등 돌리고자 하는 마음을 가져서
도 아니 되며, 너희들이 떠나고자 하
는 마음을 가져서도 아니 되느니라.
44 너희들이 가지고 있는 그 마음을 내가
다 알고 있음이니, 너희들이 혹시나
그와 같은 마음을 가져 나로부터 버림
을 받으며 나로부터 상을 받지 못할까
하는 것이 나의 불안함이니라.
45 어린아이에게 그저 터질 것 같은 감을
그득히 손에 쥐여 주고 잘 걸어오라
하는 것, 그저 놓치기만 하면 터질 것
같은 그 마음보다도 내가 마음이 더
저려 오기에 너희들에게 이 어렵고 힘
든 길을 가라 내가 너희들에게 가르치
고 전함이니,
46 사랑하는 나의 아들딸들아! 오죽 내
가 너희들을 사랑하며 너희들을 그리
워하면 이와 같이 내가 전하겠느냐?
47 나 여호와의 뜻을 헤아리도록 그리하
라.
48 창조주 내 마음을 너희들이 알도록 하
라.
49 나는 너희들의 마음을 알고 있음이니
흔들리지 말라.

9,249 번째 하나님 말씀

2004년 1월 20일 07시 54분

1 사랑하는 나의 아들아!
2 "네, 아버님! 말씀하옵소서."
3 너희들이 영원히 사는 나의 나라요,
그리고 내가 존재하는 곳, 그리고 너
희가 나로부터 다시 태어나는 거듭나
는 영광이요, 나의 천국에 오고자 하
는 그와 같은 진정한 마음을 가지고
사는 백성들이던가?
4 그리고 너희들이 창조주요, 아버지라
하는 전지전능한 아버지라 부르는 나
에게 정녕 오고자 하는 그 마음을 가
지고 있는가?
5 너희들이 오고 싶어하는 마음은 과연
어떠한가 너희들은 한번 생각해 볼
때가 되지 아니하였느냐?
6 나는 너희들의 마음이 완벽하지 못함
이니라 그리 생각하느니라.
7 너희들이 창조주 나에게 오고 싶음이
과연 얼마나 그 열의가 있는가, 그리
고 그 정성이 어디까지 있는가?
8 나 여호와가 있는 나의 나라에 와서
너희들이 나를 만나 보고 싶어하는 마
음이 과연 얼마만큼 생활에서 비중을
차지하고 있는가?
9 인간 세속의 삶에서 너희들이 과연 나
를 만나고 나에게 오겠다는 그 마음의
강도는 얼마나 강하며, 그 마음의 바
람의 시간은 얼마나 갖고 하루를 사는
가 너희들 스스로 한 번 생각해 보라.
10 어떠한 자들인가, 어떠한 마음의 자세
인가 너희 자신을 돌이켜 보지 아니하
면 아니 될 것이니 그리 알라.

11 지금 너희들의 삶이 과연 창조주 나 여호와를 만나 보고 나에게 올 수 있으며 나와 대화할 수 있으며 내 품에 올 수 있는 그와 같은 삶을 산다 생각하는가?

12 나 여호와가 보기에는 나의 백성 너희들의 오늘의 삶이 정녕 그와 같은 삶이라 볼 수 없는 것이 나 여호와의 뜻임을 알아야 될 것이니라.

13 사랑하는 나의 아들딸들아, 그리고 나의 법전을 만드는 백성, 그 제자들에게 나를 보고 나를 만나고자 하는 그리운 마음을 가슴속에 심으라 그리하라.

14 그리고 너를 따르는 모든 제자들이 나를 만나는 그 영광이요, 그 기쁨을 가지고 세상을 살라 그리하라.

15 나의 법전을 읽고 깨우친 백성 너희들 또한 알라.

16 너희들이 나를 만나고 나에게 오고자 하는 그와 같은 마음이요, 올 수 있는 정성이 있다면, 한 점의 부끄럼이 없는 그와 같은 삶을 살지 아니하면 정녕 아니 됨이니라.

17 이제 나의 뜻을 따라가는 모든 백성 너희들은 나를 보고 싶어하며 나에게 오고 싶어하며 나를 만나고자 하는 너희들의 마음의 강도요, 너희들의 생활의 시간이요,

18 그리고 너희들이 나를 경배하는 시간이요, 그리고 너희들의 생활에 있어서 그를 생각하며,

19 너희들이 악과 선을 선택할 때, 나를 만나겠다는 그 일념에서 나를 만나고 나를 보고자 하는 그와 같은 마음으로 써 너희들이 얼마만큼 하루를 생활하며 그와 같은 마음을 가지고 사는가?

20 그리하여 나를 만나고 나를 보고 싶은 마음에서 악과 선을 선택할 때 너희들이 악을 버리고 선을 선택할 수 있는 그와 같은 마음의 자세는 과연 되어 있는가?

21 너희들은 그리 살아가는가 너희 자신을 다스려 보도록 그리하라, 사랑하는 나의 아들딸들아!

9,250 번째 하나님 말씀

2004년 1월 20일 07시 58분

1 사랑하는 나의 아들아!

2 "네, 아버님! 말씀하옵소서."

3 똑같은 물건이요, 무기를 가지고 씀에 그것을 삶의 도구로써 편안한 것으로 사용하면 끝없이 잘 사용할 수 있을 것이며,

4 그러나 그와 같은 무기요, 도구를 가지고 너희들이 악한 곳에 쓴다면 그는 살인 무기요, 사람의 생명을 앗아 가는 그와 같은 것으로 쓸 수 있음이니, 세상의 이치가 그러한 것이니라.

5 손바닥과 손등은 하나로 붙어 있으나, 손바닥은 모든 것을 집을 수 있으나, 같이 붙어 있는 손등으로써는 너희들이 집을 수 없으며 그 이치가 다르듯이,

6 너희들이 어찌 쓰고 어찌 생활하느냐에 따라서 모두는 천태만상이요, 하늘과 땅의 차이가 있음이니라.

7 나 여호와를 따르는 백성이요, 나의 뜻을 따라가는 백성들, 그리고 나의

아들을 따르는 선택된 너희들은 알아
야 될 것이니라.
8 너희들 자신이 어떠한 삶을 살아가야
하는가 그것을 한번 생각해 보라.
9 나 여호와가 내리는 성령이요, 나의
법전을 가지고 너희들이 듣고 깨우쳐
만백성을 깨우치는 지도자로서 거듭
나기 위해 너희들이 과연 어찌 사는가?
10 너희들은 우주 만물에 한 점의 부끄럼
이 없는 삶을 살아야 되는 것이 너희
들이니라.
11 이 세상에 어느 곳에 가서도 부끄럼
없는 삶을 사는 것이 너희들이 사는
삶이요, 그리고 너희들은 긍지와 자긍
심을 가지고 살아가야 되는 것이니라.
12 나 여호와의 법전을 만들며 나의 뜻을
전하는 너희들이 긍지와 자긍심의 용
기를 가지고 살아가지 아니하면 아니
됨을 알아야 될 것이니라.
13 너희들은 정녕 한 점의 부끄럼이 없이
살아야 하느니라. 그렇지 않으면 너희
들은 모두를 포기하는 백성들이요,
14 자긍심이요, 그 용기요, 선택됨을 영
광으로 생각하는 그와 같은 마음을 갖
지 아니하고 살아간다면,
15 너희들은 결국 사악한 자들이요, 사탄
이요, 주변에서 너희들을 무너트리고
자 하는 그 사악한 힘을 견디지 못하
고 스스로 포기하는 백성이 될 것이니
라.
16 그러니 너희들은 우주 만물에 한 점의
부끄럼이 없는 백성이요, 그리고 나의
뜻을 전하는 너희들의 선택됨이 얼마
나 위대한가, 자긍심과 긍지를 가지고
용기를 저버리지 말고 살아가도록 그
리하라.
17 그것이 이제 너희들이 마음을 다스리
며 너희들이 가야 할 길이며 앞으로
풀어 나가야 할 과제이니 그리 알라.

9,251 번째 하나님 말씀

2004년 1월 20일 20시 51분

1 사랑하는 나의 아들아!
2 "네, 아버님! 말씀하옵소서."
3 이 세상에 변하지 않는 것이 나 여호
와의 진리요, 내가 내린 깨달음의 가
르침이니라.
4 그러니 하늘에서 내리는 나의 진리요,
나의 뜻은 변하지 아니하며 변할 수도
없는 것이니라.
5 또한, 이 지상에서 변하지 아니할 것
이 하나가 또 있음이니, 지상에서 변
하지 아니하고 변할 수 없는 것이 무
엇인 줄 알겠느냐?
6 너희들의 마음이니라.
7 나의 아들을 따르는 제자들이요, 나의
법전을 읽고 깨우친 만백성 너희들이
나의 법전을 믿으며 내 뜻에 의하여
살아가는 것,
8 그와 같은 너희들의 마음이 변하지 아
니하는 것이 이 세상에 뿌리를 내려야
만 됨을 너희들은 알아야 될 것이니라.
9 수천 년 동안 흘러오는 종교 집단이
요, 지도자요, 그리고 제사장이요, 순
교자요, 목자라 하는 그 백성들이 끝
까지 저 자신을 지키지 못했으니, 그
들은 그 확신이 서지 아니했기 때문이
니라.
10 너희들이 나를 믿는 마음이요, 나의

법전을 믿는 마음이 확고히 서지 아니
하면 너희들은 중도에서 쓰러지고 포
기하는 자가 될뿐만 아니라,
11 너희들이 오늘에 지도자로서 선생으
로서 간다 해도, 너희들 자신의 믿음
이 확실치 아니하면 너희들 자신이 바
로 서지 못한 것이니,
12 너희들이 바로 서지 못한 마음의 자세
로써 어찌 선생으로서 만백성을 가르
치겠느냐?
13 오늘의 모든 믿음이요, 종교 집단에
속해 있는 백성들이 그러했느니라.
14 너희들이 확고한 믿음이요, 진정한 믿
음이요, 나 여호와가 존재함을 믿지
못하고 사는 자들이니라.
15 말로써는 너희들이 믿는다 하나, 어렵
고 힘들 때, 희비애락이 겹칠 때, 마음
이 동요되고 변하는 것,
16 그리고 너희들이 끝까지 어떠한 어려
움이 닥친다 해도 변하지 않는 그 마
음의 자세로 견디고 가는 백성이 없음
이니,
17 너희들이 정녕 나를 진정 믿는 백성이
라 말할 수 있는가?
18 말로써는 천하를 다 주며 말로써는 천
하의 모두를 다 지키며 말로써는 너희
들이 목숨까지 던져 모두를 다 역사할
것같이 하나,
19 막상 부닥치고 너희들이 매매할 때는
순번을 피하며, '그와 같은 것을 내가
언제 했으며 언제 그와 같은 말을 했
느냐?' 하며 등 돌리고 돌아서는 것이
오늘의 나의 피조물 만백성 너희들이
니라.
20 하늘에서 내리는 나의 진리는 불변이
요, 변하지 아니하니, 영구히 불변이
니라.
21 그러니 지상에서는 내가 내리는 참진
리요, 영구히 변하지 않는 이 불변의
나의 진리를 배우고 깨우친 너희들이
변하지 않는 것이 얼마나 소중하고 귀
한 것인지 아는가?
22 지상에서는 나의 아들을 따르는 제자
들이요, 나의 법전을 읽고 깨우친 만
백성, 이는 창조주 나 여호와요, 나의
성령을 태워 세상에 내려보내며 마지
막 시대의 심판의 기준이라는 것을 너
희들이 굳건히 믿어,
23 어떠한 상황이요, 고통과 시련 속에서
도 변하지 아니하는 그와 같은 마음의
자세로써 가는 것이 가장 중요하며,
24 그와 같은 마음의 자세로써 역사하지
아니하면 변화는 이룰 수 없다는 그
사실을 알도록 그리 전하라.
25 이 지상에서 변하지 아니하며, 너희들
이 흔들려서도 안 되며, 퇴색되어서도
안 되며, 놓아서도 안 되는 것이니,
26 영원히 불변이요, 나의 진리처럼 변하
지 않는 너희들의 그 믿음의 마음이
이 지상에서 뿌리를 내려야만 나의 피
조물 만백성을 구원할 수 있으며 그들
이 구원의 빛을 볼 수 있다는 것을 절
대 잊지 말라, 사랑하는 나의 아들딸
들아!
27 너희들의 그 믿음이 변하고 흔들려서
는 아니 됨이니라.
28 나의 참진리처럼 너희들은 불변이며,
영원히 변하지 않는 그 마음으로써,
29 너희들이 흔들려서도 안 되며 좌우를
봐서도 안 되며, 주저앉고자 하는 마

음을 가져서도 안 되며, 의혹하는 마
음을 가져서도 아니 되는 것이니 그리
알라.
30 지상에서 불변이요, 변하지 않는 너희
들의 그 믿음의 마음만이 너희들이 만
백성을 구하는 등불이 될 수 있다는
것을 잊지 말도록 하라.

9,252 번째 하나님 말씀

2004년 1월 20일 20시 57분

1 사랑하는 나의 아들아!
2 "네, 아버님! 말씀하옵소서."
3 너희들이 성전이요, 교회라 하는 곳
을, 손으로 짓는 그 건축물을 내가 짓
지 말라 말한 그 뜻을 너희들은 알겠
는가?
4 너희들은 건물이라는 것을 어떠한 마
음으로 짓는가?
5 너희들이 천사와 같은 마음으로써 그
와 같은 교회요, 성전이요, 건물을 짓
는 줄 아는가?
6 너희들은 모두 죄악으로써 건축을 하
기 시작하여 그와 같은 교회요, 성전
을 짓는 것이니라.
7 그래서 죄악의 온상이 되기 때문에 내
가 너희들에게 짓지 말라 하였음이니
라.
8 너희들이 건축을 하는 것이 죄악이요,
건축을 죄악으로써 이루어 가는 것이
니라.
9 그것을 이루기 위하여 어떠한 방법으
로써 역사하는가?
10 그러니 죄악으로써 시작하여 죄악으
로써 역사하여 죄악으로써 건축물을
이루는 것이 너희들이 하는 것이니라.
11 그리하여 죄악으로써 이루어진 건축
물이 죄악의 온상이 되기 때문에, 내
가 일찍이 나의 아들을 통하여 그와
같은 건물을 짓지 말라 하였음이니라.
12 그곳에서 종교 집단의 우두머리들은
모든 것을 어찌하는가?
13 저희들이 참진리요, 정의로움으로 심
판하며 재판하는 것이 아니니라.
14 저희들이 심판하고 재판하는 종교 지
도자들이 재물에 의하여, 재물의 양에
따라서 금화와 은화를 바치는 그 양에
따라서 심판하며, 재판의 결과가 이루
어지며, 그와 같은 사악한 짓이 이루
어지는 것이 그 성전이요, 교회라는
것을 나는 알고 있었기 때문이니라.
15 그리고 종교 지도자라는 자들은 무엇
을 하는가?
16 그곳에서 제 품삯을 챙기기 위해서 설
교하고 가르치며 강론을 하고 있음이
니,
17 저희들이 떠들고 설교하고 돌아서면
아무런 내용도 없는 것이며, 그저 인
간 세상사에 살아가는 것, 잡담을 갖
다 언성을 높이고 목청을 높여 소리
지르고 악쓰고,
18 '아멘! 할렐루야!' 하며 박수하도록 그
리 유도하는 것이 아닌가?
19 인간 세상사에 살아가는 것을 가지고
너희들이 장난하며 그리 박수하며 따
르라 하는 것이 아니던가?
20 그것이 바로 너희들이 제 품삯을 받는
것, 금화와 은화의 양을 생각하면서
그를 챙기기 위하여 하는 설교라면,
너희들은 아니라 말할 것이나 너희들

은 그러하니라.
21 너희들은 또 무어라 말하느냐?
22 저보다 나은 자, 능력 있는 자를 거기
가서 만나서 제가 살아가는 그 사업에
어떠한 이익이요, 이해관계의 분배를
더 받기 위하여 나의 아들과 나 여호
와요, 우리 부자의 이름을 팔아 그곳
에 몰려드는 자요, 그곳에 참여하는
자들이 아니더냐?
23 그와 같은 생각이 썩은 곳에 파리 떼
가 몰려드는 것이나 무엇이 다르며,
썩은 데 모여드는 파리 떼와 무엇이
다른 형국이라 할 수 있겠느냐?
24 내가 보는 너희들은 그러하니라.
25 이웃의 저보다 나은 자로부터 무엇을
거둬들이고 무엇을 이루고자, 그리고
무엇인가 이용하여 그들로 하여금 너
희들의 어렵고 힘든 그 길에 도움을
받고자 하는 그와 같은 생각으로써 찾
는 자가 과연 없는가?
26 그것이 믿음이요, 하늘에 오르는 길이
요, 어렵고 협착한 그 길을 오는 자들
의 길이라 할 수 있겠느냐?
27 그러면서 너희들은 아무리 죄를 지어
도, 아무리 사악한 짓을 해도, 나 여호
와가 그리고 나의 아들 예수가 너희들
과 같이 있음이니,
28 너희들에게는 절대 재앙을 내리지 아
니하며, 벌을 내리지 아니하며, 모든
재앙과 죄에서 너희들은 면제된다 하
며 거짓 지도자들이 그리 가르치고 있
음이니,
29 그를 믿는 나의 백성 너희들이 '아멘!
할렐루야!' 소리 지르며 울고불고하는
자들이 아니더냐?
30 그러니 그와 같은 형국이 오늘의 믿음
이요, 너희들이 몇천 년 동안 흘러온
그 결과이니라.
31 저희들이 사악한 방법으로써 모두를
다 역사하며, 죄악으로써 시작하여 죄
악의 결과를 낳은 그곳에서, 너희들은
아무리 죄를 짓고 사악한 짓을 한다
해도 하나님이요, 그리고 예수님이 너
희들과 함께 하기 때문에 너희들은 절
대 벌을 받지 아니하며 재앙을 당하지
아니하며,
32 구원의 길만 너희들에게 비치며 그 길
로써 너희들은 역사하여 구원으로써
거듭나는 백성이 된다 그리 가르침이
니,
33 이것이 오늘의 썩은 자들이 모여 썩은
소리를 하고 있는 것이라는 것을 알라.

부 록

【하나님께서 가르쳐 주신 운동】

천재지변이 일어날 때, 동물이나 미물들은 미리 알고 대피하지만, 인간은 알지 못하고 큰 화를 당합니다. 하나님께서 인간에게 가장 높은 지혜를 주시고 완벽하게 창조해 주셨기에 동물들보다 더 잘 알 수 있지만, 욕심으로 마음이 혼탁해져서 한 치 앞을 보지 못하는 것입니다.

마찬가지로, 인간은 누구나 스스로 필요한 운동을 해서 건강을 지킬 수 있도록 하나님께서 만들어 주셨습니다. 우리의 머리에서 우리 몸에 필요한 동작을 해 달라고 끊임없이 신호를 보내지만, 인간이 혼탁하게 살아서 그 신호를 알아채지 못합니다. 그러니 자연스럽게 자기 몸이 원하는 그 신호를 따라서 운동하는 것이 하나님께서 가르쳐 주신 운동 방법입니다. 바로, 우리의 영이 육을 이끄는 운동입니다.

▶ 하나님 운동법

1. 눈을 감고, 발을 어깨너비로 벌리고 바르게 선다.
2. 몸에 힘을 풀고, 허리를 숙이면서 손과 머리를 아래로 내린다.
3. 허리를 펴고 싶을 때, 천천히 펴면서 하고 싶은 동작을 하면 운동이 시작된다. (사람마다 다르다.)
4. 멈추지 말고, 어떤 동작이든지 자기 몸의 느낌대로 계속 이어서 한다.

▶ 참고 사항

① 눈을 감은 상태로 아무 생각 하지 않고, 자기 몸의 느낌대로 움직입니다.
② 마음을 비우고, 욕심을 버리고, 지난날의 잘못을 반성하면서 몇 차례 시도하다 보면, 자기도 모르게 하고 싶은 동작이 끊임없이 생깁니다.
③ 운동 장소는 방 안이든 운동장이든 관계없으며, 걷거나 달리고 싶을 때는 눈을 떠도 됩니다.
④ 매일 40분 이상, 주 4회 이상, 3개월 이상 하면 음식 조절에 들어갑니다.
- 음식으로 생긴 병은 음식으로 치료하게 되며, 어떤 음식을 먹어야 하는지 스스로 알게 됩니다.
(자기 몸에 필요한 음식만 먹고 싶어집니다.)
⑤ 사랑하는 사람과 함께 운동하면 서로 치료해 주기도 합니다.
⑥ 운동을 하다가 몸의 어느 한 부분을 계속 손으로 자극한다면 그쪽에 이상이 있는 것이니, 의사에게 상담을 받고 적절한 치료를 받으면 됩니다.
⑦ 다이어트 및 기타 건강관리에 효과적입니다.
⑧ 꾸준히 운동하여 영이 맑아지면, 자신의 과거와 미래를 스스로 보게 됩니다.

누구나 스스로 하실 수 있습니다.

간 행 사

《새로운 성경》은:

· 새로운 성경은, 하나님께서 선량하고 선한 자를 선택하여 십계명을 암송하도록 하시고, 십계명을 암송한 다음에 음성으로써 들려주시는 말씀을 듣고 그대로 카세트테이프에 녹음해서 받아쓴 책입니다.

· 90분짜리 녹음테이프 700여 개에 달하는 말씀으로, 1999년 8월부터 2004년 7월까지 총 160권(권당 288쪽)을 완성하였으며, 그 이후에도 현재까지 계속 말씀을 내려 주고 계십니다.

· 새로운 성경은 "하늘을 두루마리 삼고 바닷물을 먹물 삼아 쓰고 써도 다 못 쓴다"는, 끝없이 방대한 하나님의 말씀이 두루마리로 직접 내려오는 것입니다. 이러한 새로운 성경은 구약과 신약을 폐하려는 것이 아니라 "인봉된 성서의 비유의 뜻"을 상세히 설명하여 완성하고자 하나님께서 직접 내려 주신 말씀입니다.

《새로운 성경》의 구성:

· 제 목: 2013년, 160권 모음집을 발간하면서, 본 도서의 제목을 "하나님! 말씀하옵소서"에서 《새로운 성경》 으로 명해 주셨습니다.

· 단행본: 각 권당 288쪽(신국판) 책이 160권까지 시리즈로 출판됩니다.
(모음집은 단행본을 16권씩 묶어서, 총 10부로 구성됩니다.)

《새로운 성경》의 성경적 근거:

· 신약 성경 [요한복음] 16장 13절에 "진리의 성령이 오시면 그가 너희를 모든 진리 가운데로 인도하시리니 그가 자의로 말하지 않고, 오직 듣는 것만을 말하며" 하신 말씀처럼 하나님의 음성을 들은 것만 기록하였으며,

· "장래 일을 너희에게 알리시리라" 하신 말씀과 같이 개인, 나라, 인류의 "장래"일을 하나님께서 알려 주시는 것만 기록하여 책으로 만들었습니다.

《새로운 성경》의 기록 방법:

- 1999년 8월부터 하나님께서 저에게 들려주시는 음성을 기록하였습니다. 처음에는 제가 들은 말씀을 불러 주면 저의 아내가 기록하여, 2000년 1월 29일에 1권 초판이 세상에 나왔습니다. 2000년 4월부터는 주시는 말씀을 받아 녹음기에 기록하기 시작하였습니다.

- 녹음을 시작하면서 하나님의 말씀을 받는 데 가속도가 붙었고, 2001년 5월 3일에 1부(1~16권까지)를 인쇄하여 출판하였으며, 2004년 7월까지 총 160권 분량의 말씀을 받아 기록하였습니다.

하나님께서 저에게 주신 것은:

- 첫째, 만백성을 상대로 내려 주시는 "기도", 둘째, 수시로 내려 주시는 "묵상", 셋째, 개인의 과거, 현재, 미래를 알려 주시는 "개인 기도", 넷째, 개인의 건강을 위해서 내려 주시는 "음식 처방", 다섯째, 하나님께서 가르쳐 주신 "운동"등이 있습니다. 이 중에 첫 번째, "기도"를 책으로 편찬하였습니다. 사람의 생사, 개인의 미래에 관한 천기는 수록하지 말라 하셨습니다.

강론 안내:

- 하나님께서는 지금도 매일 저에게 새로운 하늘의 비밀의 말씀을 내려 주고 계십니다. 수시로 내려 주시는 말씀을 정리해서 제자를 육성하라는 말씀에 따라 매주 강론을 하고 있습니다. 누구나 무료로 들으실 수 있습니다. (book160.com)

《새로운 성경》을 읽는 분들에게 드리는 선물:

- 개인 기도: 개인의 과거, 현재, 미래에 관하여 말씀을 내려 주십니다.

- 음식 처방: 사람은 음식을 먹고살다가 건강을 잃으니, 음식과 운동으로 건강을 되찾는 방법을 알려 드립니다. 단, 하나님이 계심을 믿고, 십계명을 지키겠다고 진실로 서약하는 분들께 알려드립니다.

《새로운 성경》의 은혜와 기적:

- 새로운 성경 전160권은 16권씩 묶어서 총 10부의 모음집으로 구성됩니다. 모음집 한 부를 읽고 깨우치는 자에게 하나님께서 다음과 같은 기적이 있다고 하셨습니다.

· "첫째, 그가 죽어 하늘에 갔을 때 그의 죄를 묻지 아니하며, 구원을 받는 위대한 은혜가 있으며, 둘째, 그의 소원과 소망이 이루어지고, 셋째, 죽은 자(부모, 형제, 자식, 사랑하고 은혜 입은 분)의 이름으로 구입한 책을 읽고 누군가 한 사람이 깨우칠 때, 그 죽은 자가 지옥에서 천국으로 구원을 받게 되며, 넷째, 유산, 중절 수술 등으로 태어나지 못한 아이를 위하여 구입한 책을 보고 한 명이 깨우쳤을 때, 그 아이가 사람으로 다시 한 번 태어나는 은혜를 받는다."

· "새로운 성경"을 3회 이상 정성을 다해 정독하는 자, 성서의 비밀을 알게 되고, 세상의 이치를 알게 되며, 세상을 지배하고 통제할 수 있는 지혜를 다 얻게 된다고 하셨습니다. 이 책은 만백성이 정독하고 이웃에게 전하여, 평생 가슴에 묻은 슬픔과 고통의 짐을 벗고 미래를 위한 힘찬 삶을 살아가도록 하는 책입니다.

끝으로

· 하나님께서는 흰 눈이 세상을 덮듯이 새로운 성경을 온 세상에 전하라고 하셨습니다. 《새로운 성경》을 각국어로 번역해서 온 인류에게 구원의 길을 깨우쳐 주고, 그 수익으로 가난하고 어려운 백성을 구제하여, 만백성의 영과 육을 함께 구원하는 선지자의 임무를 수행하라고 저에게 명하셨습니다.

· 하늘에서 내려 주신 말씀의 보화를 만백성에게 나누어 주는 것이 선지자의 임무라고 하셨습니다. 새로운 성경을 통해서 얻는 재물을 사용할 곳도 하나님께서 일일이 명해 주십니다. 모든 재물은 저의 자의로 쓸 수 없고, 하나님께서 명하시는 대로만 쓰여집니다.

· 어떤 명분으로든 십일조나 각종 헌금을 거두어들이지 말라 하셨으며, 국내뿐 아니라 각국에 성전과 단독 서점을 운영하며, 한국의 많은 젊은이들을 전 세계에 지도자로 내보내라고 하셨습니다.

· 우리는 세계적으로 새로운 성경을 보급하며 어려운 이들을 돕는 역사를 해 나갈 것입니다. 지금까지 비록 몇 명 안 되는 제자들과 함께 이러한 일을 역사했지만, 앞으로도 계속 하나님께서 기뻐하시는 일들을 해 나갈 것입니다. 부족한 저희에게 여러분들의 지혜와 성원을 보내 주시기를 바랍니다. 많은 분들의 참여와 도움을 간절히 기다립니다. 감사합니다.

한국어로 내려온 《새로운 성경》 단행본을 출간하며
2016년 4월 10일

발행인 **김 용 철**

한국어로 내려온

새로운 **성 경** · 8부 · 제124권

지은이 하나님 말씀
대역자 김용철

초판인쇄 1쇄 2017년 4월 3일

펴낸 곳 도서출판 하얀마음
등록번호 제 10-2107호 (2001년 2월 14일)
주소 서울시 노원구 덕릉로86길 5, 2층
전화번호 02) 313-1114
팩스 02) 393-5554
전자우편 book160@hanmail.net
편집위원 조나영 김미향 이석교
제작지원 조형구 백영숙 이석교 이수희

도서상담 1600-7527
ISBN 978-89-5875-224-0 (04230)
978-89-5875-100-7 (세 트)

값 10,000원
잘못된 책은 구입하신 곳에서 바꾸어 드립니다.

※이 책은 10부로 제작되며, 각 부 16권씩 총160권으로 구성됩니다.※

1부	2부	3부	4부	5부	6부	7부	**8부**	9부	10부
1권	17권	33권	49권	65권	81권	97권	113권	129권	145권
2권	18권	34권	50권	66권	82권	98권	114권	130권	146권
3권	19권	35권	51권	67권	83권	99권	115권	131권	147권
4권	20권	36권	52권	68권	84권	100권	116권	132권	148권
5권	21권	37권	53권	69권	85권	101권	117권	133권	149권
6권	22권	38권	54권	70권	86권	102권	118권	134권	150권
7권	23권	39권	55권	71권	87권	103권	119권	135권	151권
8권	24권	40권	56권	72권	88권	104권	120권	136권	152권
9권	25권	41권	57권	73권	89권	105권	121권	137권	153권
10권	26권	42권	58권	74권	90권	106권	122권	138권	154권
11권	27권	43권	59권	75권	91권	107권	123권	139권	155권
12권	28권	44권	60권	76권	92권	108권	124권	140권	156권
13권	29권	45권	61권	77권	93권	109권	125권	141권	157권
14권	30권	46권	62권	78권	94권	110권	126권	142권	158권
15권	31권	47권	63권	79권	95권	111권	127권	143권	159권
16권	32권	48권	64권	80권	96권	112권	128권	144권	160권